"十四五"时期国家重点出版物出版专项规划项目

| 数字中国建设出版工程·"新城建 新发展"丛书 |

梁　峰　总主编

城市运行管理
服务平台

吴强华　主编

中国城市出版社

图书在版编目（CIP）数据

城市运行管理服务平台 / 吴强华主编. —北京：
中国城市出版社，2023.12
（"新城建　新发展"丛书 / 梁峰主编）
数字中国建设出版工程
ISBN 978-7-5074-3662-4

Ⅰ.①城… Ⅱ.①吴… Ⅲ.①城市管理—公共服务—
研究—中国 Ⅳ.①D669.3

中国国家版本馆CIP数据核字（2023）第228812号

　　本书是数字中国建设出版工程·"新城建　新发展"丛书中的一本。全书共分为4篇11个章节，基础篇介绍了城市运行管理服务平台建设的背景、内容、总体框架等；建设篇主要介绍平台建设中的关键技术、综合应用和创新模式，着力于总结平台建设相关内容；实践篇主要介绍不同城市在建设城市运行管理服务平台的实践案例，分为综合类案例和特色类案例两大类；展望篇主要介绍城市运行管理服务平台未来在政府侧、企业侧和公众侧的实践方向。本书内容全面，具有较强的实用性，对住房和城乡建设领域数字化管理水平的提高具有一定的推动意义。

　　本书可供城市管理者、决策者，以及平台建设工作者参考使用。

总 策 划：沈元勤
责任编辑：徐仲莉　王砾瑶　范业庶
书籍设计：锋尚设计
责任校对：党　蕾

数字中国建设出版工程·"新城建　新发展"丛书
梁　峰　总主编

城市运行管理服务平台
吴强华　主编

*
中国城市出版社出版、发行（北京海淀三里河路9号）
各地新华书店、建筑书店经销
北京锋尚制版有限公司制版
北京富诚彩色印刷有限公司印刷
*
开本：787毫米×1092毫米　1/16　印张：17　字数：321千字
2023年12月第一版　　2023年12月第一次印刷
定价：**99.00**元
ISBN 978-7-5074-3662-4
（904635）

版权所有　翻印必究
如有内容及印装质量问题，请联系本社读者服务中心退换
电话：（010）58337283　　QQ：2885381756
（地址：北京海淀三里河路9号中国建筑工业出版社604室　邮政编码：100037）

让新城建为城市现代化注入强大动能
——数字中国建设出版工程·"新城建 新发展"丛书序

城市是中国式现代化的重要载体。推进国家治理体系和治理能力现代化，必须抓好城市治理体系和治理能力现代化。2020年，习近平总书记在浙江考察时指出，运用大数据、云计算、区块链、人工智能等前沿技术推动城市管理手段、管理模式、管理理念创新，从数字化到智能化再到智慧化，让城市更聪明一些、更智慧一些，是推动城市治理体系和治理能力现代化的必由之路，前景广阔。

当今世界，信息技术日新月异，数字经济蓬勃发展，深刻改变着人们生产生活方式和社会治理模式。各领域、各行业无不抢抓新一轮科技革命机遇，抢占数字化变革先机。2020年，住房和城乡建设部会同有关部门，部署推进以城市信息模型（CIM）平台、智能市政、智慧社区、智能建造等为重点，基于信息化、数字化、网络化、智能化的新型城市基础设施建设（以下简称新城建），坚持科技引领、数据赋能，提升城市建设水平和治理效能。经过3年的探索实践，新城建逐渐成为带动有效投资和消费、推动城市高质量发展、满足人民美好生活需要的重要路径和抓手。

党的二十大报告指出，打造宜居、韧性、智慧城市。这是以习近平同志为核心的党中央深刻洞察城市发展规律，科学研判城市发展形势，作出的重大战略部署，是新时代新征程建设现代化城市的客观要求。向着新目标，奋楫再出发。面临日益增多的城市安全发展风险和挑战，亟须提高城市风险防控和应对自然灾害、生产安全事故、公共卫生事件等能力，提升城市安全治理现代化水平。我们要坚持"人民城市人民建、人民城市为人民"重要理念，把人民宜居安居放在首位，以新城建驱动城市转型升级，推进城市现代化，把城市打造成为人民群众高品质生活的空间；要更好统筹发展和安全，以时时放心不下的责任感和紧迫感，推进新城建增强城市安全韧性，提升城市运行效率，筑牢安全防线、守住安全底线；要坚持科技是第一生产力，推动新一代信息技术与城市建设治理深度融合，以新城建夯实智慧城市建设基础，不断提升城市治理科学化、精细化、智能化水平。

新城建是一项专业性、技术性、系统性很强的工作。住房和城乡建设部网络安全和信息化工作专家团队编写的数字中国建设出版工程·"新城建　新发展"丛书，分7个专题介绍了新城建各项重点任务的实施理念、方法、路径和实践案例，为各级领导干部推进新城建提供了学习资料，也为高校、科研机构、企业等社会各界更好参与新城建提供了有益借鉴。期待丛书的出版能为广大读者提供启发和参考，也希望越来越多的人关注、研究、推动新城建。

姜万荣

2023年9月6日

丛书前言

加快推进数字化、网络化、智能化的新城建，是将现代信息技术与住房城乡建设事业深度融合的重大实践，是住房城乡建设领域全面践行数字中国战略部署的重要举措，也是举住房城乡建设全行业之力发展"数字住建"，开创城市高质量发展新局面的有力支点。

新城建，聚焦城市发展和安全，围绕百姓的安居乐业，充分运用现代信息技术推动城市建设治理的提质增效和安全运行，是一项专业性、技术性、系统性很强的创新性工作。现阶段新城建主要内容包括但不限于全面推进城市信息模型（CIM）平台建设、实施智能化市政基础设施建设和改造、协同发展智慧城市与智能网联汽车、建设智能化城市安全管理平台、加快推进智慧社区建设、推动智能建造与建筑工业化协同发展和推进城市运行管理服务平台建设，并在新城建试点实践中与城市更新、城市体检等重点工作深度融合，不断创新发展。

为深入贯彻、准确理解、全面推进新城建，住房和城乡建设部网络安全和信息化专家工作组，组织专家团队和专业人士编写了这套以"新城建 新发展"为主题的丛书，聚焦新一代信息技术与城市建设管理的深度融合，分七个专题以分册形式系统介绍了推进新城建重点任务的理念、方法、路径和实践。

分册一：城市信息模型（CIM）基础平台。城市是复杂的巨系统，建设城市信息模型（CIM）基础平台是让城市规划、建设、治理全流程、全要素、全方位数字化的重要手段。该分册系统介绍CIM技术国内外发展历程和理论框架，提出平台设计和建设的技术体系、基础架构和数据要求，并结合广州、南京、北京大兴国际机场临空经济区、中新天津生态城的实践案例，展现了CIM基础平台对各类数字化、智能化应用场景的数字底座支撑能力。

分册二：市政基础设施智能感知与监测。安全是发展的前提，建设市政基础设施智能感知与监测平台是以精细化管理确保城市基础设施生命线安全的有效途径。该分册借鉴欧美、日韩、新加坡等发达国家和地区经验，提出我国市政基础设施智能感知与监测的理论体系和建设内容，明确监测、运行、风险评估等方面的技术要求，同时结合合肥和佛山的实践案例，梳理总结了城市综合风险感知监测预警及细分领域的建设成效和典型经验。

分册三：智慧城市基础设施与智能网联汽车。智能网联汽车是车联网与智能车的有机结合。让"聪明的车"行稳致远，离不开"智慧的路"畅通无阻。该分册系统梳理了实现"双智"协同发展的基础设施、数据汇集、车城网支撑平台、示范应用、关键技术和产业体系，总结广州、武汉、重庆、长沙、苏州等地实践经验，提出技术研发趋势和下一步发展建议，为打造集技术、产业、数据、应用、标准于一体的"双智"协同发展体系提供有益借鉴。

分册四：城市运行管理服务平台。城市运行管理服务平台是以城市运行管理"一网统管"为目标，以物联网、大数据、人工智能等技术为支撑，为城市提供统筹协调、指挥调度、监测预警等功能的信息化平台。该分册从技术、应用、数据、管理、评价等多个维度阐述城市运行管理服务平台建设框架，并对北京、上海、杭州等6个城市的综合实践和重庆、沈阳、太原等9个城市的特色实践进行介绍，最后从政府、企业和公众等不同角度对平台未来发展进行展望。

分册五：智慧社区与数字家庭。家庭是社会的基本单元，社区是基层治理的"最后一公里"。智慧社区和数字家庭，是以科技赋能推动治理理念创新、组建城市智慧治理"神经元"的重要应用。该分册系统阐释了智慧社区和数字家庭的技术路径、核心产品、服务内容、运营管理模式、安全保障平台、标准与评价机制。介绍了老旧小区智慧化改造、新建智慧社区等不同应用实践，并提出了社区绿色低碳发展、人工智能和区块链等前沿技术在家庭中的应用等发展愿景。

分册六：智能建造与新型建筑工业化。建筑业是我国国民经济的重要支柱产业。打造"建造强国"，需要以科技创新为引领，促进先进制造技术、信息技术、节能技术与建筑业融合发展，实现智能建造与新型建筑工业化。该分册对智能建造与新型建筑工业化的理论框架、技术体系、产业链构成、关键技术与应用进行系统阐述，剖析了智能建造、新型建筑工业化、绿色建造、建筑产业互联网等方面的实践案例，展现了提升我国建造能力和水平、强化建筑全生命周期管理的宝贵经验。

分册七：城市体检方法与实践。城市是"有机生命体"，同人体一样，城市也会生病。治理各种各样的"城市病"，需要定期开展体检，发现病灶、诊断病因、开出药方，通过综合施治补齐短板和化解矛盾，"防未病""治已病"。该分册全面梳理城市体检的理论依据、方法体系、工作路径、评价指标、关键技术和信息平台建设，系统介绍了全国城市体检评估工作实践，并提供江西、上海等地的实践案例，归纳共性问题，提出解决建议，着力破解"城市病"。

丛书编委人员来自长期奋战在住房城乡建设事业和信息化一线的知名专家和专业人士，包含了行业主管、规划研究、骨干企业、知名大学、标准化组织等各类专业机构，保障了丛书内容的科学性、系统性、先进性和代表性。丛书从编撰启动到付梓成书，历时两载，百余位编者勤恳耕耘，精益求精，集结而成国内第一套系统阐述新城建的专著。丛书既可作为领导干部、科研人员的学习教材和知识读本，也可作为广大新城建一线工作者的参考资料。

丛书编撰过程中，得到了住房和城乡建设部部领导、有关司局领导以及城乡建设和信息化领域院士、权威专家的大力支持和悉心指导；得到了中国城市出版社各级领导、编辑、工作人员的精心组织、策划与审校。衷心感谢各位领导、专家、编委、编辑的支持和帮助。

推进现代信息技术与住房城乡建设事业深度融合应用，打造宜居、韧性、智慧城市，需要坚持创新发展理念，持续深入开展研究和探索，希望数字中国建设出版工程·"新城建　新发展"丛书起到抛砖引玉作用。欢迎各界批评指正。

丛书总主编

2023年11月于北京

前　　言

　　党的二十大报告指出，高质量发展是全面建设社会主义现代化国家的首要任务，强调要加快建设制造强国、质量强国、航天强国、交通强国、网络强国、数字中国。我国城市发展已经进入了城市更新重要时期，住房和城乡建设部以《中华人民共和国国民经济和社会发展第十四个五年规划和2035年远景目标纲要》提出的城市更新为新引擎，全面推动城市高质量发展，以新城建为新支点，加快构建城市新发展格局，以新城建对接新基建，提高城市的承载能力和管理服务水平，以引领城市转型升级发展为总体目标，在新的领域、新的地区、新的方式、新的主体、新的内涵的大背景下，阐述了新城建政策背景、工作意义和主要任务。新城建和城市运行管理服务平台是当前我国智慧城市建设中的重要载体，可以整体提升城市建设现代化水平和运行效率，转变城市发展方式，同时能拉动有效投资和消费，不断满足人民对于美好城市生活的向往。

　　本书是关于城市运行管理服务平台建设与运行的实践与研究，我们致力于将最新的技术与最佳实践相结合，为读者提供最有价值的信息和指导。本书分为4篇。第1篇为基础篇，主要介绍城市运行管理服务平台建设的背景、内容、特点和重要意义等，平台建设的总体框架以及平台建设对数字经济发展产生的促进作用。第2篇为建设篇，主要介绍平台建设中的关键技术、综合应用和创新模式，着力于总结平台建设的相关内容，详细阐述了平台建设过程中运用的新技术、平台建设的相关应用及平台建设的相关模式等内容，为各地在进行平台建设时提供参考。第3篇为实践篇，主要介绍不同城市在建设城市运行管理服务平台的一些实践案例，分为综合类案例和特色类案例两大类。第4篇为展望篇，主要介绍城市运行管理服务平台未来在政府侧、企业侧和公众侧的实践方向。

　　随着信息技术的飞速发展，数字经济已经成为推动经济发展的新引擎，数字化城市建设是数字经济发展的重要保障，其主要任务是构建一个全方位、高效能的信息化基础设施，以支撑数字经济的发展。本书的内容涵盖了城市运行管理服务平台建设的各个方面，包括技术、应用、管理和评价等。我们在撰写过程中，尽可能地考虑了内容的全面性和实用性，力求为读者提供最有价值的信息和指导。同时，我们也注重语言的简练和通俗易懂，尽可能让读者轻松地理解和掌握相关知识。此外，我们深知数字化城市建设是一个充满挑战和机遇的领域，需要不断地学习和创新。我们希望读者在阅读本书的过程中，能够深入思考和探索，发现问题和解决问题，为城市管理水平的提升贡献自己的力量。

在本书编写过程中，我们得到了许多专家和学者的支持与帮助，他们为本书提供了宝贵的意见和建议，并参与了部分章节的编写和校对工作，在此，我们对他们的辛勤工作表示衷心的感谢。由于编辑出版时间较长，随着新技术、新场景广泛应用，本书编辑入选的案例也在不断优化完善，相关案例与当前实际会有所差异，同时由于编者水平所限，本书难免仍存在遗漏或错误之处，恳请广大读者批评指正！

目　录

1　基础篇

2 建设篇

3 实践篇

4　展望篇

1

基础篇

第1章

概述

1.1 推广背景

习近平总书记指出，要牢牢抓住城市治理智能化的"牛鼻子"，抓好政务服务"一网通办"、城市运行"一网统管"，坚持从群众需求和城市治理突出问题出发，把分散式信息系统整合起来，做到实战中管用、基层干部爱用、群众感到受用。

住房和城乡建设部顺应数字化、网络化、智能化的发展趋势，高度重视运用现代信息技术来加强城市治理。自2005年全国推广网格化管理模式以来，数字化城市管理信息系统（以下简称数字城管系统）为城市精细化管理工作提供了有力支撑。2019年开始，住房和城乡建设部部署在数字城管系统基础上搭建城市综合管理服务平台（以下简称城市综管服平台），推动建立城市政府及主管部门对城市管理工作的统筹协调、指挥监督、综合评价工作体系。进入"十四五"时期，为贯彻落实党中央、国务院关于统筹城市发展与安全、加强城市风险防控的决策部署，住房和城乡建设部总结、借鉴上海等地的"一网统管"经验，在现有的城市管理信息化工作基础上，以城市运行管理"一网统管"为目标，围绕"城市运行安全高效健康、城市管理干净整洁有序、为民服务精准精细精致"，以物联网、大数据、人工智能、5G移动通信等前沿技术为支撑，整合城市运行管理服务相关信息系统，汇聚共享数据资源，加快现有信息化系统的迭代升级，搭建形成国家、省、市三级城市运行管理服务平台（以下简称城市运管服平台）"一张网"，加强对城市运行管理服务状况的实时监测、动态分析、统筹协调、指挥监督和综合评价，不断增强人民群众的获得感、幸福感和安全感。

全面加快建设城市运管服平台，运用智慧科技赋能城市治理，是我国经济发展由高速增长阶段进入高质量发展阶段的必然选择，是助力构建新发展格局的有效支撑。"十四五"时期，推进国家、省、市三级城市运管服平台建设，需上下联动、协同配

合、攻坚克难;需要调动社会各方积极性和创造性,形成全社会支持城市运管服平台建设的强大合力;需要聚焦重点领域和突出问题,着力解决群众的"急难愁盼"问题。

1.1.1 国家层面

2015年12月24日,中共中央、国务院印发了《关于深入推进城市执法体制改革改进城市管理工作的指导意见》,提出"综合运用物联网、云计算、大数据等现代信息技术,整合人口、交通、能源、建设等公共设施信息和公共基础服务,拓展数字化城市管理平台功能。加快数字化城市管理向智慧化升级,实现感知、分析、服务、指挥、监察'五位一体'"。

2021年3月11日,十三届全国人大四次会议表决通过了《中华人民共和国国民经济和社会发展第十四个五年规划和2035年远景目标纲要》,提出要"完善城市信息模型平台和运行管理服务平台,构建城市数据资源体系,推进城市数据大脑建设";并且要"提升城市智慧化水平,推行城市楼宇、公共空间、地下管网等'一张图'数字化管理和城市运行一网统管"。

2021年10月21日,中共中央办公厅、国务院办公厅印发《关于推动城乡建设绿色发展的意见》,要求"搭建城市运行管理服务平台,加强对市政基础设施、城市环境、城市交通、城市防灾的智慧化管理,推动城市地下空间信息化、智能化管控,提升城市安全风险监测预警水平"。

2021年12月12日,国务院发布《"十四五"数字经济发展规划》,提出"深化新型智慧城市建设,推动城市数据整合共享和业务协同,提升城市综合管理服务能力,完善城市信息模型平台和运行管理服务平台,因地制宜构建数字孪生城市"。

2021年12月27日,中央网络安全和信息化委员会印发《"十四五"国家信息化规划》,提出"稳步推进城市数据资源体系和数据大脑建设,打造互联、开放、赋能的智慧中枢,完善城市信息模型平台和运行管理服务平台,探索建设数字孪生城市。实施智能化市政基础设施建设和改造,有效提升城市运转和经济运行状态的泛在感知和智能决策能力。推行城市'一张图'数字化管理和'一网统管'模式"。

1.1.2 部委层面

2020年8月,住房和城乡建设部联合中央网信办、科技部等七部门印发《关于加快推进新型城市基础设施建设的指导意见》,将城市综管服平台建设列入新城建的7项重点任务之一,提出"建立集感知、分析、服务、指挥、监察等为一体的城市综合管理服务平台，提升城市科学化精细化智能化管理水平。加快构建国家、省、城市三级综合管理服务平台体系，逐步实现三级平台互联互通、数据同步、业务协同。以城市综合管理服务平台为支撑，加强对城市管理工作的统筹协调、指挥监督、综合评价，及时回应群众关切，有效解决城市运行和管理中的各类问题，实现城市管理事项'一网统管'"。

2021年9月30日，住房和城乡建设部印发《关于进一步加强城市基础设施安全运行监测的通知》，指出"各地要加快燃气、供水、排水、供电、热力、桥梁等管理信息系统整合，依托城市信息模型（CIM），在城市运行管理服务平台上搭建城市基础设施安全运行监测系统"。

2021年12月17日，住房和城乡建设部办公厅印发《关于全面加快建设城市运行管理服务平台的通知》，要求"2022年底前，直辖市、省会城市、计划单列市及部分地级城市建成城市运管服平台，有条件的省、自治区建成省级城市运管服平台。2023年底前，所有省、自治区建成省级城市运管服平台，地级以上城市基本建成城市运管服平台。2025年底前，城市运行管理'一网统管'体制机制基本完善，城市运行效率和风险防控能力明显增强，城市科学化精细化智能化治理水平大幅提升"。

2021年12月24日，国家发展改革委印发《"十四五"推进国家政务信息化规划》，提出"深化社会公共安全、应急管理、公共卫生安全、交通运输安全等系统应用，推进生物安全、重大疫情防控、能源安全、水旱灾害防御、自然灾害监测预警、粮食和物资储备、城市运行保障等系统的协同建设，提升风险监测预测、预警信息发布、应急通信保障等应急管理支撑能力"。

此外，自2017年以来，住房和城乡建设部连续5年于住房和城乡建设工作会议上先后提及建设城市综管服平台、城市运管服平台，部署相关工作任务，并提出了相关要求，以提高城市精细化管理水平。

其中，2017年12月23日，全国住房和城乡建设工作会议要求搭建城市综管服平台，推动城市管理走向城市治理。

2018年12月25日，全国住房和城乡建设工作会议要求加快城市综管服平台建设，推动城市管理信息全国联网，完善城市管理基础数据库，提高城市精细化管理水平。

2019年12月24日，全国住房和城乡建设工作会议要求加快建设城市综管服平台，逐步实现国家、省、市平台联网。

2020年12月21日，全国住房和城乡建设工作会议要求着力构建集感知、分析、服务、指挥、监察为一体的智能化城市运管服平台。依托平台，加强对城市管理工作的

统筹协调、指挥监督和综合评价，推进城市治理"一网统管"。

2022年1月20日，全国住房和城乡建设工作会议要求继续推进国家、省、市三级城市运管服平台建设，构建全国城市运管服平台"一张网"。建立部、省、市城市管理工作体系，完善城市管理统筹协调、指挥调度、部门联动、监督考核、综合评价工作机制，落实"一网统管"。

1.1.3　地方层面

为深入贯彻落实习近平总书记关于提高城市科学化精细化智能化管理水平的重要指示批示精神，同时推进住房和城乡建设部关于加快建设城市运管服平台的要求，住房和城乡建设部在2022年3月发文要求各省上报城市运管服平台工作方案，各省、自治区、直辖市在上报的工作方案中基本都对辖区内地市/州城市运管服平台的建设做了相应要求（表1-1），有效地推动了城市运管服平台的建设工作。

部分省、自治区、直辖市城市运管服平台总体目标　　　　　表1-1

序号	省（自治区、直辖市）	平台总体目标
1	北京市	聚焦城市运行管理难点、堵点，基于统一基础底座，搭建"模块—系统—平台"技术架构，线上线下协同、横向纵向打通，实现数据循环，倒逼管理闭环；打造应用场景，优化处置流程，实现全市域智能调度、全领域高效协同、全链条精准管控，着力构建"一网统管全城、一网统领行业、一网统筹全域"的城市运行管理新模式。2022年，全面启动项目建设，核心平台建成落地；2023年，持续丰富应用场景，平台体系构建完成；2025年，基本建成城市运行"一网统管"模式，城市治理水平跃上新台阶
2	天津市	2022年底前，建成市级城市运管服平台，有条件的区建成区级城市运管服平台。2023年底前，所有区建成区级城市运管服平台，并接入市级平台；同时，完成市级城市管理相关部门信息化系统的数据整合，接入市城市运管服平台。到2024年底，基本完成与地下市政基础设施普查和综合管理信息平台、城市信息模型（CIM）平台、城市生命线安全运行监测分析平台的深度融合。2025年底前，城市运行管理"一网统管"体制机制基本完善，城市运行效率和城市风险防控能力明显增强，城市科学化精细化智能化治理水平大幅提升
3	河北省	2022年底前，石家庄市、秦皇岛市建成城市运管服平台。2023年底前，所有设区市和雄安新区、定州市、辛集市基本建成城市运管服平台。2025年底前，全省市县全部建成城市运管服平台
4	江苏省	2022年底前，南京市和有条件的设区市建成并运行城市运管服平台，分级推动省、市、县三级平台建设；2023年底前，省、其他设区市和有条件的县（市）建成并运行城市运管服平台，实现全省地级以上城市运管服平台建设全覆盖；2025年底，其他县（市）建成并运行城市运管服平台，实现全省县级以上城市运管服平台建设全覆盖。全省城市运行管理"一网统管"体制机制健全，省、市、县三级平台与国家平台互联互通、数据同步、业务协同，城市运行效率和风险防控能力明显增强，城市科学化精细化智能化治理水平大幅提升

序号	省（自治区、直辖市）	平台总体目标
5	湖北省	以城市运行管理"一网统管"为目标，汇聚全省城市运行管理服务数据资源，结合城市管理工作体系试点，建设省级城市运管服平台，加强对城市运行管理服务状况的实时监测、动态分析、统筹协调、指挥监督和综合评价，促进城市治理科学精细、城市运行高效有序、城市品质大幅提升、智慧城市协调发展。到2022年底，基本建成省级城市运管服平台，并与国家平台联网互通，燃气、桥隧、环卫、园林、执法、停车等住房和城乡建设重点领域选取试点地区完成数据汇聚和专题应用展示。2023年，系统功能更加完善，相关业务场景覆盖全省地级以上城市
6	陕西省	以"积极推进城市管理网格化、数字化、促进多部门公共数据资源互联互通和开放共享"为目标，搭建功能实用、技术先进、架构开放的陕西省城市运管服平台，推动全省10个地市加快城市运管服平台建设，实现国家平台、省级平台、市级平台互联互通，整合汇聚共享相关数据资源，建立数据及时更新、共享、交换机制。为掌握分析各地城市运行管理状况，指导监督评价市、县城市管理工作提供数据支撑。按照"边建设、边完善""先联网、后提升"的原则，推进陕西省城市运管服平台建设
7	广东省	2022年底前，初步完成"数字化城市管理与监督平台"等已建城市运行管理服务相关系统的数据梳理、应用场景设计和可视化呈现工作；完成广东省省级城市运管服平台建设项目立项及项目预算资金筹集工作。2023年底前，完成广东省省级城市运管服平台建设工作；实现与各地级以上市运管服平台的对接。2025年底前，城市运行管理"一网统管"体制机制基本完善，城市运行效率和风险防控能力明显增强，城市科学化精细化智能化水平大幅提升
8	广西壮族自治区	2022年底前，全区各设区市在原有城市综管服平台基础上，整合城市管理相关数据资源，逐步推进城市运管服平台建设，其中南宁市按照城市运管服平台相关技术和数据标准建成运行。2023年底前，全区各设区市平台按照城市运管服平台标准建设运行，自治区级平台实现迭代升级为城市运管服平台。2025年底前，全区各设区市城市运管服平台逐步实现与自治区级、国家平台建立"互联互通、数据同步、业务协同"的城市运行管理服务工作体系
9	贵州省	在现有城市综管服平台及联网工作基础上，按照贵州省"一云一网一平台"统建模式，进行迭代升级，完成省级城市运管服平台的搭建工作。2022年底前，初步完成贵州省城市运管服平台和贵阳市城市运管服平台建设。2023年底前，指导完善遵义市、安顺市、六盘水市、铜仁市、毕节市等地级城市运管服平台建设，实现国家平台、省级平台和市级平台三级平台的互联互通、数据同步、业务协同。2025年底前，城市运行管理"一网统管"体制机制基本完善，城市运行效率和风险防控能力明显增强，城市科学化精细化智能化治理水平大幅提升
10	黑龙江省	2022年12月底前，完成省级城市运管服平台建设。2023年12月底前，实现省级城市运管服平台与国家平台数据对接。2024年12月底前，实现已建地市的城市运管服平台与省级平台数据对接。持续完善省级运行管理服务平台功能，健全平台数据和机制体制建设，指导和带动各地市运管服平台建设，逐步实现省级平台对全省相关工作的指导监督、统筹协调、监测分析和综合评价。到2024年底，建立起政府监督指挥、部门协调运作、市民广泛参与，各职能单位各司其职、各尽其责、相互配合的城市管理新格局

序号	省（自治区、直辖市）	平台总体目标
11	新疆维吾尔自治区	城市运管服平台建设以公众服务为基础、以城市运行管理"一网统管""一网通办""一屏观天下"为支撑，面向人民群众、政府服务对象、城市管理各相关部门，构建纵向到底、横向到边、符合新疆特色的城市运行管理服务工作体系。2022年4月底前，实现自治区、地（州、市）、县（市、区）三级城市运管服平台基础框架全覆盖，通过三级平台的联动互通和指挥调度，全面增强城市管理统筹协调能力，提高城市精细化管理服务水平，推动实现城市治理体系和治理能力现代化

1.2　建设内容

城市运管服平台是以城市运行管理"一网统管"为目标，以城市运行、管理、服务为主要内容，以物联网、大数据、人工智能、5G移动通信等前沿技术为支撑，具有统筹协调、指挥调度、监测预警、监督考核和综合评价等功能的信息化平台，分为国家、省和市三级平台，是运用数字技术推动城市管理手段、管理模式、管理理念创新的重要载体。

国家级平台纵向与省级平台和市级平台互联互通，横向共享国务院有关部门城市运行管理服务相关数据，对接国家城市信息模型（CIM）基础平台、全国工程质量安全监管信息平台，整合对接住房和城乡建设部其他相关信息系统，汇聚全国城市运行管理服务数据资源，对全国城市运行管理服务工作开展业务指导、监督检查、监测分析和综合评价。

省级平台纵向与国家级平台和市级平台互联互通，横向共享省级有关部门城市运行管理服务相关数据，整合对接省级住房和城乡建设（城市管理）部门其他相关信息系统，汇聚全省城市运行管理服务数据资源，对全省城市运行管理服务工作开展业务指导、监督检查、监测预警、分析研判和综合评价。

市级平台以网格化管理为基础，综合利用城市综合管理服务系统、城市基础设施安全运行监测系统等建设成果，对接城市信息模型（CIM）基础平台，纵向联通国家级平台、省级平台以及县（市、区）级平台，横向整合、对接市级相关部门信息系统，汇聚全市城市运行管理服务数据资源，对全市城市运行管理服务工作进行统筹协调、指挥调度、监督考核、监测预警、分析研判和综合评价。

1.3 主要特点

1．统筹范围较广

城市运管服平台以"一网统管"为目标，目的是通过城市运管服平台"一张网"系统解决城市运行、管理、服务过程中的问题和矛盾，不断增强市民群众的获得感、幸福感和安全感。"一网统管"覆盖范围广，涉及部门多，是一项复杂的系统工程，现阶段以支撑城市运行安全、城市综合管理服务为主，随着"一网统管"体制机制逐步健全，应用场景不断丰富，再逐步向其他业务领域延伸拓展。

2．治理路径清晰

通过对燃气、供水、排水、供热等城市基础设施的安全运行进行实时监测、预报预警，提升城市风险防控能力。通过对市政公用、市容环卫、园林绿化、城管执法等进行精细化管理，增强市民群众的满意度。通过及时提供精准、精细、精致的服务，解决市民群众的"急难愁盼"等问题。

3．智慧科技赋能

城市运管服平台充分运用物联网、大数据、人工智能、5G移动通信等前沿技术，推动城市运行管理模式由传统经验型向现代科技型转变，提供"实战中管用、基层干部爱用、群众感到受用"的智能化应用和产品。

4．高位协调指挥

城市运管服平台作为城市政府治理城市的重要工具和平台，发挥统筹协调、指挥调度各部门、各系统，"横向到边、纵向到底"的管理优势，对城市运行安全进行监测预警，对区域、部门城市运行管理服务工作进行监督考核，对城市运行监测和城市管理监督工作开展综合评价。

1.4 重要意义

城市运管服平台旨在建立国家、省、市三级协同的工作体系。国家、省、市三级平台通过国家电子政务外网实现互联互通、数据同步、业务协同，对城市运行管理服务状况的实时监测、动态分析、统筹协调、指挥监督和综合评价。其中，国家平台、省级平台"观全域、重指导、强监督"，对城市运行管理服务状况开展实时监测、动态分析和综合评价，是统筹协调、指挥监督重大事项的监督平台；市级平台"抓统筹、重实战、强考核"，第一时间发现问题，第一时间控制风险，第一时间解决问题，是统筹协调城市管理及相关部门"高效处置一件事"的一线作战平台。三级平台横向业务涵盖城市管理相关部门，纵向将应用延伸至区、街道、社区，与网格化管理相融合，推动形成"横向到边、纵向到底"的城市运行管理服务工作体系。

城市运管服平台旨在构建党委政府领导下的"一网统管"工作格局。以城市运行管理"一网统管"为目标，通过"一张网"系统解决城市运行、管理、服务过程中的突出问题和矛盾。"一网统管"形式上是城市管理模式的创新，实质上是城市治理体制机制的变革。通过打造跨部门、跨地区、跨层级的业务应用场景，推进数据和业务深度融合，以线上信息流、数据流倒逼体制机制改革、体系重构和流程再造，推动城市政府按照"一网统管"要求，全面梳理业务流程，建立起全生命周期监管机制，改变以往"九龙治水"的被动局面，实现跨部门、跨层级资源整合和协同联动，系统提升城市风险防控能力和精细化管理水平。

城市运管服平台彰显"实战中管用、基层干部爱用、群众感到受用"的价值取向，充分运用物联网、大数据、人工智能、5G移动通信等前沿技术，从群众需求和城市治理突出问题出发，把分散式信息系统整合起来。通过对多维城市运行生命体征的感知分析、预报预警和跟踪处置，实现城市运行安全高效健康的目标；通过对城市管理部件、事件问题的及时发现、快速处置，推动城市精细化管理，实现城市管理干净整洁有序的目标；通过为人民群众提供普惠、便利、快捷的公共服务，及时解决人民群众的"急难愁盼"问题，实现为民服务精准、精细、精致的目标。这是城市运管服平台的核心目标，体现了以人民为中心的发展思想。

1.5　预期效益

1.5.1　社会效益

1. 提升城市管理精细化服务水平

通过城市运管服平台的建设，以信息化引领城市运行管理服务工作，系统解决城市运行、管理、服务过程中的问题和矛盾，是破解城市发展瓶颈，改进城市运行管理方式，转变城市传统治理机制的重要手段。通过对市政公用、市容环卫、园林绿化、城市管理执法等精细化管理，不断增强市民群众的获得感、幸福感和安全感。通过及时提供精准、精细、精致的服务，解决市民群众的"急难愁盼"问题。

2. 提高城市安全应急指挥协同能力

通过城市运管服平台的建设，在汇集相关部门各类信息资源的基础上，可根据既定原则提取这些单位的信息资源，对获取到的信息进行分析、比对后，抽取其中的关键节点和重要部分进行信息重组，实现多部门视频会议联动，为突发公共事件提供动态化、持续性的信息支撑，为领导决策和应急管理提供信息资源服务。

3．提高城市全生命周期治理能力

通过城市运管服平台的建设，使数字城市能够更精准、更系统、更动态地解决各类城市病，如城市环境脏乱差、内涝黑臭等，将有关事件在国家运管服平台上进行统筹，运用人工智能、大数据、云计算等技术，加强发现问题和督促问题解决的力度，保障城市基础设施的整洁完好、城市环境的干净有序、城市运行的安全健康，实现为管理有效赋能，为城市管理者、行业从业者提供工具平台支撑的目标。

1.5.2 经济效益

1．提升智慧城市建设效率

通过建设城市运管服平台，对城市市政基础设施建设和运行、房屋建筑施工和使用安全、市容环卫、园林绿化、公共空间秩序、城市安全风险、预警报警等重要节点数据进行集中，为管理分析、挖掘预测类业务系统提供一致的、跨行业领域的数据基础，改变现有系统数据来源不一致、数据处理复杂的现状，提高数据共享能力，提升相关系统的建设和运行效率。

2．降低城市风险防控成本

通过建设城市运管服平台，对城市风险点情况实现精细管理，通过风险源清单进行评估分类、建立预案，实现提前预防、及时处理，最大化降低风险源带来的危害，提升城市风险防控能力，降低风险防控成本，最大程度地降低城市运行、安全生产、污染防治、自然灾害等带来的社会经济损失。

第 **2** 章

总体框架

2.1 一网统管

城市运管服平台作为开展城市运行监测和城市管理监督工作的基础平台，覆盖范围广，涉及部门多，是构建城市运行管理"一网统管"的基础，是党委政府抓好城市运行管理工作的重要抓手，是为市民提供精准、精细、精致服务的重要窗口，为全国文明城市、国家卫生城市、国家园林城市、国家安全发展示范城市的创建和城市体检等工作提供数据支撑。现阶段城市运管服平台以支撑城市运行安全、城市综合管理服务为主，随着"一网统管"体制机制逐步健全，运行管理服务应用场景不断丰富，再逐步向其他业务领域延伸拓展。平台的建设以构建党委政府领导下的"一网统管"工作新格局为指引，以城市运行管理"一网统管"为目标，通过"一张网"系统解决城市运行、管理、服务过程中的突出问题和矛盾。为实现城市运行管理"一网统管"，构建"横向到边、纵向到底"的数据流转体系，支撑城市运行安全、城市综合管理服务，城市运管服平台在纵向上分为国家、省、市三级（图2-1），通过部门协同、信息联动，提高城市治理能力和风险防控水平。

其中，国家平台部署在住房和城乡建设部，与省级平台、市级平台联网互通，实现对全国城市运行管理服务工作的业务指导、监督检查、监测分析、综合评价、决策建议等功能目标。省级平台部署在省（自治区、直辖市）住房和城乡建设（城市管理）主管部门，与国家平台、市级平台联网互通，实现对全省（区、市）城市运行管理服务工作的指导监督、统筹协调、监测分析和综合评价等功能目标。市级平台部署在属地城市，与国家平台、省级平台联网互通，实现对全市城市运行管理服务工作的统筹协调、指挥调度、监督考核、监测预警、综合评价和公众服务等功能目标。

城市运管服平台各级系统应通过国家电子政务外网等交换网络，实现平台间的数据共享、业务协同，形成"一张网"。在横向上，业务涵盖城市管理相关部门；在纵

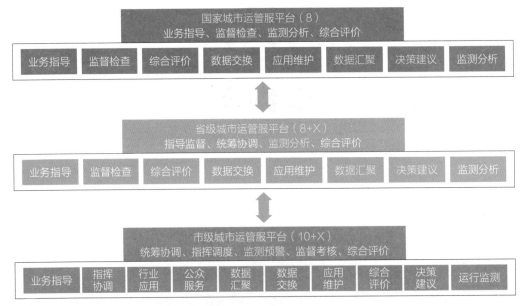

图2-1 城市运管服平台三级架构

向上，其应用从国家、省、市延伸至区、街道、社区，形成"横向到边、纵向到底"城市运管服工作体系。结合城市政府"一网统管"的要求，建立全生命周期监管机制，形成由一个平台指挥调度，促进城市管理手段、管理模式和管理理念的创新，推动城市治理体制机制的变革。通过建设城市运管服平台，完成对城市生命体征的感知分析、预报预警和跟踪处置，实现城市运行"安全、高效、健康"；及时发现、快速处置城市管理部件、事件问题，实现城市管理"干净、整洁、有序"；为群众提供普惠、便利、快捷的公共服务，及时解决"急难愁盼"问题，实现为民服务"精准、精细、精致"。

2.2 应用体系

城市运管服平台由国家、省、市三级平台构成，依据《城市运行管理服务平台技术标准》（以下简称《技术标准》）和《城市运行管理服务平台建设指南（试行）》（以下简称《建设指南》）的相关规定和要求，依据自身的定位，三级平台有不同的建设目标：其中，国家、省级平台立足"观全域、重指导、强监督"，对城市运行管理服务状况开展实时监测、动态分析和综合评价，是统筹协调、指挥监督重大事项的监督平台；市级平台立足于"抓统筹、重实战、强考核"，第一时间发现问题，第一时间控制风险，第一时间解决问题，是统筹协调城市管理及相关部门"高效处置一件事"的一线作战平台。

2.2.1　国家平台

国家平台包括业务指导、监督检查、监测分析、综合评价、决策建议、数据交换、数据汇聚和应用维护八个系统，平台架构示意图如图2-2所示。其中，业务指导、监督检查、监测分析、综合评价和决策建议五个系统为应用系统，数据交换、数据汇聚和应用维护三个系统为后台支撑系统。因国家平台与省级平台功能一致，此处不再进行详细描述，各系统的功能将在省级平台进行详细描述。

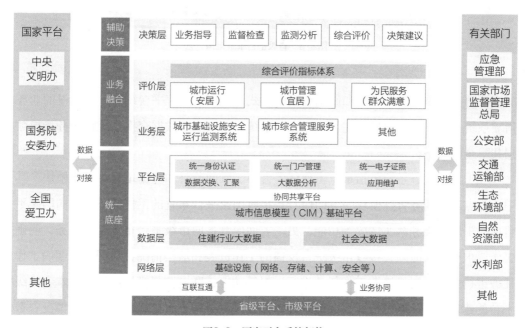

图2-2　国家平台系统架构

2.2.2　省级平台

省级平台的基本功能和国家平台一致，包括业务指导、监督检查、监测分析、综合评价、决策建议、数据交换、数据汇聚和应用维护八个系统，平台架构示意图如图2-3所示。其中，业务指导、监督检查、监测分析、综合评价和决策建议五个系统为应用系统，数据交换、数据汇聚和应用维护三个系统为后台支撑系统。有条件的省（自治区、直辖市），可以结合本地区实际情况增加建设其他应用系统。下面对重点系统进行介绍。

（1）业务指导系统包括政策法规、行业动态、经验交流、行政处罚等功能模块，用于汇聚、共享、展示和发布城市运行管理服务相关法律法规、政策制度、体制机制建设情况，行业动态，队伍建设，典型经验，行政处罚决定信息等。省级平台可通过

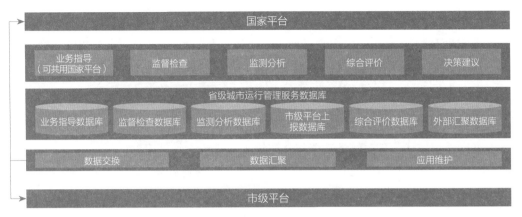

图2-3 省级平台系统架构

国家平台分配单点登录账号和使用权限的形式，共用由国家平台统一开发建设的业务指导系统。如省级平台自行建设业务指导系统，则应通过数据交换系统将业务指导数据共享至国家平台。

（2）监督检查系统包括重点工作任务督办、联网监督和数据填报等功能模块。其中，重点工作任务督办模块一方面应具备接收国家平台布置的工作任务，并向国家平台反馈工作进展和落实情况等功能，另一方面应具备向市级平台布置工作任务，明确工作要求和完成时限，接收市级平台反馈的工作进展和落实情况，对即将逾期的工作任务进行督办，对已逾期工作任务进行通报等功能；联网监督模块应能查看本省市级平台的建设情况、联网情况，并能通过单点登录的方式查看市级平台的运行情况；数据填报模块是根据省级城市管理行业监管和综合评价工作需要，在市级城市运管服平台尚未健全之前，为保障及时高效获取行业监管基础数据、城市运行监测数据和城市管理监督数据而设立的功能模块，应具备填报市政公用、市容环卫、园林绿化和城市管理执法等相关数据的功能。

（3）监测分析系统是围绕市政设施、房屋建筑、交通设施、人员密集区域等领域而建立的系统，用于汇聚城市运行监测数据，掌握城市运行状况，分析评估城市运行风险。系统应包括风险管理、监测预警、风险防控和运行统计分析等功能模块。其中，风险管理模块应具备汇聚各城市运行中的风险隐患信息，展示风险点危险源分布、风险类型和风险等级等功能；监测预警模块应具备汇聚各城市运行监测报警信息，按区域、类型和报警持续时长等进行趋势预测和分析研判等功能；风险防控模块应具备风险防控资源管理、预案管理、风险防控方案生成和次生衍生事件链关联分析等功能；运行统计分析模块应具备对各城市运行中的风险管理、隐患排查治理、巡检

巡查状况和安全事故发生情况等信息进行汇总分析等功能。

（4）综合评价系统是根据综合评价工作要求，通过实时监测、平台上报、实地考察、问卷调查等方式获取相关数据，对城市运行监测和城市管理监督工作开展综合评价的系统。系统应包括评价指标管理、评价任务管理、实地考察、评价结果生成等功能模块。其中，评价指标管理模块应具备对指标编码、名称、描述、分值、评价方式、评价方法、计算公式和检查项等进行配置管理等功能；评价任务管理模块应具备评价任务的生成、分发和评价结果的回传等功能；实地考察模块应具备向现场检查人员派发任务，现场检查人员按照任务要求实地检查，并通过移动通信手持设备上报检查结果等功能；评价结果生成模块应具备基于综合评价数据生成评价结果等功能，评价结果可采用文字和图表等方式呈现。在建设省级综合评价系统时，应满足2.5节"评价体系"的相关要求，支持平台上报类、实地考察类和问卷调查类评价指标数据的获取与结果生成，还要支撑各省自行拓展的管理或运行指标数据的获取与结果生成。

（5）决策建议系统是基于汇聚的业务指导、监督检查、监测分析和综合评价等数据而建设的，应提供城市部件事件，以及市政公用、市容环卫、园林绿化和城市管理执法等分析研判功能模块，各模块应具备指标数据统计、趋势分析等功能。其中，城市部件事件分析研判模块宜具备城市部件事件监管案件问题来源、问题类别、问题区域、立案处置结案等数据的统计分析功能；市政公用分析研判模块宜具备道路、桥梁、隧道、供水、排水、供热、燃气、照明和管廊等数据的统计分析功能；市容环卫分析研判模块宜具备城市容貌、环境卫生、建筑垃圾管理、环卫设施和户外广告（招牌）等数据的统计分析功能；园林绿化分析研判模块宜具备古树名木、公园绿地、防护绿地、广场用地、附属绿地、区域绿地、行道树及其他树木、绿地附属设施以及绿线等数据的统计分析功能；城市管理执法分析研判模块宜具备城市管理机构、人员、车辆、案由和案件以及执法台账等数据的统计分析功能。各省应根据本省实际情况，梳理本省各行业决策建议专题。

（6）数据交换系统应具备接入平台配置、接口服务发布、接口服务订阅、接口状态监控和数据交换等功能模块。实现纵向与国家平台、市级平台互联互通，从市级平台获取城市基础数据、运行数据、管理数据和服务数据等，向国家平台推送本省城市管理领域的相关数据；横向可以对接共享省级有关部门的数据，与省级有关部门进行信息共享。

（7）数据汇聚系统应具备数据获取、数据清洗、数据融合、数据资源编目等功能模块。省级平台数据汇聚系统应根据城市运行管理服务工作要求，汇聚业务指导、监督检查、监测分析、综合评价数据，市级平台上报数据和外部汇聚数据等在内的数据，对各类数据进行清洗、校验、抽取、融合，形成综合性城市运行管理服务数据库。

（8）应用维护系统应具备机构配置、人员配置、权限配置、流程配置、表单配置、统计配置和系统配置等功能模块，并根据系统应用维护管理需要，对组织机构、人员权限、业务流程、工作表单、功能参数等事项进行日常管理和维护。省级平台运行后，应用维护系统应具有充分的适应能力，能够快速完成机构、人员、权限及其他功能参数等调整。

2.2.3　市级平台

市级平台应包括业务指导、指挥协调、行业应用、公众服务、运行监测、综合评价、决策建议、数据交换、数据汇聚和应用维护十个基本系统，平台架构示意图如图2-4所示。市级平台应以城市运行管理"一网统管"为目标，综合考虑本市经济发展、人口数量、城市特点等因素，结合城市实际需要，拓展应用系统，丰富应用场景。下面对重点系统进行介绍。

（1）业务指导系统包括政策法规、行业动态、经验交流、行政处罚等功能模块，用于汇聚、共享、展示和发布城市运行管理服务相关法律法规、政策制度、体制机制建设情况，行业动态，队伍建设，典型经验，行政处罚决定信息等。市级平台可通过国家平台分配单点登录账号和使用权限的形式，共享由国家平台统一开发建设的业务指导系统。如市级平台自行建设业务指导系统，则应通过数据交换系统将业务指导数据共享至国家平台和省级平台。

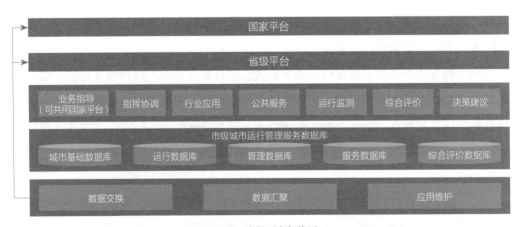

图2-4　市级平台架构图

（2）指挥协调系统即数字城管系统，应依据现行行业标准《城市市政综合监管信息系统技术规范》CJJ/T 106—2010的规定建设监管数据无线采集、监督中心受理、协同工作、监督指挥等子系统，实现城市管理问题"信息采集、案件建立、任务派遣、任务处置、处置反馈和核查结案"等六个阶段的闭环管理；协同工作子系统应具备接收、办理和反馈国家和省级平台监督检查系统布置的重点工作任务的功能；根据《数字化城市管理信息系统　第2部分：管理部件和事件》GB/T 30428.2—2013的规定，按照综合评价工作要求，可以把与城市运行管理服务相关的管理对象按照部件和事件确定规则和编码要求，列入部件和事件扩展类别，还可根据需求扩展其他子系统。

（3）行业应用系统是为适应城市执法体制改革要求，围绕城市管理主要职责，应建设市政公用、市容环卫、园林绿化和城市管理执法等相应信息化应用系统。其中，市政公用信息化应用系统宜包括道路、桥梁、隧道、供水、排水、供热、燃气、照明和管廊等；市容环卫信息化应用系统宜包括生活垃圾、建筑垃圾、垃圾分类、清扫保洁、公共厕所、门前三包、环卫设施、城市容貌和户外广告（招牌）等；园林绿化信息化应用系统宜包括城市绿地管理、园林规划管理、园林绿化建设、园林绿化管护、城市公园、古树名木以及城市绿线管理等；城市管理执法信息化应用系统宜包括执法队伍及人员管理、执法办案、执法监督、执法公示、执法培训考试、社会主体信用管理等；此外，还可包括排水防涝、停车管理等其他相应信息化应用系统。同时，应将现有的市政公用、市容环卫、园林绿化、城市管理执法等行业应用系统以及其他专业应用系统整合到市级平台中。

（4）公众服务系统是为市民提供精准、精细、精致服务的重要窗口，包括热线服务、公众服务号和公众类应用程序（APP）等，应能够为公众提供投诉、咨询和建议等服务，应具备通过指挥协调系统对公众诉求进行派遣、处置、核查和结案的功能，还应具备对服务结果及服务的满意度进行调查回访的功能。其中，热线服务主要是利用12319城市管理服务、12345政务服务等热线为公众提供投诉、咨询和建议以及水、电、气、热等公共事业便民便企热线服务，应具备话务排队、话务分配、坐席监听、三方通话、录音查询和报表生成等功能，宜支持与12345政务服务等热线统一受理和移交转办等功能。

（5）运行监测系统聚焦市政设施、房屋建筑、交通设施和人员密集区域等领域，对防洪排涝、燃气安全、路面塌陷、管网漏损、桥梁坍塌等开展运行监测，对城市运行风险进行识别、评估、管理、监测、预警和处置，实现城市运行全生命周期监测管理。该系统应包括监测信息管理、风险管理、监测报警、预测预警、巡检巡查、风险防控、决策支持、隐患上报与突发事件推送等子系统，应能够对市政设施、房屋建筑、交通设施和人员密集区域等领域进行监测分析，并应包括燃气、供水、排水、供热、环卫、内涝、管廊、路面塌陷、建筑施工、危房、桥梁、隧道、人员密集场所等专项。同时，各地宜结合地方实际，按需扩展运行监测领域和范围。

（6）综合评价系统是根据综合评价工作要求，通过实时监测、平台上报、实地考察、问卷调查等方式获取相关数据，对城市运行监测和城市管理监督工作开展综合评价。系统应包括评价指标管理、评价任务管理、实地考察、评价结果生成等功能模块。在建设市级综合评价系统时，应建立评价网格专题图层和评价点位清单，应满足2.5节"评价体系"的相关要求，支持平台上报类、实地考察类和问卷调查类评价指标数据的获取与结果生成，还要支撑各市自行拓展的管理或运行指标数据的获取与结果生成。同时，各地宜结合地方实际情况，将综合评价工作向行政区域内区县、街道延伸。

（7）决策建议系统包括城市运行管理服务态势感知、部件事件监管分析研判、市政公用分析研判、市容环卫分析研判、园林绿化分析研判、城市管理执法分析研判等功能模块。各城市可以根据实际需求拓展其他功能模块。决策建议系统的本质是以应用场景为导向，精细化梳理各个应用场景的问题类型清单、数据资源清单、研判规则清单和协同处置清单，汇聚城市运行管理服务相关数据资源，研判痛点、难点问题，并纳入指挥协调系统的闭环化处置体系，打造"数据汇聚、分析研判、闭环处置、绩效评价"的实用、易用、好用的决策建议应用体系。如青岛市围绕城市运行、管理、服务打造了20余个智能化应用场景，沈阳市打造"路长慧眼""控渣土""好游园""找公厕""好店铺""好停车"等应用场景。

（8）数据交换系统应包括接入平台配置、接口服务发布、接口服务订阅、接口状态监控和数据交换等功能模块。市级平台数据交换系统应实现纵向与国家平台、省级平台推送与共享指挥协调、行业应用、公众服务、运行监测、综合评价等系统，以及从其他外部系统采集城市基础数据，运行、管理、服务和综合评价等数据，横向可以对接共享市级有关部门的数据。

（9）数据汇聚系统应包括数据获取、数据清洗、数据融合、数据资源编目等功能模块，其目的是汇聚城市运行管理服务相关数据，形成市级城市运行管理服务数据库。数据汇聚系统可以在遵循数据共享和交换标准前提下，和已有的数据共享平台进行对接，并根据城市运行管理服务工作需要，汇聚城市基础数据以及运行、管理、服务和综合评价等数据，对各类数据进行清洗、校验、抽取、融合，形成市级综合性城市运行管理服务数据库，并且形成的市级城市运行管理服务数据库可通过数据资源编目模块对外进行共享。

（10）应用维护系统应包括机构配置、人员配置、权限配置、流程配置、表单配置、统计配置和系统配置等功能模块。根据系统运维管理需要，对组织机构、人员权限、业务流程、工作表单、功能参数等事项进行日常管理维护与设置，对字典表进行定义，对查询和统计的功能进行具体配置，还可以对地图的专题和操作参数等进行配置。

2.3 数据体系

城市运管服平台数据体系建设立足于打破普遍存在的"数据孤岛""数据烟囱"等问题，解决数据跨部门、跨地区、跨层级共享难问题，按照《城市运行管理服务平台数据标准》CJ/T 545—2021，以下简称《数据标准》和实际管理服务需要，通过数据普查、业务运行和系统对接等方式，产生或汇聚城市运行管理服务相关数据，形成综合性城市运行管理服务数据库，并通过国家电子政务外网实现国家、省、市三级平台的互联互通、数据交换和业务协同，构建"横向到边、纵向到底"的数据共享及流转体系。

"横向到边"的数据共享体系，一是推动住房和城乡建设领域各类业务数据的整合应用，如城市部件事件数据、城市基础数据、城市地下市政基础设施普查信息等接入城市运管服平台，支撑平台开展城市运行监测、城市管理监督、综合评价应用；二是以住房和城乡建设行业数据为基础，对接应急管理、自然资源、交通运输等部门以及行业权属单位的数据；三是在城市运管服平台稳定运行后，将城市运行管理的应用数据共享到其他相关部门，形成积极有效的数据双向共享机制。

"纵向到底"的数据流转体系，国家、省、市三级平台应实现数据共享和交换，具体的数据传输流程为市级平台向省级平台上传数据，省级平台向国家平台上传数据，国家平台可逐级向下布置工作任务及开展监督检查，也可向下共享相关数据。市级平台向下要汇聚共享区（县、市）、街道（镇）、社区的城市运行管理服务相关数据。具体的数据流转内容依据业务需求，围绕城市运行监测、城市管理监督开展建设应用。

2.3.1 国家平台数据

国家平台数据包括业务指导、监督检查、监测分析、综合评价、省市级平台上报和外部汇聚等数据，如图2-5所示。

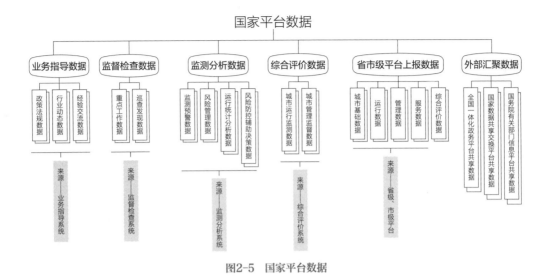

图2-5 国家平台数据

1. 业务指导数据

国家平台业务指导数据包括政策法规数据、行业动态数据、经验交流数据，这些数据来自国家平台业务指导系统，由各级主管部门在使用业务指导系统上传、审核和发布政策法规、行业动态、经验交流信息的过程中自动产生。

2. 监督检查数据

国家平台监督检查数据包括重点工作数据、巡查发现数据，这些数据来自国家平台监督检查系统，由住房和城乡建设部在使用监督检查系统向省、市级平台派发、反馈重点工作任务，接收、督办各地巡查发现问题的过程中自动产生。国家平台监督检查数据需要通过数据交换系统在国家、省、市三级平台传输，以支撑重点工作任务和巡查发现问题的上传下达。

3. 监测分析数据

国家平台监测分析数据包括监测预警数据、风险管理数据、运行统计分析数据、风险防控辅助决策数据，这些数据来自国家平台监测分析系统，由住房和城乡建设部在使用监测分析系统对省、市级平台上报的运行监测数据进行处理和应用的过程中自动产生，存储在国家、省级平台。国家平台的监测分析数据需要以省、市级平台上报的运行监测数据为基础。省级平台产生的监测分析数据和市级平台产生的运行监测数据需要通过数据交换系统传输至国家平台。

4. 综合评价数据

国家平台综合评价数据包括城市运行监测数据和城市管理监督数据，这些数据来自国家平台的综合评价系统，由住房和城乡建设部、参评城市在使用综合评价系统派发评价任务、采集评价数据、生成评价结果的过程中自动产生。省、市级平台产生的综合评价数据需要通过数据交换系统传输至国家平台。

5．省市级平台上报数据

省市级平台上报数据包括城市基础数据、运行数据、管理数据、服务数据、综合评价数据，这些数据由省、市级平台产生，并通过数据交换系统传输至国家平台。其中，省市级平台上报的城市基础数据应包括评价点位、统计年鉴等数据，运行数据应包括预警统计、预警报警明细、巡检巡查、风险隐患、危险源、预案案例、事件等数据，管理数据应包括城市部件事件、市政公用、市容环卫、园林绿化和城市管理执法等统计类数据，城市管理执法行业类数据，服务数据应包括公众诉求统计数据和便民便企服务事项数据。

6．外部汇聚数据

国家平台外部汇聚数据包括全国一体化政务服务平台共享数据、国家数据共享交换平台共享数据、国务院有关部门信息平台共享数据等，这些数据由全国一体化政务服务平台、国家数据共享交换平台以及国务院有关部门业务系统产生，并通过数据交换系统共享至国家平台。

2.3.2　省级平台数据

省级城市运管服平台数据库应包括业务指导、监督检查、监测分析、综合评价、市级平台上报和外部汇聚等数据，如图2-6所示。

省级平台的数据内容与国家平台类似，其中业务指导数据包括政策法规、行业动态和经验交流等数据，由省级平台自建的业务指导系统产生（共享国家平台业务指导

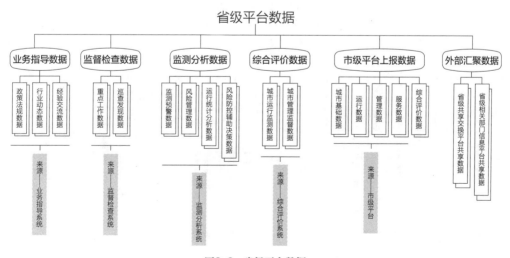

图2-6　省级平台数据

系统的省级平台不具备业务指导数据）；监督检查数据包括重点工作、巡查发现等数据，由省级平台监督检查系统产生；监测分析数据包括监测预警、风险管理、运行统计分析、风险防控辅助决策等数据，由省级平台监测分析系统产生；综合评价数据包括城市运行监测、城市管理监督等数据，由省级平台综合评价系统产生；市级平台上报数据包括市级平台推送至省级平台的城市基础、运行、管理、服务和综合评价等数据；外部汇聚数据包括省级共享交换平台和省级相关部门信息平台共享的数据。

2.3.3 市级平台数据

市级平台数据应包括城市基础数据、运行数据、管理数据、服务数据和综合评价数据等，如图2-7所示。可根据本地实际拓展外部汇聚数据。

1. 城市基础数据

市级平台城市基础数据包括地理空间数据、城市信息模型数据、评价点位数据和城市统计年鉴数据。其中，地理空间数据应包括地理空间框架、单元网格、评价网格、管理部件和地理编码等数据，应符合《城市地理空间框架数据标准》CJJ/T 103—2013、《数字化城市管理信息系统　第1部分：单元网格》GB/T 30428.1—2013、《数字化城市管理信息系统　第2部分：管理部件和事件》GB/T 30428.2—2013和《数字化城市管理信息系统　第3部分：地理编码》GB/T 30428.3—2016等的规定，应通过

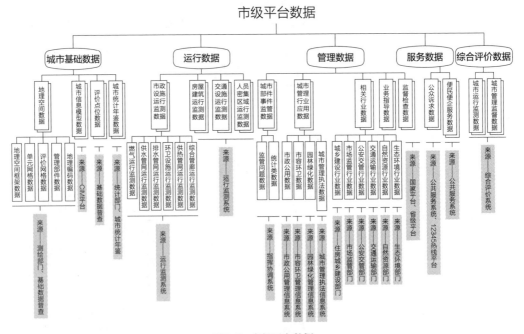

图2-7　市级平台数据

共享测绘部门相关数据或进行基础数据普查产生，并应符合《城市市政综合监管信息系统技术规范》CJJ/T 106—2010的规定；城市信息模型数据可以由当地的CIM平台共享，但应符合城市信息模型数据加工相关标准的规定；评价点位数据应包括主次干道、背街小巷、商业步行街、公园、广场、农贸市场、公共厕所、火车站或长途汽车站、河流湖泊、便民摊点规划区、社区、主要交通路口等类型的数据，相关数据应通过基础数据普查产生；城市统计年鉴数据可以从当地统计部门或从官方发布的城市统计年鉴中获取。

2. 运行数据

市级平台运行数据应包括市政设施运行监测、房屋建筑运行监测、交通设施运行监测和人员密集区域运行监测等数据，监测类基础数据应包括监测点位、监测设备、监测项阈值、设备实时监测、设备报警、报警分析和报警关联处置数据等。该数据由市级平台运行监测系统产生，也可以由其他外部的城市安全运行监测系统共享。

（1）市政设施运行监测数据

市政设施运行监测数据应分为燃气类、供水类、排水类、供热类、管廊类、环卫类及其他数据，应包括燃气运行监测、供水管网运行监测、排水管网运行监测、供热管网运行监测、综合管廊运行监测、环卫设施运行监测和其他设施运行监测等数据。

1）燃气运行监测数据：燃气运行监测对象应包括燃气管网相邻地下空间、窨井、燃气商业用户室内等燃气浓度。其中，监测设备数据应包括监测点位、监测设备和监测项阈值等数据；实时监测数据主要监测地下窨井相邻空间浓度、扩展温度和湿度等数据；报警数据应包括地下窨井和户内报警数据。

2）供水管网运行监测数据：供水管网运行监测应包括供水管网的压力、流量、腐蚀等。运行监测数据应包括监测设备数据、实时监测数据和报警数据（管网漏失报警、管网腐蚀报警、管网压力报警）。其中，监测设备数据应包括监测点位、监测设备和监测项阈值等数据；实时监测数据应包括漏失实时监测、流量实时监测、腐蚀实时监测、应力实时监测和压力实时监测等数据；报警数据应包括管网漏失报警、管网腐蚀报警和管网压力报警等数据。

3）排水管网运行监测数据：排水管网运行监测应包括对排水管网的排水泵、泵站、雨量、水库等的监测。其中，监测设备数据应包括监测点位、监测设备和监测项阈值等数据；实时监测数据应包括水位监测、液位监测、排水泵监测、泵站监测、河道测站监测和雨量监测等数据。

4）供热管网运行监测数据：供热管网运行监测应包括对供热管网的温度、压力等的监测。其中，监测设备数据应包括监测点位、监测设备和监测项阈值等数据；实时监测数据应包括温度监测数据和压力监测数据；报警数据应包括土壤温度报警、管道温度报警和压力报警等数据。

5）综合管廊运行监测数据：综合管廊运行监测应包括对廊体结构、廊内气体、廊内管线等的监测。其中，监测设备数据应包括监测点位、监测设备和监测项阈值等数据；实时监测数据应包括廊体裂缝数据、廊体沉降数据、廊内气体浓度数据和廊内温度数据；报警数据应包括廊体裂缝报警、廊体沉降报警、廊内气体浓度报警和廊内温度报警等数据。

6）环卫设施运行监测数据：环卫设施运行监测应包括对垃圾收集站、垃圾转运站、污水前端处理设施、污水净化处理设施、固体废弃物处理厂、环卫车辆清洁站、环卫车辆等的监测。其中，监测设备数据应包括监测点位、监测设备和监测项阈值等数据；实时监测数据包括空气质量数据、VOC气体监测数据、污水水质监测数据和环卫车辆定位调度数据；报警数据应包括空气质量报警、VOC气体报警、污水水质报警和车辆偏离报警等数据。

（2）房屋建筑运行监测数据

在房屋建筑运行监测数据中，监测设备数据应包括监测点位、监测设备和监测项阈值数据；实时监测数据应包括倾斜数据、沉降数据、裂缝数据和振动数据；报警数据包括建筑倾斜报警、建筑沉降报警、建筑裂缝报警和振动报警等数据。

（3）交通设施运行监测数据

交通设施运行监测数据包括城市道路塌陷风险运行监测数据和桥梁运行监测数据。其中，城市道路塌陷风险运行监测数据应包括地下空洞隐患、路面塌陷事故、道路病害隐患检测、道路地面塌陷监测、交通噪声监测、道路积水监测、道路超载监测等数据；桥梁运行监测数据应包括监测设备数据、实时监测数据和报警数据，监测设备数据应包括监测点位、监测设备和监测项阈值等数据，实时监测数据应包括动态挠度监测、吊杆力监测、风速实时、风向监测、加速度监测、静态监测等数据，报警数据应包括挠度、加速度、位移、应变等数据。

（4）人员密集区域运行监测数据

人员密集区域运行监测数据应包括人流密度监测报警、人员密集场所视频监测、人员密集场所消防安全监测、人员密集场所火灾监测预警和大型活动监测预警等数据。其中，人流密度监测报警数据、人员密集场所视频监测数据、人员密集场所火灾监测预警数据、大型活动监测预警数据含监测点位、监测设备、监测项阈值、实时监测和设备报警等数据。

3. 管理数据

市级平台管理数据应包括城市部件事件监管、城市管理行业应用、相关行业、业务指导和监督检查等数据。其中，城市部件事件监管数据、监督检查数据由市级平台指挥协调系统产生；行业应用数据由市级平台市政公用、市容环卫、园林绿化、城市管理执法等行业应用系统产生，也可以由外部的其他行业应用系统共享；相关行业数据由住房城乡建设、市场监管、公安交管、交通运输、自然资源、生态环境等相关部门的业务系统共享；业务指导数据由市级平台自建的业务指导系统产生。

（1）城市部件事件监管数据

城市部件事件监管数据应包括城市管理信息系统运行的监管案件数据、统计类数据等。其中，监管案件数据应包括符合《数字化城市管理信息系统　第2部分：管理部件和事件》GB/T 30428.2—2013规定的管理部件和事件监管类型数据，统计类数据应包括网格、部件、监督员、案件处置部门、案件来源、案件类别和案件状态等统计数据。

（2）城市管理行业应用数据

城市管理行业应用数据应包括市政公用、市容环卫、园林绿化和城市管理执法等行业应用类、统计类数据。

1）市政公用数据：应包括市政公用行业类数据、统计类数据。其中，市政公用行业数据应包括道路、桥梁、隧道、供水、排水、供热、燃气、照明和管廊等建设和运行数据，主要数据项应符合《智慧城市数据融合　第5部分：市政基础设施数据元素》GB/T 36625.5—2019的规定；市政公用统计类数据应包括城市道路、桥梁、隧道、照明和管廊，城市供水，城市排水，城市燃气，城市供热等统计数据。

2）市容环卫数据：应包括市容环卫行业类数据、统计类数据。其中，市容环卫行业数据应包括城市容貌、环境卫生、建筑垃圾管理和户外广告（招牌）等数据；城市容貌数据应符合《数字化城市管理信息系统　第2部分：管理部件和事件》GB/T 30428.2—2013的规定；环境卫生数据应包括垃圾收集设施、垃圾转运站、生活垃圾焚烧厂、生活垃圾卫生填埋场、厨余垃圾处理厂、粪便处理厂、公共厕所、清扫保洁路段、清扫保洁作业等数据；建筑垃圾管理数据应包括建筑垃圾运输企业、车辆、司机、建筑工地、处理厂、建筑垃圾处置证、建筑垃圾运输记录、建筑垃圾运输违法处置等数据。

3）园林绿化数据：应包括园林绿化行业类数据、统计类数据。其中，园林绿化行业数据应包括公园绿地、防护绿地、广场用地、附属绿地、区域绿地、树木、古树名木和绿地附属设施等数据。

4）城市管理执法数据：应包括城市管理执法行业类数据、统计类数据。其中，城市管理执法行业数据应包括执法台账、机构、人员、车辆、案由和案件等数据；城市管理执法统计类数据应包括城市管理执法队伍、住房保障领域执法案件处理等统计数据。

（3）相关行业数据

相关行业数据宜包括城乡建设、市场监管、公安交管、交通运输、自然资源和生态环境等与城市运行管理服务评价指标体系相关的数据。

（4）业务指导数据

该数据由市级平台自建时产生，业务指导数据应包括国家平台、省级平台共享的和市级平台录入的数据。

（5）监督检查数据

监督检查数据应包括国家平台、省级平台下发的和市级平台录入的数据。

4．服务数据

市级平台服务数据包括公众诉求数据和便民便企服务数据，由市级平台公共服务系统产生，或从12345热线平台共享，各城市可根据实际需求拓展或接入与公众服务相关的其他数据。其中，公众诉求数据应包括公众诉求问题数据、公众诉求统计数据等。

5．综合评价数据

市级平台综合评价数据包括城市运行监测数据和城市管理监督数据，由市级平台综合评价系统产生。其中，城市运行监测数据包括市政设施类、房屋建筑类、交通设施类、人员密集区域类和群众获得感等数据，以及城市运行监测批次、城市运行监测指标构成和城市运行监测指标结果等数据；城市管理监督数据包括实地考察、平台上报、问卷调查、城市管理监督结果明细和城市管理监督成绩等数据。

2.4　管理体系

城市运管服平台管理体系建设是平台建设的重要内容之一，是平台正常运行的重要保障，既包括运行机制保障，更包括组织机构保障；既是平台建设的关键点，也是难点。因为城市运管服平台管理体系配套与否，直接影响平台建成后是否可以实现"能用、好用、管用"的建设目标，是否能够长效运行，是否能够切实有效发挥对城市运行管理服务工作的实时监测、动态分析、统筹协调、指挥监督和综合评价等作用。

2.4.1 国家平台管理体系建设

在国家层面，建设城市运管服平台管理体系，能有效发挥住房和城乡建设部监督、指挥、评价的职责，切实推动城市执法体制改革落地，改进城市管理工作，实现城市运行管理"一网统管"的目标。

1. 组织体系建设

国家平台在三级城市运管服平台体系中立足于"观全域、重指导、强监督"，因此，为保障国家城市运管服平台的协同高效运转，应配套建设"横向到边、纵向到底"的工作体系。国家城市运管服平台由住房和城乡建设部统筹建设，横向整合或共享住房和城乡建设部内相关信息系统，对接应急管理、自然资源、交通运输、公安等国务院有关部门城市运行管理服务相关数据，纵向对接省级、市级平台城市运行管理服务相关数据，汇聚形成全国城市运行管理服务数据资源库，支撑全国城市开展运行管理服务工作，同时将城市运行管理应用数据共享至省级、市级平台，通过数据流转，打造"横向到边、纵向到底"的数据体系。

2. 运行机制建设

住房和城乡建设部应建立"纵向到底"联动的工作机制，保障重点工作任务的派发；建立左右协同的协调机制，保障城市运行管理服务相关事项的横向及时联动，逐步实现跨部门、跨层级"统筹布置、按责转办、重点督办、限时反馈"的闭环管理。例如，2022年3月，住房和城乡建设部城市管理监督局通过国家城市运管服平台，向省级平台发布工作任务，要求各省通过系统报送省级、省会城市和计划单列市城市运管服平台建设工作方案，各省均通过共享国家平台的业务指导系统完成了工作方案报送工作。

此外，还应建立数据填报机制和综合评价机制，与省级平台类似，详见2.4.2节。

2.4.2 省级平台管理体系建设

在省级层面，建设城市运管服平台管理体系，发挥省级城市管理协调议事机构的作用，统筹协调城市运管服平台建设运行中的重大事项，并配套建立工作协同、数据填报和综合评价等机制，加强对全省城市运行管理服务工作的业务指导、监督检查、监测分析和综合评价。

1. 组织体系建设

为推动省级城市运管服平台协同高效运转，应加强组织体系建设，构建"横向到边、纵向到底"的工作体系。省级住房和城乡建设（城市管理）主管部门应有序推进省级平台建设、运行和维护。明确省级城市运行管理服务监督工作牵头单位，配强专业技术团队负责省级平台日常运行维护工作，确保平台持续稳定运行。

目前各省都在加快制定省级城市运管服平台技术方案，从提交部监督局审核的技术方案中可以看出，绝大部分省厅都比较重视省级组织机构和综合协调机制建设，都在工作方案中明确提到要加强省级城市运行管理服务监督机构建设，加强组织领导。

山西省提出，要"成立厅分管领导任组长、各有关处室单位为成员的'城市运行管理服务平台建设运行工作专班'，负责研究决定平台建设运行重要事项，组织、协调和推进平台建设运行工作。专班办公室设在厅城管处，定期汇总工作推进情况，报请专班集体研究解决存在问题。厅科促中心作为省级城市运行管理服务监督中心，承担省级平台建设运行管理的具体事务。各有关处室单位按照职责做好相关工作"。

青海省提出，要"成立青海省城市运行管理服务平台建设领导小组，加强综合统筹协调，构建'横向到边、纵向到底'的城市综合管理服务工作体系"。

福建省提出，要"成立厅主要领导担任组长的领导小组，切实加强对城市运管服平台建设工作的组织领导和统筹协调，推动平台建设工作有序高效开展，建立健全工作专班制度，选优配强工作力量，夯实工作基础"。

宁夏回族自治区提出，要"成立以厅主要领导担任组长，执法监督局、城建处、信息中心等相关处室及直属单位的主要负责人为成员的'宁夏回族自治区城市运行管理服务平台建设运行工作领导小组'，组织推进平台建设和运行的相关工作"。

2．运行机制建设

（1）工作协同机制建设

省级住房和城乡建设（城市管理）主管部门应建立国家、省、市三级上下联动的工作机制，配备专业人员，以保障国家、省、市级工作任务部署、工作情况报送、文件印发转发、征求意见、会议通知、公示公告、监督通报等工作任务的线上高效上传下达。建立左右协同的协调机制，及时与各相关部门进行沟通协调，保障城市运行管理服务相关事项的横向及时联动，逐步实现跨部门、跨层级"统筹布置、按责转办、重点督办、限时反馈"的闭环管理。

（2）数据填报机制建设

当前，各地城市管理行业应用、运行监测信息化建设程度参差不齐，尚未建立综合性城市运行管理服务数据库，在一定时期内难以完全通过数据交换的方式实现国家、省、市三级平台的数据交换共享。为保障国家级平台、省级平台能够及时获取到开展综合评价、决策建议所需的业务数据，同时为尚未建立相关行业应用、运行监测系统的城市提供基本的电子台账、统计报表功能，促进城市管理工作数字化转型，各省可结合本省工作实际，建立"填报内容完整、数据格式统一、上报流程规范"的数据填报工作机制，在各地全面建成符合《技术标准》的城市运管服平台，形成符合数据标准的综合性城市运行管理服务数据库之前，作为数据交换共享的补充渠道。

以四川省为例，针对当前 21 个市（州）大部分尚未建成市政公用、市容环卫、园林绿化、城市管理执法等行业应用系统的情况，在充分整合现有信息系统的基础上，四川省结合本省实际建立了围绕全省垃圾处理、污水处理、燃气风险隐患、房屋质量安全、城市管理执法等的省级城市运管服平台数据填报系统，创新保障机制，对各地城市综合管理和执法工作进行有效监督指导，主要做法如下：

一是建立全省城市运管服数据填报系统。四川省依托省级平台，整合全省与城市运行管理相关信息系统，建设了数据填报系统。四川省各地市、区县城市管理主管部门、城乡建设主管部门、运营单位由省级平台开设账号共享使用该平台，并通过该平台填报城市管理和安全运行的相关信息。

二是规范全省统一的数据标准。四川省编制了《四川省城市（县城）污水处理管理信息系统建设管理技术导则》《四川省城乡垃圾处理信息系统技术导则》《四川省城市运行管理服务平台技术标准》等技术规范，规定了污水处理设施基本信息、污水处理设施运行信息、垃圾处理设施基本信息、垃圾处理设施运行信息、城市管理执法人员基本信息、住房城乡建设领域行政处罚信息、住房城乡建设领域执法办案统计信息等数据标准，供各地开展行业应用系统建设时参考借鉴。

（3）综合评价机制建设

依据《建设指南》中对省级综合评价机制的要求，各省要充分结合实际，创建符合本省实际、具有本省特色的综合评价方法，确保评价机制既能适应城市运管服综合评价工作要求，又能体现本省实际评价工作需要，使评价机制真正发挥实效。下面以江苏省和浙江省为例进行说明。

1）江苏省

江苏省制定了《江苏省优秀管理城市考核标准》，用于评价本省城市的管理情况。为确保有效开展城市环境综合整治工作，江苏省住房和城乡建设厅要求各个申报城市要在政府的统一领导下，成立创建班子，并制定实施计划，同时有效整合规划、建设、公安、环保、卫生、工商相关部门的力量，形成强有力的创建工作合力，确保创建工作扎实开展、富有成效，一切从实际需求出发，切实提高市民群众获得感。

为严肃评价工作，切实发挥成效，江苏省建立了严格的审核与评价机制。一是严把申报条件。申报城市必须符合以下条件：城市环境综合整治取得明显成效，显著提升城市形象；江苏省城市管理示范路设区市大于等于3条，县（市）大于等于2条；江苏省城市管理示范社区设区市大于等于2个，县（市）大于等于1个；数字城管系统通过住房和城乡建设部（厅）验收；未发生有重大社会负面影响的事件等。其中有一项条件不符合，将不予以受理。二是规范申报程序。测评工作先由各申报城市对照《江苏省优秀管理城市标准》和《江苏省优秀管理城市（一星级）考核评分细则（试行）》，认真组织开展自评工作；自评达标后，由城市人民政府以书面形式报送至省住房和城乡建设厅；县（市）需经设区市人民政府同意后方可申报。申报材料包括申请报告、创建范围、创建工作总结、省优秀管理城市创建自查情况、自评得分表以及城市管理工作创新和特色亮点。三是加强过程管理。"江苏省优秀管理城市"的创建主体是各城市人民政府，创建范围为城市建成区。申报城市要在政府的统一领导下，成立创建班子，制定实施计划。住房和城乡建设厅要求各地科学组织、统筹推进，避免在创建过程中搞形式、搞突击，影响市民群众的生产生活和社会的和谐稳定，同时要以解决百姓身边的城市环境存在问题为主要内容，发动市民积极参与，确保创建工作扎实开展、富有成效，切实提高市民群众获得感。住房和城乡建设厅将不定期组织调研暗访，并将调研暗访意见及整改落实情况作为评判创建成效的重要依据。

2）浙江省

为提升城市精细化管理服务水平，加快构建管理服务一体、线上线下融合、发现解决迅捷、政民互动共享的现代城市管理机制，浙江省制定了《浙江省城市管理指数评价规则（试行）》。根据评价规则要求，浙江省城市管理指数评价主要通过省城市运行管理服务（城市综合管理服务、数字城管、智慧城管）平台归集的各类数据和《浙江省城市建设统计年鉴》数据开展，采用人工和平台对比相结合的方式，形成相应的城市运行指数，每月进行评价，并在省平台排名。每半年进行一次综合评价，年底进行终评，并将评价结果纳入住房和城乡建设厅年度考核指标。其中，各市数字（智慧）城管平台的问题发现率、立案率、处置率、结案率，以各市印发实施的数字化管理部件和事件立案结案规范为准；采用省标准的，以《浙江省智慧城管部件和事件立案结案标准》为准，数据直接从各市平台产生。

此外，为保障评价工作高效开展，浙江省住房和城乡建设厅建立健全城市管理评价机制，成立由分管厅领导担任组长，厅城管处、城建处、计财处、信息中心、城市化中心等处室为成员的城市管理评价工作小组,加强对城市管理评价工作的组织领导,并适时引入第三方评价方式,不断提高对城市管理评价工作的客观性、全面性、公正性和科学性。同时,住房和城乡建设厅通过省城市综管服平台和线下管理,加强对各地平台运行管理和评价工作的监督检查,对当月评价结果不合格的城市,及时发出提醒预警,督促相关城市及时整改提高,促进城市精细化管理水平的不断提升。

2.4.3　市级平台管理体系建设

在市级层面,建设城市运管服平台管理体系,有助于建立党委政府统筹协调、各部门协同合作、指挥有力、执行顺畅、运行高效的城市管理工作机制,推动构建党委政府领导下的"一网统管"工作格局,并配套建立综合协调、监督指挥和综合评价等机制,加强对全市城市运行管理服务工作的统筹协调、指挥调度、监督考核、监测预警、分析研判和综合评价,推动城市运行管理"一网统管"。

1. 组织体系建设

为推动构建党委政府领导下的"一网统管"工作格局,切实发挥城市运管服平台作用,市级、区级政府应明确城市运行管理服务指挥工作牵头部门,加强城市运行管理服务指挥队伍建设,切实做好平台建设、运行、管理、维护和综合评价等工作。当前,大部分城市都已制定市级城市运管服平台建设工作方案,从提交部监督局审核的工作方案中可以看出,绝大部分城市都是充分依托现有的数字化城市管理监督指挥机构,构建城市运行管理服务监督指挥机构,建立健全综合协调机制。

(1)宁波市

宁波市政府高度重视城市运行管理服务体系建设,多次组织专题研究,明确整合市区两级智慧城管中心,成立城市运行管理服务中心,构建城市运行管理服务体系,通过组织、指导、协调、赋能各业务主管部门和基层开展工作,实现市、区县、街镇、村社、网格"五级联动"。市城市运行管理服务中心负责全市运行管理服务的顶层设计,执行统筹规划、机制建设、统一指挥、综合协调、闭环监管、督办考核等职能。区县运行管理服务中心承担属地城市运行管理服务的统筹部署、机制建设、统一指挥、综合协调、督办考核等职能。街镇城市运行管理服务分中心负责处置城市运行和基层治理的具体问题,形成政务事务内循环。村社联勤联动站以抓自治、定守则、强联动、倡文明、重服务为定位,夯实基层治理。网格工作站承担网格内联勤巡查、联合执法等职能。此外,为加强组织领导,宁波市成立市城市运行管理服务领导小组，由分管领导任组长，在市综合行政执法局下设办公室，同步成立专班，推进城市运管服平台建设。

（2）济宁市

为统筹解决城市运行管理中的问题，济宁市强化精细化、网格化管理，推动城市运行"一网统管"，于2021年印发《济宁市人民政府办公室关于调整济宁市城市运行管理委员会组成人员和工作职责的通知》及《济宁市城市运行管理委员会工作规则》，将城市管理委员会调整为城市运行管理委员会，由市长任市城市运行管理委员会主任，市城市运行管理委员会下设办公室，办公室设在市城市管理局，由分管副市长兼任办公室主任，市城市管理局局长兼任办公室常务副主任。各县（市、区）参照成立城市运行管理工作组织领导机构，完善城市运行管理体系，具备与数字化城市运行管理相适应的工作条件，建立城市运行管理长效机制。济宁市将原数字化城市运行中心调整为市城市运行管理服务中心，厘清市、区两级和相关部门职责，市级和五区、六县（市）分别建立了"一委一办一中心"的城市运行管理组织架构。市城市管理局负责牵头组织实施城市运行管理重大事项；市城市运行管理服务中心承担市城市运行管理委员会办公室日常工作，负责监督检查、考核评价，全市建立起横向到边、纵向到底、上下贯通、一体联动的城市运行管理体系。

2．运行机制建设

（1）综合协调机制

应贯彻落实《中共中央 国务院关于深入推进城市执法体制改革改进城市管理工作的指导意见》要求，建立市政府主要负责同志牵头的城市管理协调机制，加强对城市管理工作的统筹协调、监督检查和考核奖惩。建立健全相关部门之间信息互通、资源共享、协调联动的工作机制。

1）杭州市

为统筹协调城市运管服平台建设运行中的重大事项，杭州市由城市管理和综合行政执法工作联席会议牵头负责平台建设和运行总体工作，杭州数字城管工作协调小组负责具体实施工作，并建立了市政府分管领导牵头的城市管理工作协调机制，加强对城市运行管理服务工作的统筹协调、监督检查和考核奖惩。此外，2020年由中共杭州市委机构编制委员会办公室发布的《关于印发杭州市城市管理局所属杭州市城市管理指挥保障中心等5家事业单位机构编制规定的通知》，将杭州市数字城管信息处置中心调整为杭州市城市管理指挥保障中心，负责全市城市管理日常运行的指挥协调和紧急突发事件的指挥保障，构建部门协同合作、指挥顺畅、运行高效的城市管理工作体系，履行城市运行管理服务工作的统筹协调、指挥调度和监督考核职能，并对各区（县、市）、市直属部门城市运行管理服务工作进行业务指导。

2）沈阳市

为建立健全智能高效的城市管理体系，着力解决当前城市管理中存在的突出问题，实现沈阳市城市精细化管理，2016年沈阳市人民政府印发《关于沈阳市城市精细化管理实施方案的通知》，成立沈阳市城市精细化管理工作领导小组，由市政府主要领导任组长、分管领导任副组长，相关市直部门和各区政府为成员单位，负责全面推进城市精细化管理工作。领导小组办公室设在市城市管理执法局。沈阳市城市运行管理服务监督指挥机构，将以沈阳市城市管理综合行政执法局的组织机构和工作体系为基础，依托沈阳市城市精细化管理领导小组办公室，明确城市运行管理服务指挥工作牵头部门，加强城市运行管理服务指挥队伍建设，切实做好平台建设、运行、管理、维护和评价工作。

（2）监督指挥机制

参照《数字化城市管理信息系统 第2部分：管理部件和事件》GB/T 30428.2—2013的规定，建立健全以问题发现、核查结案为核心内容的问题监督制度体系；参照《数字化城市管理信息系统 第8部分：立案、处置和结案》GB/T 30428.8—2020的规定，建立健全职责明晰、及时高效、结果满意的问题处置制度体系；参照《数字化城市管理信息系统 第4部分：绩效评价》GB/T 30428.4—2016的规定，建立健全城市运行管理服务绩效考核办法，以标准化的统计数据为依据，构建对各处置部门和单位的绩效考核制度体系，并将考核结果纳入经济社会发展综合评价体系和领导干部政绩考核体系，发挥考核的"指挥棒"作用。

此外，基于各地已有的数字化城市管理模式所建立的监督指挥机制，以城市运行、管理、服务为主要内容，根据城市运行管理服务评价工作要求，拓展与"干净、整洁、有序"相关的城市管理监督对象，以及与"市政设施、房屋建筑、交通设施、人员密集区域"相关的城市运行监测对象，并纳入"信息采集、案件建立、任务派遣、任务处理、处理反馈、核查结案和绩效考核"等闭环管理流程，建立健全以问题发现、核查结案为核心内容的城市运管服问题的监督、处置和绩效考核制度体系。

比如，青岛市建立了指挥协调系统日常运行机制，由市级中心负责受理、派遣和协调处置市民通过青岛城管微信公众号、"点·靓青岛"微信小程序和爱青岛APP等渠道投诉反映的城市管理问题，以及各区（市）信息采集员、网格员上报的涉及市直部门（单位）的问题。各区（市）中心负责建立采集员队伍，常态化开展城市管理问题的巡查采集和处置工作。各市直部门（单位）、市城市管理局各行业处室（单位）安排专人及时受理和组织处置涉及本部门、本行业的城市管理问题；建立了平台运行情况评价机制，由市级中心负责定期对各区（市）政府和相关市直部门（单位）平台运行管理、案件办理等情况进行分析评价，并以市城管委办公室的名义报送市领导、发送各单位。行业应用系统定期分析运行使用情况，形成评价报告，向局党组汇报；此外，青岛市根据城市运行管理服务工作要求，正陆续将与"干净、整洁、有序"相关的城市管理监督对象以及与"市政设施、房屋建筑、交通设施、人员密集区域"相关的城市运行监测对象，纳入"信息采集、案件建立、任务派遣、任务处理、处理反馈、核查结案和绩效考核"等闭环管理流程，建立健全以问题发现、核查结案为核心内容的城市运管服问题监督、处置和绩效考核制度体系。

（3）工作协同机制

根据国家、省、市三级重点工作任务上传下达、监督指导的需要，建立市级重点工作受理反馈机制，安排专人及时接收、落实并反馈国家平台、省级平台下达的工作任务；建立左右协同的协调机制，保障城市运行管理相关事项的横向及时联动。通过上下联动、左右协同，逐步实现跨部门、跨层级"统筹布置、按责转办、重点督办、限时反馈"的闭环管理。比如，在左右协同的协调机制方面，宁波市城市运行管理服务中心按照跨部门联合监管设定，常态设置入驻单位工位，由综合执法、政法委、市场监管等部门派员进驻，专职负责指挥和协调本部门（行业）事项。将非应急类民生服务热线、舆情网站以及综合类平台（如智慧城管、综治平台等）受理操作人员集中到城运平台办公，将不同来源的问题统一纳入城运平台，按照区域、行业处置责任，落实交办跟踪、满意度测评等职能，实现多头问题一平台流转。

（4）综合评价机制

依据《建设指南》中对市级综合评价机制的要求，各市要充分结合实际，围绕"市政设施、房屋建筑、交通设施、人员密集区域、群众获得感"和"干净、整洁、有序、群众满意度"等核心指标，创建符合本市实际、具有本市特色的综合评价方法，确保评价机制既能适应部、省对城市运管服综合评价工作要求，又能满足本市实际评价工作需要，使评价机制真正发挥实效，并定期开展城市运行管理服务自评价工作，配合国家、省住房和城乡建设（城市管理）主管部门做好第三方实地考察工作。可结合本地实际增加特色指标，创新评价方法。下面以杭州市、宜春市为例进行说明。

1）杭州市

为创建"美丽杭州"，全面提升城市洁化、绿化、序化、亮化和美化水平，杭州市每月对各区进行城市环境"整洁指数"排名，公布街道"洁美杯""优胜榜"和"警示榜"情况，定期对市级部门开展城市环境"监管指数"评价工作。

在城市环境"整洁指数"及街道"洁美杯"的测评过程中，杭州市结合各区（县、市）特点及管控要求，分为A、B两组评价对象，并以"整洁指数"为指标，评价各区、县（市）城市环境，实行正负面清单、"整洁指数"月排名、末位约谈等制度，形成多维度评价体系。一是建立正负面清单制度。对工作中涌现的城市环境治理特色亮点和先进典型，受到国家、省、市主管部门肯定或被国家、省主流媒体转发报道的，给予一定加分。将问题处置不力、工作落实不到位而被市级及以上领导批示督办的，城市环境问题被媒体负面曝光的，社会反映强烈、造成不良影响的问题，纳入负面清单进行扣分。二是建立城市环境"整洁指数"排名制度。各地参照市评分标准，每月对辖区内街道（乡镇）进行检查，并将成绩排名及工作推进情况报送至市工作专班；专班根据各地报送情况和市级部门检查情况，综合折算城市环境"整洁指数"，对各区、县（市）及各街道（乡镇）进行排名，年度排名前列的区、县（市）将获得"环境优秀奖"。开展城市环境"洁美杯"示范街道创建活动，将每月成绩排名前20位及末5位的街道（乡镇）分别纳入"优胜榜"和"警示榜"，向连续3个月或累计6个月位列"优胜榜"的街道（乡镇）颁发年度"洁美杯"。三是建立末位约谈制度。市工作专班每月对A、B两组月排名末位的单位进行约谈；定期对指导不力、监管不力、推动不力、成效不明显的市直部门进行约谈并通报。

在城市环境"监管指数"的测评过程中，其评价对象为市城管局、市建委、市住保房管局、市园文局、市交通运输局、市生态环境局、市公安局交警局，其评价内容为本部门与城市管理相关的责任事项。月度城市环境"监管指数"为4项月度评价得分之和；年度"监管指数"为月度"监管指数"的平均值。每月成绩排名将形成工作专报上报市委市政府，并纳入城管目标考核，实施负面清单管理。城市环境"整洁指数"排名情况将在《杭州日报》上公布，强化评价结果运用。

2）宜春市

宜春市在"干净、整洁、有序"城市容貌管理目标下，设置了综合评价体系。其中，在考核组织及计分方面，采用千分制考核，以千分为基础实施扣分制，发现问题即扣分，同时数据全部上系统，进行自动扣分，并采用日常考核与集中考核相结合方式取代各自为阵的"1+7"考核方式；在评价流程方面，将"巡查采集—受理派遣—

问题处置—结果反馈—案件核查—案件结案—绩效评价"七个闭环流程简化为"采集上报—自动扣分—问题反馈—月底绩效评价"。此外，还增加了对区级城市管理的年度长效机制、重点工作及服务外包市场化监管考核。内容和项目包括门前三包长效管理、园林绿化长效管护、市政设施长效管护、数字城管长效运行、违法建设治理和城乡环境综合整治、垃圾分类、环卫机扫率和卫生品质提升、城市园林品质提升、市政设施品质提升、服务外包企业资质及履行合同能力及绩效情况监管等。

为确保评价工作切实发挥作用，宜春市构建了一套内外衔接的监督评价制度。①建立与新城市执法体制相适应的监督考核制度。采用"干净整洁有序安全"分类和标准计分评分细则；计分方式采用"发现问题即扣分"。②建立街（镇）差异化分类千分制考评制度；考核数据容易客观获得，数据来源实现了数据多元化且真实性较强。③建立和实行"发现问题即扣分"制度。参照全国文明城市"发现问题即扣分"考评计分方法进行计分考评，实现了考评工作简化、考评方案和评分细则通俗易懂的目的。④构建一套公众参与机制。2022年出台《宜春中心城区城市管理志愿活动优秀组织奖和市民参与城市管理监督奖评选办法》，了解群众对城市管理工作的意见建议，开展全方位监督，调动全民参与城市治理的积极性，营造全社会共抓共管参与城市治理氛围。⑤建立城市管理工作奖惩制度。建立激发内生的政治利益和经济利益驱动和外在的排名竞争压力相结合的奖惩制度，建立和实施"以奖代补""以奖慰劳"有效奖惩。⑥建立奖金发放审核制度。各街道发放奖金时，应体现"鼓励先进、鞭策落后"原则。不得平均分配，各街道资金发放方案由各区审核确定后报市城市管理委员会备案。⑦建立考核结果运用制度。考核结果将作为组织部门考察市、区、街（镇）干部进退留转的重要依据，市城市管理委员会将按一定方式运用考核结果要求各区各街道建立对市级考核结果运用机制。⑧建立工作协调机制。每个季度召开一次点评会，半年召开一次协调推进会，年终召开一次总结表彰会。⑨建立考核结果通报和公示制度。⑩建立以日常区域轮流采集和月度集中行业采集相结合的综合计分评分制度。⑪建立公务人员平时考核制度和信息化考勤制度。⑫建立12345热线"接诉即办"和"双线督办"机制。

2.5 评价体系

城市运管服平台通过建设综合评价系统，构建评价体系，编制《城市运行管理服务平台　运行监测指标及评价标准》（以下简称《运行监测评价标准》）和《城市运

行管理服务平台 管理监督指标及评价标准》（以下简称《管理监督评价标准》），并推动评价数据采集自动化、评价方法科学化。通过评价体系建设，形成城市运行管理综合评价报告，为城市管理提供决策建议。

2.5.1 城市管理监督评价体系

城市管理监督评价以住房和城乡建设部、省级住房和城乡建设（城市管理）主管部门或城市人民政府为评价主体，按照《管理监督评价标准》中的规定，对城市运行管理服务水平进行科学、客观、公平的综合评价。

城市运管服平台管理监督评价指标体系采用全周期、标准化和客观化的方法设计。一是评价指标完整覆盖城市规划、建设和管理各阶段，确保评价结果能够充分体现城市发展中各环节的因果关系。二是充分依据住房城乡建设、自然资源、交通运输、生态环境、气象、水利和应急管理等部门已出台的相关标准，确保评价指标的专业性和权威性。三是充分采用第三方的实地考察结果获取评价指标数据，确保评价结果的客观性和权威性。其目的在于以评促改、以评促优，要求各地全面梳理评价反映出来的问题，对个性问题及时反馈，各地加以整改，对共性问题提出优化建议，推动地方进一步深化改革，补齐短板，并通过认真总结各地城市管理监督的先进经验和创新实践，形成"年度城市运行管理服务优秀典型案例"，并予以复制推广，引导更多的地区对标先进，深化创新。

1. 城市管理监督评价内容

城市监督管理指标体系以城市管理"干净、整洁、有序"为目标，遵循全面、系统、客观的设计原则，构建三级结构的指标体系，包括干净、整洁、有序和群众满意度4项一级指标，23项二级指标，70项三级指标。其中，基础性指标62项，分值为100分，包括干净评价28分，整洁评价17分，有序评价31分，群众满意度评价24分；提高性指标8项，分值为20分，包括整洁评价8分，有序评价9分，群众满意度评价3分。

《管理监督评价标准》从"干净、整洁、有序、群众满意"4个维度设置评价指标。其中，干净维度指标，考察城市"环卫设施""垃圾处理能力""道路保洁""建筑垃圾监管""市容环境卫生公众参与""现场评价（干净）"等工作，包括6个二级指标，17个三级指标；整洁维度指标，考察城市"绿地服务能力""道路养护""城市照明""街道景观效果""现场评价（整洁）"等工作，包括5个二级指标，15个三级指标（3个提高性指标）；有序维度指标，考察城市"道路设施""社区公共服务设施""交通设施""交通能力与秩序""街区活力""现场评价（有序）"等工作，包括

6个二级指标，24个三级指标（4个提高性指标）；群众满意度维度指标，考察城市"信息化水平""问题处置及诉求响应""志愿服务水平""组织保障""满意度评价""治理行动"等工作，包括6个二级指标，14个三级指标（1个提高性指标）。城市管理监督指标体系如表2-1所示。

城市管理监督指标体系　　　　　　　　　表 2-1

一级指标	序号	二级指标	序号	三级指标
干净	1-1	环卫设施	1-1-1	城市建成区公共卫生间设置密度（座/km²）
	1-2	垃圾处理能力	1-2-1	生活垃圾分类覆盖率（%）
			1-2-2	城市生活垃圾资源化利用率（t/日）
			1-2-3	生活垃圾处理设计能力与清运量的比例
	1-3	道路保洁	1-3-1	城市道路机械化清扫率（%）
			1-3-2	道路清扫保洁覆盖率（%）
			1-3-3	各级道路巡回保洁时间（h）
	1-4	建筑垃圾监管	1-4-1	建筑垃圾全流程监管达标率（%）
			1-4-2	建筑垃圾资源化利用率（%）
	1-5	市容环境卫生公众参与	1-5-1	城市门前责任区制度履约率（%）
	1-6	现场评价（干净）	1-6-1	道路干净
			1-6-2	建（构）筑物立面干净
			1-6-3	公共场所干净
			1-6-4	水体干净
			1-6-5	施工工地及周边干净
			1-6-6	垃圾收集运输设备设施干净
			1-6-7	垃圾中转站干净
整洁	2-1	绿地服务能力	2-1-1	城市建成区公园绿化活动场地服务半径覆盖率（%）
			2-1-2	城市建成区绿地率（%）
			2-1-3	城市建成区绿化覆盖率（%）
			2-1-4	人均公园绿地面积（m²/人）
			2-1-5	城市林荫道路覆盖率（%）
			2-1-6	10万人拥有综合公园个数（个/10万人）
			2-1-7	城市古树名木及后备资源保护率（%）
	2-2	道路养护	2-2-1	☆一等养护的城镇道路占比（%）
	2-3	城市照明	2-3-1	道路照明亮灯率（%）
			2-3-2	☆夜景照明舒适和谐度

续表

一级指标	序号	二级指标	序号	三级指标
整洁	2-4	街道景观效果	2-4-1	☆城市建成区街道绿视率（%）
	2-5	现场评价（整洁）	2-5-1	各类站亭设置规范
			2-5-2	绿化整洁
			2-5-3	广告设施和招牌整洁
			2-5-4	城市街道立杆、空中线路规整性
有序	3-1	道路设施	3-1-1	城市建成区道路网密度（km/km²）
			3-1-2	城市建成区道路面积率（%）
			3-1-3	☆城市建成区慢行道密度（km/km²）
			3-1-4	城市建成区公共空间无障碍设施完善度
	3-2	社区公共服务设施	3-2-1	人均体育场地面积（m²/人）
			3-2-2	万人城市文化建筑面积（m²/万人）
			3-2-3	☆社区养老服务设施覆盖率（%）
			3-2-4	社区便民商业服务设施覆盖率（%）
			3-2-5	实施专业化物业服务的住宅小区占比（%）
			3-2-6	城市建成区网格化管理覆盖率（%）
	3-3	交通设施	3-3-1	城市建成区公交站点（或轨道交通站点）覆盖率（%）
			3-3-2	每万人拥有公共汽（电）车（标台/万人）
			3-3-3	停车位与小汽车保有量的比例
			3-3-4	人行道步行适宜性
	3-4	交通能力与秩序	3-4-1	☆城市建成区高峰期平均机动车速度（km/h）
			3-4-2	道路交叉口机动车守法率（%）
			3-4-3	非机动车、行人路口守法率（%）
	3-5	街区活力	3-5-1	☆城市建成区人均信息点（POI）数（个/千人）
	3-6	现场评价（有序）	3-6-1	便民摊点规范性
			3-6-2	无乱搭乱建
			3-6-3	无沿街晾挂
			3-6-4	无乱泼乱倒
			3-6-5	无乱贴乱画
			3-6-6	无乱停乱放
群众满意度	4-1	信息化水平	4-1-1	城市运管服平台覆盖率（%）
			4-1-2	城市信息模型（CIM）基础平台建设三维数据覆盖率（%）
	4-2	问题处置及诉求响应	4-2-1	按期处置率（%）
			4-2-2	群众诉求处置回访满意度
			4-2-3	网络舆情监测

一级指标	序号	二级指标	序号	三级指标
群众满意度	4-3	志愿服务水平	4-3-1	市民对志愿服务活动认同和支持率（％）
			4-3-2	有志愿服务时间记录的志愿者人数占注册志愿者总人数的比例（％）
	4-4	组织保障	4-4-1	规章制度制定情况
			4-4-2	统筹协调机制建立情况
			4-4-3	年度绩效考核开展情况
			4-4-4	财政预算经费保障情况
	4-5	满意度评价	4-5-1	城市管理满意度
			4-5-2	城市人居环境满意度
	4-6	治理行动	4-6-1	☆开展城市治理专项活动

注：☆为提高性指标。

2. 城市管理监管评价数据采集方法

（1）平台上报

平台上报指标数据基于平台实时数据进行统计，或以通过专项普查获取的统计数据为主，以行业部门数据、相关信息化系统数据为辅，宜采用大数据分析等方法对遥感影像、街景图片、信息点（POI）和视频监控等数据进行挖掘分析来获取指标数据，通过城市运管服平台上传至国家平台、省级平台。

平台上报指标的指标名称、指标描述、分值和采集方法参照《管理监督评价标准》执行；平台上报指标进行数据采集的计算公式和评分方法参照《管理监督评价标准》执行。

（2）实地考察

实地考察指标数据获取通过组织城市管理人员进入评价网格或现场抽查评价点位进行指标数据采集，应以评价网格为基本对象，评价网格内没有涵盖的评价指标内容，应随机抽取评价点位进行评价。实地考察指标数据的采集方法和评分方法应参照《管理监督评价标准》附录C执行。

各地开展实地考察工作，需建立覆盖城市建成区的评价网格类型专题图层、评价网格专题图层和评价点位专题图层。其中，评价网格类型专题图层构建按照城市建成区的区域定位划分城市核心区域、人流密集区、商业区、重点旅游景区等区域和一般城区，以及城乡接合部、集中连片的老城区等区域分别为A类评价网格、B类评价网格和C类评价网格。评价网格专题图层构建要以按照《数字化城市管理信息系统第1部分：单元网格》GB/T 30428.1—2013规定划分的单元网格为基础，考虑地形特征、部件密度和管理便利等因素，将若干单元网格集成为一个评价网格，按照网格面积以 1km² 为基准，最小网格不小于 0.5km²，最大网格原则上不大于 3km² 的标准划分评价网格。评价网格标识码由 12 位数字组成，依次为 6 位县级及县级以上行政区划代码、3 位街道（镇、乡）代码和 3 位评价网格顺序码，如北京市东城区交道口街道一个评价网格标识码为 110101003001。每个评价网格的基本属性数据包括评价网格编码、评价网格面积、评价网格类型、初始划分日期、变更日期和备注等。评价点位专题图层构建根据主次干道、背街小巷、商业步行街、公园、广场、农贸市场、公共厕所、火车站或长途汽车站、河流湖泊、便民摊点规划区、社区和主要交通路口等类型开展城市普查。

评价网格抽取应叠加评价网格类型专题图层和评价网格专题图层，在 A、B 和 C 类区域分别随机抽取评价网格，获取位置信息。一类城市（城市建成区面积为 500km² 以上）应从 A、B、C 三类区域分别随机抽取 3 个、2 个、3 个评价网格，共采样 8 个评价网格；二类城市（城市建成区面积为 200—500km²）应从 A、B、C 三类区域分别随机抽取 2 个、2 个、2 个评价网格，共采样 6 个评价网格；三类城市（城市建成区面积为 200km² 以内）应从 A、B、C 三类区域分别随机抽取 2 个、1 个、2 个评价网格，共采样 5 个评价网格。

评价点位是评价网格的补充对象，当评价网格内没有涵盖 12 类评价点位时，对评价网格中缺失的评价点位采用随机抽取点位的方法进行实地考察，城市管理监督评价实地考察点位示例参照《管理监督评价标准》执行。

（3）问卷调查

群众满意度调查应采用线上线下相结合的方式进行。有效问卷数量按照城市类型划分，一类城市、二类城市和三类城市应分别不少于城市上年末常住人口数的 0.1‰、0.5‰ 和 1‰，其中线下问卷数量不少于问卷总数的 30%，问卷调查表及评分方法参照《管理监督评价标准》附录 D 执行。

3. 城市管理监督评价方法

城市管理监督评价是城市运管服平台综合评价的组成部分，应按照《技术标准》的规定建设综合评价系统，包括评价指标管理、评价任务管理、实地考察和评价结果生成等功能模块。城市管理监督指标评价计分应按照基础性指标和提高性指标分别评分汇总。其中，基础性指标总分为 100 分，分值分配为干净 28 分、整洁 17 分、有序 31 分和群众满意度 24 分；提高性指标总分为 20 分，分值分配为整洁 8 分、有序 9 分和群众满意度 3 分。

城市宜结合地方实际，开展城市自评价和第三方评价。其中，城市自评价应按照《管理监督评价标准》附录 A、附录 C 和附录 D.1 等的要求提交相关数据和资料，按照《管理监督评价标准》附录E的要求形成城市管理监督自评价报告；城市自评价每年开展两次，上半年和下半年各一次。第三方评价应按照《管理监督评价标准》附录C和附录D.1的要求，提交相关数据和资料，按照《管理监督评价标准》附录F形成城市管理监督第三方评价报告。

2.5.2 城市运行监测评价体系

城市运行监测聚焦于监管对象是什么、评估内容是什么、考核机制是什么等问题，以推动城市高质量发展为主题，以城市精细化管理为路径，建设安全高效健康城市，把城市运行评价作为提升城市安全运行风险防控能力、推动城市治理体系和治理能力现代化的重要抓手，坚持"全生命周期管理"理念，在统筹发展和安全，并与城市体检、国家安全发展示范城市、人居环境等充分衔接的基础上，重点围绕市政设施、房屋建筑、交通设施、人员密集区域、群众获得感等层面设计城市安全运行监测评价指标体系。

城市运行监测指标体系的设计遵循科学性、系统性和实用性的原则，紧扣城市运行"安全、高效、健康"的目标，从城市安全运行、城市高效运行、城市健康运行和增强群众获得感四个维度进行指标设计。在城市安全运行维度，通过设置城市设施设备运行监测覆盖率、运行监测设备联网在线率、隐患排查率等指标，体现城市运行风险的感知、预警、分析和处置情况；在城市高效运行维度，通过设置城市设备设施的完好率、服务供应时长、资源服务范围等指标，体现城市设施设备每年可正常使用的时间和运行效率；在城市健康运行维度，通过设置城市设备设施的故障发生比率、定期检测率、完好率等指标，体现城市设施设备每年正常保养维护情况；在群众获得感维度，通过设置社会治安状况、自然环境状况、应急庇护、生活服务、急救服务等方面的指标，体现群众对于整个城市安全运行工作的获得感情况。

1. 城市运行监测评价内容

城市运行监测指标体系为三级结构，包括市政设施、房屋建筑、交通设施、人员密集区域和群众获得感5项一级指标，30项二级指标，79项三级指标。79项三级指标包括62项基础性指标和17项提高性指标。运行监测基础性指标满分为100分，其中市政设施30分、房屋建筑25分、交通设施15分、人员密集区域10分、群众获得感20分；提高性指标满分为20分，其中市政设施8分、房屋建筑11分、交通设施1分。

市政设施一级指标主要对城市市政设施及其相关的监测设施设备的安全运行状况进行评价，重点关注供水、排水、燃气、热力、综合管廊等方面，包括9个二级指标，19个三级指标，其中，19个三级指标包括14个基础性指标和5个提高性指标；房屋建筑一级指标主要对城市建筑施工、重要建筑、房屋、电梯等方面的运行监测状况进行评价，重点关注建设工程、施工工地、玻璃幕墙、危房等方面，包括10个二级指标，28个三级指标，其中，28个三级指标包括17个基础性指标和11个提高性指标；交通设施一级指标主要对城市交通的设施运行监测状况进行评价，重点关注道路、桥梁、轨道交通等，包括3个二级指标，8个三级指标，其中，8个三级指标包括7个基础性指标和1个提高性指标；人员密集区域一级指标主要对人员密集场所涉及安全问题的防控和处置的相关设施、设备和体制机制进行评价，重点关注机场、车站、医院、学校、酒店、大型超市等方面，包括2个二级指标，4个三级指标，其中，4个三级指标全部是基础性指标；群众获得感一级指标主要评价群众对城市整体安全运行状况的感受，重点关注社会治安状况、自然环境状况、应急庇护、生活服务、急救服务能力等方面，包括6个二级指标，20个三级指标，其中，20个三级指标全部是基础性指标。具体的评价指标体系如表 2-2所示。

城市运行监测指标体系　　　　表 2-2

| 一级指标 | 二级指标 | | 三级指标 | |
	编号	名称	编号	名称
市政设施	1-1	燃气管网	1-1-1	燃气管网相邻地下空间安全运行监测覆盖率（%）
			1-1-2	☆燃气管网相邻地下空间安全运行在线监测率（%）
			1-1-3	工商用户室内燃气泄漏在线监测覆盖率（%）
			1-1-4	☆居民室内燃气泄漏在线监测覆盖率（%）
			1-1-5	老化管道更新改造率（%）
	1-2	供水管网	1-2-1	城市公共供水管网漏损率（%）
			1-2-2	城市公共供水管网安全运行在线监测率（%）
			1-2-3	供水管网服务压力合格率（%）
			1-2-4	城市供水水质合格率（%）
	1-3	排水管网	1-3-1	排水管网安全运行监测覆盖率（%）
			1-3-2	☆排水管网安全运行在线监测率（%）
			1-3-3	主要入河排口监测覆盖率（%）
	1-4	城镇供热	1-4-1	☆城镇供热管网泄漏监测覆盖率（%）
	1-5	综合管廊	1-5-1	☆综合管廊安全运行监测及运维覆盖率（%）

续表

一级指标	二级指标		三级指标	
	编号	名称	编号	名称
市政设施	1-6	环卫设施	1-6-1	环卫设施安全隐患排查率（%）
	1-7	生活污水处理设施	1-7-1	城市生活污水集中收集率（%）
	1-8	城市公园	1-8-1	城市公园安全隐患排查及整治率（%）
	1-9	其他市政设施	1-9-1	城市窨井盖完好率（%）
			1-9-2	城市市政消火栓完好率（%）
房屋建筑	2-1	建筑施工	2-1-1	☆建筑施工视频在线监控覆盖率（%）
			2-1-2	施工工地扬尘在线监测覆盖率（%）
			2-1-3	☆建筑起重机械监测覆盖率（%）
			2-1-4	☆深基坑、高支模监测覆盖率（%）
			2-1-5	☆危大工程施工监测和安全巡查覆盖率（%）
	2-2	重要公共建筑	2-2-1	结构安全定期检测与监测制度建设完成率（%）
			2-2-2	结构定期检测完成率（%）
			2-2-3	结构监测覆盖率
	2-3	老旧房屋	2-3-1	城镇老旧房屋安全隐患排查及整改率（%）
			2-3-2	自建房安全隐患排查整改率（%）
			2-3-3	老旧小区改造达标率（%）
	2-4	建筑外立面附属设施	2-4-1	☆重要公共建筑外挂结构及附属设施安全隐患排查率（%）
			2-4-2	重要公共建筑外墙保温层脱落风险监测率（%）
			2-4-3	玻璃幕墙安全隐患排查率（%）
			2-4-4	户外广告设施安全隐患排查率（%）
			2-4-5	☆户外广告设施巡检监管信息化率（%）
	2-5	电梯	2-5-1	电梯实时在线监测覆盖率（%）
			2-5-2	电梯困人故障发生比率（%）
			2-5-3	☆电梯困人救援平均到达时间（min）
	2-6	消防设施	2-6-1	☆消防联网监测覆盖率（%）
			2-6-2	☆消防车道视频监控覆盖率（%）
	2-7	房屋租住	2-7-1	群租案件处置率（%）
			2-7-2	☆保障性租赁住房出租率（%）

续表

一级指标	二级指标		三级指标	
	编号	名称	编号	名称
房屋建筑	2-8	历史建筑	2-8-1	历史建筑感知设备在线率（%）
			2-8-2	历史建筑隐患排查及整治率（%）
			2-8-3	城市历史文化街区保护修缮率（%）
	2-9	违法建筑	2-9-1	违法建筑拆除率（%）
	2-10	建筑节能	2-10-1	☆国家机关办公建筑及大型公共建筑能耗监测覆盖率（%）
交通设施	3-1	城市道路	3-1-1	城市道路塌陷隐患排查覆盖率（%）
			3-1-2	城市道路易积水点监测覆盖率（%）
			3-1-3	道路交通安全设施设置达标率（%）
			3-1-4	城市常住人口平均单程通勤时间（min）
	3-2	桥梁	3-2-1	桥梁定期检测完成覆盖率（%）
			3-2-2	桥梁安全运行管理智能化水平
			3-2-3	桥梁安全运行监测覆盖率（%）
	3-3	隧道	3-3-1	☆隧道定期检查完成覆盖率（%）
人员密集区域	4-1	人员密集场所	4-1-1	人员密集场所视频监控覆盖率（%）
			4-1-2	人员密集场所安全出口、疏散通道等设置达标率（%）
	4-2	大型活动	4-2-1	大型群众性活动风险评估覆盖率（%）
			4-2-2	大客流监测预警覆盖率（%）
群众获得感	5-1	安全运行状况	5-1-1	年度火灾十万人口死亡率（人/十万人）
			5-1-2	城市道路交通事故万车死亡率（人/万车）
			5-1-3	年度亿元国内生产总值生产安全事故死亡率（人/亿元）
			5-1-4	年度"生命线"工程事故数（件）
			5-1-5	年度房屋垮塌事故数（件）
			5-1-6	年度高空坠物事故数（件）
	5-2	社会治安状况	5-2-1	常住人口万人"八类"暴力案件数（件/万人）
	5-3	自然环境状况	5-3-1	空气质量优良天数比率（%）
			5-3-2	城市环境噪声达标区覆盖率（%）
			5-3-3	地表水达到或好于Ⅲ类水体比例（%）
			5-3-4	城市可渗透地面面积比例（%）
	5-4	应急庇护	5-4-1	人均避难场所有效避难面积（m²/人）

续表

| 一级指标 | 二级指标 | | 三级指标 | |
	编号	名称	编号	名称
群众获得感	5-5	生活服务	5-5-1	用户平均停电时间（min）
			5-5-2	完整居住社区覆盖率（%）
	5-6	急救服务能力	5-6-1	120急救平均到达时间（min）
			5-6-2	119救火平均到达时间（min）
			5-6-3	城市标准消防站及小型普通消防站覆盖率（%）
			5-6-4	市区消防员占常住人口比例（人/万人）
			5-6-5	城市二级及以上医院覆盖率（%）
			5-6-6	每千人医生数（人/千人）、每千人护士数（人/千人）、每千人医疗机构床位数（张/千人）

注：☆为提高性指标。

2．城市运行监测评价数据采集方法

《运行监测评价标准》对指标的数据采集方法进行了定义，分别是实时监测、平台上报和实地考察，各项指标根据评价方法提供1—2种数据采集方法供选择，并对3种数据采集方法选择的优化级进行定义，即实时监测>实地考察>平台上报。

（1）实时监测

运行监测评价标准共设计了32个应采取实时监测方式进行数据采集的指标，这类指标数据应通过市级平台或已建的城市运行监测系统获取，并应即时更新至省级平台和国家平台。此外，运行监测评价标准中详细规定了城市运行监测指标体系中32个实时监测类指标，在进行评价和打分前，应准备数据，以及应在市级平台或已建的城市运行监测系统呈现展示的内容。

（2）平台上报

运行监测评价标准共设计了49个可采取平台上报方式进行数据采集的指标，这类指标数据应从公开发布的统计数据和行业部门数据获取，并应于上半年末和下半年末分别上传至省级平台和国家平台。此外，运行监测评价标准详细规定了城市运行监测指标体系中49个平台上报类指标在进行评价和打分前应准备的数据。

（3）实地考察

运行监测评价标准共设计了24个可采取实地考察方式进行数据采集的指标，这类指标数据应通过对评价网格进行数据采集获得，对于评价网格内没有涵盖的评价要

素，可随机抽取评价点位进行数据采集。其中，评价网格、评价点位抽取方法应参照城市管理监督评价。此外，运行监测评价标准详细规定了城市运行监测指标体系中24个实地考察类指标的实地考察要求，并对数据上传频率做了要求，即于上半年末和下半年末分别上传至省级平台和国家平台。

3. 城市运行监测评价方法

城市宜结合地方实际，开展城市运行监测评价的自评价和第三方评价，应先根据指标数据采集方法的要求准备数据，并按照运行监测评价标准中6.2—6.6进行打分，再参照《运行监测评价标准》中的附录A打分表进行计分的汇总，最终应提交打分表、评价报告及相关数据和资料。

城市运行监测评价自评价工作应每年开展两次，上半年和下半年各一次，结果可参照《运行监测评价标准》中的附录B形成自评价报告。

城市运行监测第三方评价频次由市级、省级和国家级主管部门根据工作需要确定，可参照《运行监测评价标准》中的附录C形成第三方评价报告。

第**3**章

对数字经济的促进作用

当前，随着数字技术的飞速发展与大规模应用，全球正在迈向数字经济时代。习近平总书记在全国网络安全和信息化工作会议上强调，要发展数字经济，加快推动数字产业化，依靠信息技术创新驱动，不断催生新产业、新业态、新模式，用新动能推动新发展；要推动产业数字化，利用互联网新技术新应用对传统产业进行全方位、全角度、全链条的改造，提高全要素生产率，释放数字对经济发展的放大、叠加、倍增作用。

从2020年的"新基建"战略，到"十四五"数字经济规划，从智慧城市、数字乡村到城市治理，如何做强做大数字经济，加快产业升级、新旧动能转换，是各地方政府的重大课题。然而，数字经济的建设是一个涉及城市治理、产业发展、社会环境、市民生活各个方面的庞大工程，以智慧城市作为数字经济发展的主要载体，构建适应新时代发展的现代化数字经济体系，是促进数字经济健康稳定发展的必然之路。

2020年8月11日，住房和城乡建设部等七部门联合印发《关于加快推进新型城市基础设施建设的指导意见》，将城市运管服平台纳入七项新城建重点任务之一；2021年12月12日，国务院印发《"十四五"数字经济发展规划》，提出要提升城市综合管理服务能力，加快建设城市运管服平台。城市运管服平台作为新城建和新型智慧城市建设的一项重要内容，在建设和运营过程中，需要运用物联网、大数据、人工智能、5G移动通信等前沿技术，打造数据治理产业、专业装备产业、基础平台产业、应用场景产业、综合运营产业等多个新兴产业板块，把智能化、自动化、无人化、信息化发展模式深度融合到各产业中，融合质量效益持续提升，产业红利不断释放，对数字经济的发展起到极大程度的盘活和促进作用（图3-1）。

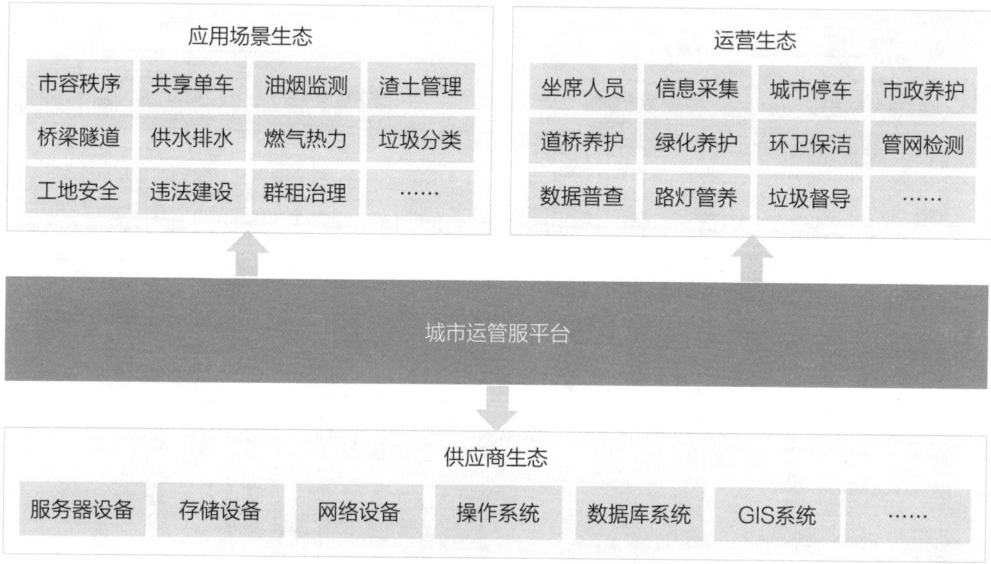

图3-1 城市运管服平台产业生态图谱

3.1 推动数据治理产业发展

人类正在进入以数据为核心的数据社会化时代。数据是支撑信息文明和智能文明，形成虚拟世界核心内容的重要因素。数据对整个社会发展的作用和影响越来越大，越来越深远。从资源角度讲，大数据是"未来的石油"；从宏观角度讲，大数据是促进国家治理变革的基础性力量；从微观角度讲，大数据可重塑企业的发展战略和转型方向；从生产力角度讲，大数据是生产力的核心要素；从哲学角度讲，大数据是人类认识和改造世界的新能力。

习近平总书记在十九届中共中央政治局第二次集体学习时的重要讲话中指出，大数据是信息化发展的新阶段，并做出了推动大数据技术产业创新发展、构建以数据为关键要素的数字经济、运用大数据提升国家治理现代化水平、运用大数据促进保障和改善民生、切实保障国家数据安全的战略部署，为我国构筑大数据时代国家综合竞争新优势指明了方向。数据体系建设作为城市运管服平台的四大建设内容之一，对城市运管服平台的建设与运行至关重要。

1. 城市运管服平台中包含的数据内容

根据《数据标准》规定，城市运管服平台中包含城市基础数据、运行数据、管理数据、服务数据、综合评价数据等（图3-2）。

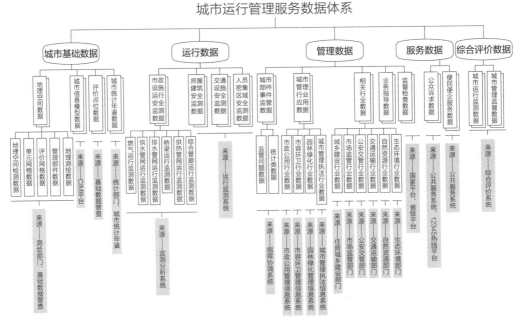

图3-2 城市运管服平台中包含的数据

城市基础数据包括地理空间数据、城市信息模型数据、评价点位数据、城市统计年鉴数据。其中，地理空间数据包括地理空间框架数据、网格数据、管理部件数据、地理编码数据等；评价点位数据包括城市中主次干道、背街小巷、商业步行街、公园、广场、农贸市场、公共厕所、火车站或长途汽车站、河流湖泊、便民摊点规划区、社区、主要交通路口12类城市管理重点区域的空间数据。地理空间数据、城市信息模型数据和评价点位数据都需要专业的测绘队伍通过基础数据普查产生，城市信息模型数据还需要根据管理需要按照一定精度对普查的数据进行建模；城市统计年鉴数据可以从当地统计部门或从官方发布的城市统计年鉴中获取。

城市运行数据包括燃气、供水、排水、供热、管廊、环卫、道路、桥梁等市政设施，以及房屋建筑、人员密集区域等城市运行重点领域的风险隐患、风险防控和监测预警等数据。风险隐患数据需要专业队伍通过风险隐患排查产生；监测预警数据需要通过在重要设施或区域安装部署物联网传感设备进行实时采集产生。

城市管理数据包括城市部件事件监管数据，市政公用、市容环卫、园林绿化、城市管理执法等城市管理行业应用数据，城市管理政策法规、行业动态、经验交流等业务指导数据，重点工作督查督办数据，以及相关行业数据等。其中，城市部件事件监管、行业应用、业务指导、重点工作数据由城市运管服平台相关应用系统运行产生；相关行业数据从住房城乡建设、市场监管、公安交管、交通运输、自然资源、生态环境等相关部门的业务系统共享。

城市服务数据包括公众诉求数据和便民便企服务数据，由城市运管服平台自建的公共服务平台产生，或从当地的12345政务服务热线平台共享，各城市也可根据实际需求，拓展或接入与公共服务相关的其他数据。

城市综合评价数据包括"市政设施、房屋建筑、交通设施、人员密集区域、群众获得感"等城市运行监测数据和"干净、整洁、有序、群众满意"等城市管理监督数据，由城市运管服平台通过平台上报、实时监测、实地考察、问卷调查方式开展综合评价产生。

2. 推动传统测绘产业不断发展

城市运管服平台中涉及大量的地理空间数据，比如基础地形图、正射影像图、实景三维图、倾斜摄影图、三维数据、网格数据等基础地理数据，以及公用设施、交通设施、市容环境设施、园林绿化设施等城市管理部件数据等。从2004年北京市东城区创立全国首个网格化城市管理平台以来，目前全国全面推广的城市运管服平台，除了大量运用了移动互联网、物联网、云计算、大数据、人工智能等前沿技术，也在推动着传统的地理信息测绘技术不断演进和发展。

（1）从基础地形数据向网格数据、部件数据发展

传统测绘只做地图服务，勾勒城市道路、建筑、绿地、水系的轮廓以及大小尺寸比例。但是网格化城市管理模式出现后，需要在原有的基础地形基础上，根据监督、管理、服务的需要，将城市管理的空间区域划分为若干个管理单元网格，将城市管理的对象划分为公用设施、交通设施、市容环境设施、园林绿化设施、其他5大类121小类部件，和市容环境、宣传广告、施工设施、街面秩序、突发事件、其他6大类83小类事件。因此，在传统的基础地形数据基础上，增加了单元网格、城市部件等城市管理元素，促生了以网格划分、城市部件普查为主的城市管理测绘产业（图3-3、图3-4）。

（2）从二维地理信息数据向三维城市信息模型数据发展

随着过去40多年城市的高速、大规模建设，粗放式的发展积累了许多风险隐患，如地下管线老化、底数不清等问题突出，城市内涝、燃气爆炸、路面塌陷、桥梁垮塌等灾害事故多发，基于数字化、网络化、智能化的新型城市基础设施更新改造和运行监测已成为推动城市高质量发展的基础性工作，是整体提升城市建设水平和运行效率，引领城市建设转型升级的重要工作。因此，城市运管服平台需要为各地政府提供从街面到立面、从地上到地下、从表面到结构的全方位精细化管理能力，也推动测绘

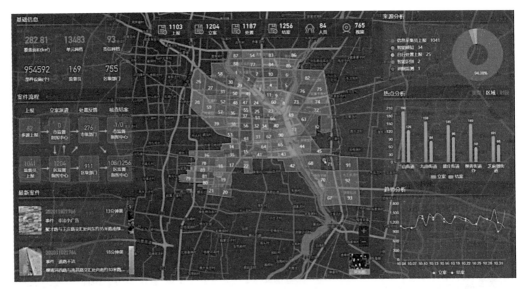

图3-3　城市管理网格数据

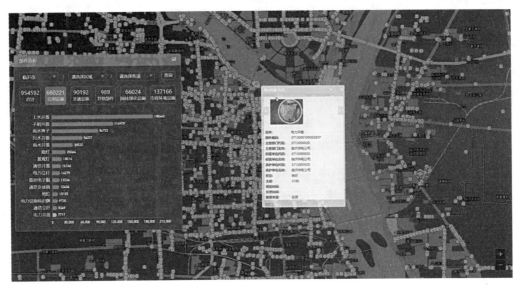

图3-4　城市管理部件

行业从二维地理信息数据建设向三维城市信息模型数据建设升级发展。

1）高分辨卫星遥感技术（图3-5）：我国目前使用的卫星集测绘和资源勘查功能为一体，除了防止水灾火灾、维护生态平衡，还提供城市建设与规划、交通部署和国防科技类的服务。

2）无人机的低空图像测量技术（图3-6）：低空飞行的无人机通过人为操控满足大角度拍摄，目前分辨率有很大提高，图像可用于多维数据源。早期以二维图像为

图3-5　高分辨卫星遥感技术

图3-6　无人机低空图像测量

图3-7　倾斜摄影信息采集

图3-8　航空相机综合应用

主，如今可便捷获取建筑物外观及高度等数据，在大数据技术下生成立体模型。

3）倾斜摄影技术（图3-7）：这项技术是通过挂载多个传感器实现摄影的，即同时从一个垂直角度和多个倾斜角度来获取图像，组成地面立体模型。这样做的目的是补充智能垂直角度拍摄的不足，更加确切地反映出物体的真实情况。

4）航空相机（图3-8）：归功于数字化航空摄影在CCD（电荷耦合器件图像传感器）技术方面的不断发展。我国在近几年研制推出了几款新的数码航空相机，它们成为获得高度分辨率图像的重要设备，大大提高了高分辨率空间数据的获取能力。

3．推动数据治理产业发展

除了地理信息数据，城市运管服平台在运行过程中也会产生和汇聚海量的业务数据。由于城市运管服平台数据汇聚涉及了众多系统，各系统的多样化造成了数据标准、数据模型不统一，数据的可靠性和实用性不确定，直接影响到后期数据分析是否能得到正确的结论。因此，首先要做的就是对城市运管服平台汇聚的"多源、异构"数据进行整合和标准化处理，来提高数据的质量。

城市运管服平台的数据治理不仅需要完善的保障机制，还需要理解具体的治理内容，比如对海量的数据（图3-9）该怎么进行规范，该怎么管理元数据，每个过程需

图3-9　城市运管服平台中的海量数据

要哪些系统或者工具来进行配合。这些问题都是数据治理过程中最实际的问题，也是最复杂的问题，而这些问题是任何一个功能完备、运行良好的城市运管服平台都无法绕开的。城市运管服平台对数据质量的要求，也推动了一批以数据标准管理、数据质量管理、数据安全管理、数据运维管理、数据更新管理为主要服务内容的城市运行管理服务领域的数据治理产业的发展。

3.2　推动专业装备产业发展

在城市运管服平台运行过程中，需要依托移动互联网、物联网、识别监控、人工智能、边缘计算等技术，实时采集海量的现场数据，以满足城市管理信息采集、巡查执法、日常作业、便民服务以及对重点城市基础设施进行精细化管理的需求。这就需要大量的面向不同场景的多种城市管理专业技术装备提供终端支撑能力，由此将推动城市管理相关专业装备产业的快速发展。根据城市运行管理服务范围，城市运管服平台建设需要配套的专业装备可分为单兵装备、车（机）载装备、物联感知设备等。

（1）单兵装备

城市运管服平台中包含城市管理执法、市容环卫等应用系统。其中，城市管理执法系统为了更好地开展现场移动巡查执法和对执法办案的全过程记录，需要为现场执法队员配备执法终端、执法记录仪、便携式蓝牙打印机等专业装备（图3-10）；市容环卫系统为了更好地服务环卫作业人员，可为其配备智能手环，以便及时监测环卫作业人员在户外作业时的健康状态，及时提醒作业人员本人和主管部门采取相关救助措施。

图3-10　城管执法设备

（2）车（机）载装备

城市运管服平台需要对城市公共区域进行常态化的巡查，第一时间发现并协调相关部门及时处置城市管理问题。为了能够对城市主次干道进行快速高效巡查，以及在恶劣天气时外出巡查，需要为信息采集队伍配备搭载视频智能识别系统的专业巡查车；为了能够对地面死角、人员难以到达区域开展巡查，需要将视频识别系统与无人机相结合，开展高空全覆盖的快速巡查；同时，为了提升背街小巷、人行道区域的巡查效率，可通过搭载视频采集设备的二轮车（主要是电动自行车）辅助信息采集人员开展高效巡查；为了实现对城市巡查区域的全天候巡查发现，在条件允许的情况下，还可采用集成自动驾驶、视频识别以及气、声、光等其他传感设备的无人驾驶信息采集车（图3-11），实现24小时不间断的"自动巡查发现"。

图3-11　车载信息采集设备

（3）物联感知设备（图3-12）

城市运管服平台需要对重要的城市基础设施运行状态进行在线监测和及时预警，主要包括燃气、供水、排水、供热、环卫、管廊、道路、桥梁、隧道等。需要用到以下物联感知设备：

用于桥梁监测的水准仪、应变计、拉线位移计、加速度计、温度计、石英式称重传感器、加速度索力计、磁通量索力计、湿度计、倾角仪、风速风向仪等；

用于燃气监测的可燃气体智能监测仪、室内燃气探测报警器等；

用于排水防汛监测的排水管网压力式/超声波式液位计、排水管网雷达式液位计、排水管网多普勒流量计、排水管网雷达流量计、河道水位计、电子水尺、雨量计、单指标水质监测仪、多指标水质监测站、智能井盖、淤泥厚度监测仪、水污染预警溯源仪等；

用于供水监测的插入式超声波流量计、插入式电磁流量计、高频压力计、漏失在线监测仪、多指标水质检测仪（余氯、浊度、pH、硬度、氨氮等）、管道智能检测球、PCCP断丝监测仪、应力在线监测仪、消火栓监测仪等；

用于热力监测的热力管网流量计、高频压力计、温度传感器等。

因此，在建设城市运管服平台时，需配套布设相关物联感知设备，以实现对上述城市基础设施的运行安全监测，及时发现风险隐患，并采用相关措施，保障人民群众的生命财产安全，这势必推动专业装备（设备）产品的发展。

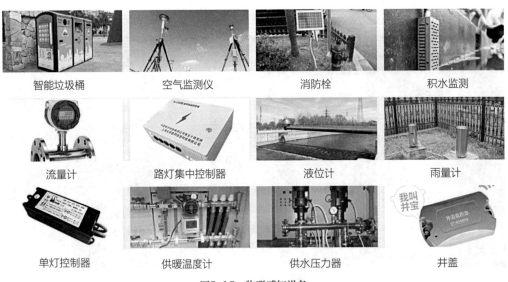

图3-12　物联感知设备

3.3　推动基础平台产业发展

城市运管服平台建设是一个庞大而复杂的系统性工程，不仅包括直接面向各级使用者的业务系统，还包括支撑各个业务系统稳定运行的基础平台，最具代表性的平台包括操作系统、数据库管理软件、中间件、物联感知平台、视频分析平台、CIM平台等。

1. 操作系统、数据库管理软件、中间件

在城市运管服平台中，操作系统是其最基本也是最重要的基础性系统软件，主要分为服务器操作系统、桌面操作系统和移动端操作系统。从平台建设角度来说，操作系统承载着为各类业务系统和支持系统的部署及运行提供基础环境的功能。目前主流操作系统有Windows、Linux、统信UOS、中标麒麟、银河麒麟等。

城市运管服平台会产生或汇聚各种各样的数据，离不开数据库的支持。数据库是指以一定方式储存在一起、能为多个用户共享、具有尽可能小的冗余度、与应用程序彼此独立的数据集合。而数据库管理软件则是操纵和管理数据库的软件，它提供可直接利用的功能，使多个应用程序和用户可以用不同的方法建立、更新和询问数据库。目前主流的数据库管理软件有Oracle、SQL Server、MySQL、达梦、人大金仓、南大通用等。

中间件是介于应用系统和系统软件之间的一类软件，它使用系统软件所提供的基础服务，衔接网络上应用系统的各个部分或不同的应用，能够达到资源共享、功能共享的目的。借助中间件，城市运管服平台中的各类分布式应用软件可以实现在不同的技术之间共享资源。目前主流的中间件有Tomcat、金蝶、东方通等。

2. 物联感知平台

城市物联感知平台是连接各类物联网终端设备和城市管理各业务平台之间的桥梁和纽带，在城市运管服平台建设过程中起着承上启下的作用，对下接入城市管理中多个业务领域的终端设备，对上支撑各个应用领域的业务调用，把各种垂直的物联网应用整合成扁平的应用网络体系。

城市运管服平台需要获取各类物联网设备的基础信息，实时监测状态的传输及更新，准确及时地报警和分析数据。物联网平台在城市管理中的应用，将推动各相关行业应用在数据和业务层次进行不同程度的融合，使物联感知平台往全面实现城市物联网应用的互联互通和智能处理方向发展。

3．视频分析平台

基于当前城管工作现状，城市运管服平台需突破城管现有的违规执法工作模式，深入挖掘城管业务需求，整合先进的大数据技术、实时搜索引擎技术、人工智能技术、机器智能学习和分布式存储与计算等技术对智能分析数据进行集成、整合、分析与挖掘，打造城管违规事件自动识别、立案、派遣、处置、复核的闭环流程，为城市管理提供准确的执法参考，建设基于视频智能分析的事件自动识别系统。

充分挖掘指定区域内的视频监控资源中包含的有效信息，实现针对人行道违章停车等违规行为的智能分析，24小时全天候自动识别，并通过与城市运管服平台业务对接，实现违规事件的半自动化处理，推动视频智能分析平台产业发展，为城市管理中监控违章行为提供智能化的手段，解放执法力量，提高执法效率。

4．CIM平台

城市信息模型以建筑信息模型（BIM）、地理信息系统（GIS）、物联网（IoT）等技术为基础，整合城市地上地下、室内室外、历史现状未来多维多尺度信息模型数据和城市感知数据，构建起三维数字空间的城市信息综合体。实现建筑物、道路、地下管网等静态模型数据以及移动、物联感知、城市运行等实时动态数据的全面接入，形成城市统一的三维数字底板。同时，借助数据管理、共享、展示、平台运维、二次开发接入等功能，探索并推动"CIM+应用"建设，促进城市智慧化应用体系升级、管理理念及模式创新，最终赋能城市精细化治理（图3-13）。

城市运管服平台的全面推广，将产生大量的基础平台建设需求，尤其是从信创方面对这些基础平台适配国产化环境提出了新的要求，这也势必推动基础平台产业的发展。

图3-13　基于城市信息模型的城市运管服平台

3.4　推动应用场景产业发展

城市运管服平台的应用推广，将以城市管理服务的痛点、难点、堵点问题为导向，以"高效处置一件事"为目标，通过新技术、新理念的集成创新，强化跨部门数据共享与业务协同，打造一批具有创新性的智能化应用场景，促使城市治理由末端处置到源头治理的转变，推动数字经济的发展。城市运管服平台的应用场景可分为综合管理类场景、专项治理类场景和评价决策类场景。

1．综合管理类场景（图3-14）

（1）城市运行体征场景：基于城市运行管理"一张图"，整合城市日常管理相关数据，对城市日常管理状态进行全方位的监控，并进行可视化管理和展示。城市体征场景为城市运行提供前瞻分析，方便城市管理者一目了然地掌控城市运行的总体运行状态。

（2）物联感知场景：通过与物联网、视联网、数联网等感知平台对接，建设完善的"神经元"感知体系，增强对群众需求和城市管理问题的感知能力，也增强了对城市运行趋势和问题演化的研判能力，以及对城市各类事件和疑难问题的处置能力，实现对城市治理体系和治理能力的全面提升。

（3）指挥协调场景：对城市管理中汇聚到的各类城市部件事件监管问题以及案件办理状态进行分析，全方位、多角度展示区域内城市运行的总体情况，聚焦城市运行中的问题，帮助城市管理部门及协同部门对城市运行管理进行科学决策。

2．专项治理类场景（图3-15）

（1）综合执法场景：集成综合执法应用相关业务系统内各种功能与信息，是掌握城市综合执法各类实时动态信息与业务管理资源的统一窗口，平台展示执法队伍、执法人员等相关信息，显示在线执法人员，可查看轨迹数据，统计案卷数量，显示案卷

图3-14　城市运行管理服务综合管理类场景

图3-15　城市运行管理服务专项治理类场景

定位及详细信息，统计每个队伍上报的案卷数量，并展示详细信息。

（2）市政监管场景：直观呈现辖区内各类市政设施的基本情况，如各类设施的总数及分区分布情况、物联网设备的个数及在线情况、重点监测指标的趋势变化、最新上报的监测案卷、重点视频等内容；帮助管理者快速掌握辖区内市政设施的运行和管养状态。

（3）排水监管场景：通过展示辖区内排水设施基本情况及运转情况，了解有哪些设施以及重点设施的实时监测值和视频监控场景，同时，对污水处理厂和排水泵站提供单独的远程控制管理和可视化界面；将排水业务相关地理数据、设施数据、监控监测设备、业务数据以及管道检测等所有信息展现在地图上，通过"排水一张图"实现数据和业务上的直接交互，便于人们更加清晰地管理区域内的排水情况。

（4）环卫监管场景：主要从宏观上监管环卫所有业务的运行情况，根据系统提供的数据分析报表，实时监控当前各种问题的处置进度和状态，为用户提供实时的环卫管理运行状态，方便用户及时进行指挥调度和紧急事件处理。

（5）道桥监管场景：针对道桥管理的现状，采集与道桥相关的基础数据和业务数据，通过相关的数据模型，提出一套科学合理的桥梁数据采集、分析、评定和技术管理等方法以及工作模式，进一步完善、规范现行的管理手段，提高桥梁管理和养护工作效率。

（6）供热监管场景：通过供热分布和管网分布两个维度展示城市供热的一些基本概况信息，包括供热总面积、供热普及率、一级管网长度以及换热站的数量，地图上能显示设备分布情况，可点击查看详细信息；展示各区燃气企业、燃气站的总数量，同时将在线的设备都列出来。

（7）燃气监管场景：展示城市供气企业的总数量，同时将设备都列出来，包括设备总数、在线设备数量、预警设备数量等数据，达到地图上能显示设备分布情况，点击可查看详细信息的效果。

（8）供水监管场景：展示供水设备的总体概况，包括日均供水量、主管网长度，同时，针对起调控作用的供水泵站进行专项统计，在地图上直观展示供水区域的分布情况；展示各类物联网监测设备的总数量，同时将在线的设备进行列表；同步在地图上展示各类设备分布情况，点击查看详细信息和监测信息。

（9）垃圾分类场景：借助GIS平台结合垃圾分类管理动态信息，实现分类体系整体"一张图管理"，实现图层管理，达到"可视化展现、针对性查找、全面化覆盖"的效果，可以通过一张图进行静态、动态可调度因素数据的集中展示，同时也可以根据各主题进行展示，进行集中调度，包括分类基础设施主题、分类投放主题、分类收运主题、终端处置主题等。

3. 评价决策类场景（图3-16）

针对当前城市治理工作中面临的问题和痛点，为破解城市运行管理发展的瓶颈，开展城市运行管理服务综合评价，主要围绕城市运行安全高效健康、城市管理干净整洁有序、为民服务精准精细精致三个方面，搭建城市评价类场景，从根本上有效促进城市加快完善运行管理服务工作体系，切实提升城市运行管理服务水平，激发产业发展新活力。

依托"横向到边、纵向到底"的数据流转共享体系，并结合业务指导、监督检查、监测分析等系统的数据，围绕"市政设施安全、房屋建筑安全、交通设施安全、人员密集场所安全、群众获得感"等核心指标，综合分析城市市政设施、房屋建筑、

图3-16　城市运行管理服务评价决策类场景

交通设施、人员密集区域等基础设施的各类风险要素，深入挖掘内在成因与规律，对城市运行进行综合评价分析。通过城市评价类场景的搭建，定期更新城市运行基础设施的基本信息（如燃气管网长度、窨井盖数据、建设工地数量等）、运行风险管控信息（如监测覆盖率、隐患排查整改率等）、事故发生及处置信息（如城市公园安全运行保障率、电梯困人故障发生比率、电梯困人救援平均到达时间、年度"生命线"工程事故数、年度房屋垮塌事故数等），结合运行监测系统关于风险管理、监测预警、风险防控等的数据，通过大数据分析工作，对城市运行态势进行分析，形成城市运行工作趋势分析报告和决策建议等，为完善城市管理相关的政策法规、部署工作任务、上报工作建议等提供相关数据支撑，为市政公用、市容环卫、园林绿化、城管执法等领域管理能力提升提供决策建议。

3.5 推动综合运营产业发展

管理体系作为城市运管服平台的四大建设内容之一，是平台有效运行的重要保障，其目标是构建党委政府领导下的城市运行管理"一网统管"工作格局。因此，在城市运管服平台建设过程中，需要通过一系列的体制机制建设，为平台的日常应用、管理、服务、维护等提供专业队伍保障。目前，不少城市在城市运行管理服务信息采集、环卫作业、市政管养、城市停车等方面通过委托第三方服务机构建立了专业、长效的运营机制，有效推动了城市运行管理服务综合运营产业的发展（图3-17）。

1. 信息采集运营

数字经济在应用过程中，对于数据信息的采集质量、采集数量要求很高，而且对于数据信息的细化程度也有较高的要求。在城市运管服平台建设的过程中，需要种类繁多、基数庞大的数据提供支持，只依靠传统途径很难满足要求。对此，需要对城市信息采集运营模式进行升级更新，在原有途径基础上，组建专业的信息采集运营团队，还可以和一些企业建立合作，与其交换基础数据，以此来丰富数据信息采集结果的完整性。因此，城市运管服平台的建设，将推动信息采集运营产业的高速前进，助力数字经济的发展。

2. 环卫一体化运营

通过组建专业的环卫一体化运行团队，以人工巡查和机动车辆巡查相结合的方式，对环卫保洁公司作业规范执行情况、清扫保洁质量情况、公众监督处理情况等相关业务进行科学性的全区域、全天候检查，严格按照相关考评细则对作业现场进行定

图3-17　城市综合运营产业

期检查和不定期抽查,并对检查数据进行统计分析,出具专业的检查工作报告。主管部门根据第三方服务外包公司提供的检查报告,充分掌握各区县保洁公司的运行情况,有效提升环卫作业的精细化水平。

3. 道桥养护运营

通过组建专业的道桥养护运营团队,对道路、桥梁"一路一档、一桥一档"的基础数据管理做到"家底清",并通过日常的巡检、巡查第一时间发现道路、桥梁中的各类问题,通过强化考核评价提升问题处置效率,为城市管理中的道桥养护提供数据支撑和运营保障。

4. 城市停车运营

通过专业的城市停车运营团队,对城市社会停车资源数据进行全方位普查,为城市管理停车板块提供科学化的数据支撑和长效运营保障,构建城市停车一张图。

通过建设城市运管服平台,梳理城市运行、管理、服务、评价等相关数据,搭建智能化应用场景,从而激活数据关键要素潜能,解决城市管理数字化转型面临的基本问题,推动实现城市运行管理"一网统管"的目标。因此,需要深刻理解总书记关于"要构建以数据为关键要素的数字经济"的科学论断,搞清什么是关键数据,掌握关键数据规律,树立对城市管理数字化转型的正确认识,以城市运管服平台建设为契机,推进数据治理产业、专业装备产业、基础平台产业、应用场景产业和综合运行产业蓬勃发展。

2

建设篇

第 **4** 章

关键技术

4.1 人工智能技术在城市运行管理服务平台中的应用

4.1.1 技术简介

人工智能（Artificial Intelligence，AI），是研究、开发用于模拟、延伸和扩展人的智能的理论、方法、技术及应用系统的一门新的技术科学。人工智能是计算机科学的一个分支，该领域的研究包括机器人、语音识别、图像识别、自然语言处理和专家系统等。人工智能从诞生以来，理论和技术日益成熟，应用领域也不断扩大，它由不同的领域组成，如机器学习、计算机视觉等。通过人工智能技术，可实现城市管理"问题智能监管"。

4.1.2 应用场景

人工智能技术，是城市运管服平台实现全面透彻的感知、人性智能的决策所必不可少的技术。通过人工智能的深度应用，能够在当前城市感知的系统上，实现城市管理质的飞跃。在城市管理领域，人工智能主要在语音智能识别、图像智能识别、视频智能识别、人工智能预测、重复劳动替代应用、大数据挖掘应用等方面进行具体应用，为城市运管服平台智能化赋能，提升城市管理水平及效率。

1. 语音智能识别（图4-1）

常见的语音智能识别应用为语音输入系统，相对于键盘输入方法，它更符合人的日常习惯，也更自然、更高效，例如通过语音输入相应的案件信息、执法信息等。语音控制系统，即用语音来控制设备的运行，相对于手动控制来说更加快捷、方便，可以用在诸如语音拨号系统、智能设备等许多领域；智能对话查询系统，根据客户的语音进行操作，为用户提供自然、友好的数据库检索服务，例如查询服务。

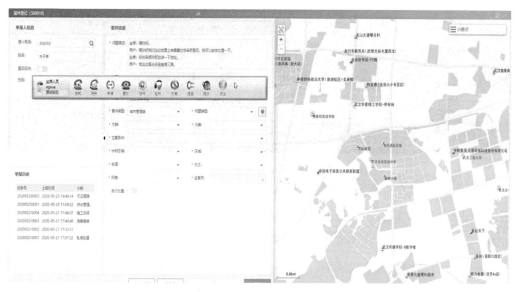

图4-1　语音智能识别

2. 图像智能识别

图像智能识别是指利用计算机对图像进行处理、分析和理解，以识别各种不同模式的目标和对象的技术。利用人工智能技术，可根据城市管理图像数据的类别实时处理问题，自动识别城市管理图像数据的类别，解决需要人工识别但是响应不及时的问题，从而大大提高了城市管理问题处理效率。通过相关算法对历史存储的城市管理图像数据进行分类标注，并使用分类标注后的城市管理图像数据自动训练人工智能图像分类识别算法，根据所得的人工智能图像分类识别算法对由摄像设备产生的城市管理图像数据进行识别，进而对城市管理问题进行分类识别与判断。如青岛市在采集员每天对全市建成区12大类、218小类城市管理问题进行人工采集发现的基础上，通过共享3.8万余路公共安全视频、40余路高点视频，全市城管视频采集车、无人机和航拍（卫星）影像等，对各类城市管理问题进行监控，并通过智能分析系统对市容秩序、环境卫生等11类常见城市管理问题进行自动识别、自动抓拍、自动派遣，对高发问题实行告警提示、督办处置，建立了高、中、低立体式、智能化感知体系和问题自动流转处置的创新模式。目前，平台案件自动派遣率达到50%以上，案件流转时间由原先的30分钟缩短至现在的1—2分钟。平台月均处置城市管理类问题从14万余件上升至23万余件，处置率从95%上升至99%以上（图4-2）。

3. 视频智能识别

视频智能识别技术主要应用于智能监控中，在城市管理领域具体的应用场景，包

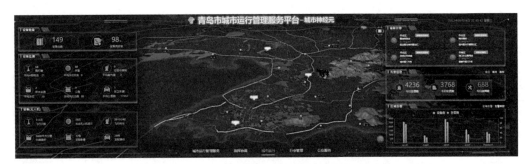

图4-2 青岛市城市运管服平台——城市神经元

括人脸识别、车牌识别、人员聚集检测、车流量检测等。通过固定摄像探头，可自动识别、上报范围内城市管理事件以及部件损坏等问题；基于车载移动摄像头在界面巡视过程中，自动识别出垃圾满溢、违规撑伞、出店经营等城市管理案件，或自动识别出比如井盖破损等出现问题的部件，并上报至监督指挥中心。通过无人机搭载摄像头，在城市上空进行巡检，发现疑似违法建设或其他违法行为，也是基于图像识别技术。如漳州市通过建立视频智能分析系统，在主城区市容管理重要节点装置视频智能抓拍监控，运用机器视觉、深度学习等人工智能技术，提升城市"智能感知"问题的能力，自动识别出店经营、垃圾箱满溢、违规撑伞、无照经营游商、沿街晾晒、暴露垃圾、乱堆物料等12类常见城市管理问题，实现全天候智能抓拍、智能处置，弥补了人工巡查的时间盲区，达到"机器补人、机器代人"的管理效果。拓展对市区住宅小区的消防通道占用事件的监控和智能识别，并通过数字城管流程派遣处置，占用消防通道事件的识别准确率达到90%以上（图4-3）。

图4-3 漳州市视频智能分析系统

4.1.3 应用场景

通过研发城市管理物联网（IoT）平台，接入市政设施、公用事业、市容环卫等城市管理行业各类感知设备，实现对城市管理对象，以及作业车辆、作业人员的实时感知，其部分应用场景介绍如下。

1．在移动监管对象管理中的应用

实际的城市管理过程中存在多种类的移动监管对象，主要包括两类：一类是城市管理者自身的资源，包括人员、车辆、设备等；另一类是管理对象，如可移动的垃圾桶、垃圾车、渣土车等。针对可移位对象及频繁更换对象的有效监管，可充分利用射频识别（RFID）标签定位技术，对合法、合规的监管对象安装可识别的电子标签，并通过GPS/北斗定位设备进行位置监测。徐州市将所有环卫车辆全部纳入管理，并在包括机械化作业车、垃圾运输车、餐厨垃圾运输车、粪便运输车等作业车辆上安装物联传感器，通过网页和APP对机械化作业车辆实时位置、状态、轨迹、里程、违规情况、质量、车速等信息进行综合监控，对环卫作业人员位置、轨迹、作业时间等信息进行监管，并根据作业规则自动统计报表，从而实现固废作业全过程实时化、可视化监控及应急指挥调度（图4-4）。

2．在市政井盖管理中的应用

使用物联网传感器实时监测井盖状态，可以及时掌握井盖的状态信息，当井盖出现移位、倾斜、破损等异常情况时，将通过物联网提醒用户这些井盖的位置以及异常情况，同时通过服务器发出警报通知管理人员，从而最大程度地避免伤害与损失。其中，

图4-4　徐州市智慧环卫监管平台

北京市顺义区裕龙三区小区共安装382个井盖传感器，一部分安装在社区周边主干道路上，剩余安装在小区主干道路上。智能井盖由传感器、安全网、警示牌等硬件构成，打开井盖后，开口处会自动弹出一个红色危险警示牌，井盖里还安装着防跌落的安全网。一旦井盖发生倾角位移、丢失或损毁，系统会实时报警，报警工单及时发送至呼叫中心，由呼叫中心派单至相关工作人员手机APP，及时解决问题，避免发生"井盖吃人"事件。

3．在排水监管中的应用

通过对排水管网、泵站、闸阀、排污口、河湖水系的实时监测监控及升级改造，建立在城市内涝等应急情况下的调度控制体系。同时，配合包括应急预案、应急资源、应急处置等应急响应体系，能有效应对城市内涝时相应的水系调度和应急调度。例如，太原市通过利用物联网、云计算技术，建立监测体系试点，实现对排水管网的实时运行监测，并建立物联网监测云平台，实现对排水管网实时运行工况的数据采集、处理和分析，根据数据分析结果，派单处置运行中的问题，建立常态化运维处置体系，从而实现数据的基层感知；在防汛应急方面，利用现有池渠水系、下穿桥易涝点等物联网设备及视频点位信息，结合人工巡查上报，实现对城市内涝点信息的动态管理，为全市防汛应急提供重要的信息支持；在决策分析方面，借助大数据分析技术，建立包括基础数据与实时监测数据相结合、静态数据与动态数据相结合、空间数据与属性数据相结合的市政业务综合数据库，实现数据的汇聚、分析、展示和应急调度，为主管部门决策提供依据（图4-5）。

图4-5　太原市政综合监管平台

4．在桥梁监测中的应用

基于物联网的桥梁结构健康安全监测体系，通过安装的物联网设备采集桥梁的位移、振幅、应力以及桥梁周边的温度、湿度等环境因素，通过物联感知融合平台将监测数据进行汇总，同时基于监测历史数据设定各个监测指标的阈值，对于超过限值的情况及时发出报警，安排专业养护人员及时进行检修，避免安全事故的发生。宁波市利用物联网技术对特大桥及特殊结构重点城市桥梁进行24小时集中在线监测，实时采集桥梁安全运行相关的关键结构数据、荷载响应数据以及周边环境数据等，智能"感知"桥梁健康状况，形成巡查、检测、监测一体化的桥梁健康状况综合评价模式。对影响桥梁运行的车船撞击、超载超限等较为突出的安全风险问题，通过车辆动态称重检测、智能图像识别、红外感应、雷达等多源监测新技术，创新开展车辆荷载动态称重检测抓拍、桥梁匝道防倾覆监测以及水上区域防撞预警等智能监测子系统的建设应用，补强设施运行重要安全风险点的专项监管手段，提升安全风险全方位预警防控能力（图4-6）。

图4-6　宁波城市桥梁安全监测场景

5．在环境卫生管理中的应用

依托物联网技术与移动互联网技术，对环卫管理所涉及的人、车、物、事进行全过程实时管理，合理设计规划环卫管理模式，提升环卫作业质量，降低环卫运营成本，用数字评估推动垃圾分类管理实效。如在垃圾桶上安装RFID芯片和满溢传感器，与垃圾收运平台相结合，可以实现垃圾自动检测、自动计量、在线溢满报警，从而实时掌握垃圾桶状态，做到垃圾收运日产日清。此外，节油减排增效终端是一款专门应用于环卫车辆的数据采集终端。它具备GPS定位、车辆油量监测、数据上报等功能，可以让管理人员实时监控车辆运行状态及油量消耗情况，从而控制成本，减少财政支出。天津市滨海新区智慧公厕系统通过应用物联网、传感器、视频监控、移动作业等信息化技术，整合现有资源，创建公厕管理数据库，实现公厕环境、运维等方面的实时监管。通过建设IoT物联感知设备，实时监测公厕运行指标实况，包含安装厕所异味传感器、多气合一传感器、人流监测传感器、一键呼叫、红外感应传感器、引导屏幕等；建设主要包含公厕"一张图"可视化管理、监测指标管理、运行辅助分析、移动监管考核等。通过分析应用大数据，为实现公厕的智能化应用管理提供数据支撑，实现公厕的环境指标、人流量、厕位状态和其他管理业务数据的自动化采集、统计和分析，为公厕监管者提供精确可靠的科学依据和决策支持（图4-7）。

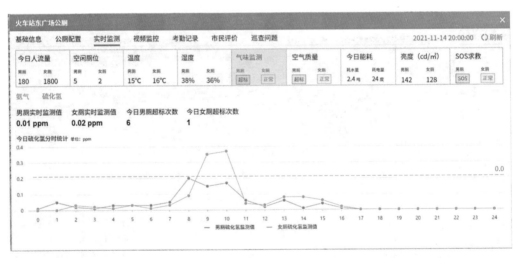

图4-7 天津市滨海新区智慧公厕系统

6.在园林绿化管理中的应用

随着物联网技术的不断发展，它在园林养护的精细化、智能化变化过程中起到越来越重要的作用，通过部署在园林中的传感器，时刻感受植物生长环境变化，使园林养护更"智慧"。

在养护灌溉方面，基于NB-IoT技术由传感器采集土壤的温湿度数据，通过网关上传到管理平台，并针对监控的水位和土壤湿度数据，实现自动化定时定量灌溉。有效地为园林的养护降低人力成本、节约水资源，实现园林灌溉的自动化管理。针对园林苗木尤其是古树名木健康状况，例如病虫害、缺肥、缺水等，通过在古树及重点园林的土壤层安装土壤pH探测器、有机质探测器，实时监测土壤环境，及时介入保障园林健康生长；针对古树名木的生长情况，通过在古树树干上安装倾角传感器，实时监测古树生长状态、倒伏以及被砍伐情况；针对病虫害的侵扰通过园林重点区域部署自动虫情测报灯，进行病虫害防治。比如，沈阳市借助物联网及新技术给古树名木安装物联网传感器，并设定古树预警参数，一旦古树出现抖动、振动、倒伏、移位，传感器立即将信息传递给服务器平台，防止发生盗伐行为。同时，通过物联网设备及时掌握古树名木的生长情况及病害情况，以便第一时间进行预防处置（图4-8）。

图4-8　沈阳市指挥园林监管系统

7．在工地监管中的应用

物联网技术在工地管理中为管理者提供了工地可视化远程管理系统、设备安全监控管理系统、工程车辆定位系统及人员安全监控系统、工程进度管理系统等，从而帮助政府主管部门规范建筑工地施工作业，保障生命安全，提高政府监管效率。利用传感器、RFID、北斗定位等物联网技术，将移动终端、施工升降机、塔式起重机作业产生的动态情况、工地周围的视频数据、混凝土和渣土车位置、速度信息及时上传到中央处理器进行数据处理分析。数据中心对各子系统进行融合、报警联动等处理。各级管理部门可以及时准确地了解工地现场的状况，将有效提高项目管理和现场管理的效率（图4-9）。

图4-9 中新天津生态城智慧工地管理平台

8. 在油烟监测中的应用

由于餐饮企业众多且分散，常规监控只能简单地监测油烟净化系统各设备的开关状态，一般只要烟道阀门和风机设备处于开启状态，就判定为油烟排放正常即所谓的排放达标。而实际过程中可能会出现烟道阀门和风机处于开启状态，但可能由于烟道长期不清洗导致排放物仍然超标的情况。为了更加有效地监控排放超标的情况，物联网平台可以通过结合做饭时间和油烟颗粒度监控值，对于烟道不清洁以及净化效果不理想等情况进行提前提醒，以达到更好的油烟治理效果。临沂市通过物联感知监测手段，建立油烟在线监控系统，设定预警告警规则，与业务管理处置端实时互通，做到第一时间感知、第一时间核实、第一时间处置以及长效考核管理。通过该平台，不需要人工干预，出现超标排放时，系统会自动告警，并将信息推送到包括市城管局、区城管局、中队街道、社区执法人员和经营业主的手机上，打通了执法的"最后1米"，方便执法人员第一时间查处，同时有效提醒业主迅速整改，大大提高了执法效率，确保了油烟治理工作的长效常态。截至目前，临沂市中心城区1.4万家餐饮服务单位净化设施安装率保持100%，餐饮油烟污染第三方治理试点取得初步成效，2209家重点单位实现在线监控。处理报警案件1318件，处置率100%（图4-10）。

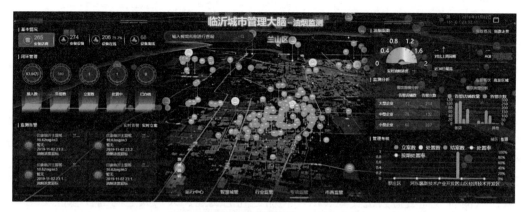

图4-10 临沂城市管理大脑——油烟监测

9．在停车管理中的应用

综合应用导航、图像识别、RFID、云计算、地感等技术，建设点对点道路停车位实时感知网络。利用公共停车泊位基础数据库，实现停车资源智慧化，使停车管理数据、财务数据自动化、可视化。通过在车位下方安装NB-IoT的地磁+车位状态指示灯，感知车位上是否停有车辆，每当车位状态有更新时，可以通过NB-IoT网络将其实时上传到后台。同时，还可提供车位查询、车位引导、车位预订、反向找车、智能管理等功能，真正让用户有更好的停车体验，提升城市居民满意度。

10．人工智能预测

人工智能预测主要是指利用人工智能对城市管理中某一类事件的历史数据进行分析，用来模拟该事件在未来可能的发展趋势，并寻找解决方案，也可以对某一类规划进行模拟验证，对其各方面产生的积极影响或消极后果进行评估，包括环境、交通、安全等。利用人工智能对城市中的行为进行模拟，可以为决策提供依据，也可对风险进行预测。比如，对于城市垃圾收集点的设置，可以根据人工智能进行预测，规划出在什么地方设置垃圾收集点，设置多大规模的垃圾收集点，可以最大化地满足居民生活生产垃圾的清理需求。通过可视交互的分析方法，可以实现人的智慧与人工智能的结合。人工智能先用简单的规则，用算法反馈一个初步结果让行业专家判断，行业专家认为这个点不合适，可以删掉或者进行修改，亦或者保留这个点再计算，实现了迭代式的交互挖掘。

当前，人工智能技术已经普遍运用在城市管理领域的智能识别、智能派遣等场景，并且越来越多的通过人工智能技术赋能的应用场景在城市管理中发挥了巨大作用，大大降低了管理成本，提高了管理效率。

4.2 物联网技术在城市运行管理服务平台中的应用

物联网是指利用各种信息传感设备，如射频识别装置、红外传感器、全球定位系统、激光扫描等各种装置与互联网结合起来形成的一个巨大网络，其目的就是使所有物品都与网络连接在一起，使识别和管理更加方便。物联网把网络所实现的人与人之间的互联通过技术扩大到了所有事物之间的联通，不但使得现实世界的物品互为联通，而且实现了现实世界（物理空间）与虚拟世界（数字化信息空间）的互联，从而有效地支持人机交互、人与物品之间的交互、人与人之间的社会性交互。总之，物联网是一个"物—物"相连的互联网，成了新一代信息技术的重要组成部分。

传感器获得的数据具有实时性，按一定的频率周期性地采集环境信息，不断更新数据。物联网将传感器和智能处理相结合，利用云计算、模式识别等各种智能技术，扩充其应用领域。从传感器获得的海量信息中分析、加工和处理出有意义的数据，以适应不同用户的不同需求，发现新的应用领域和应用模式。通过物联网技术，可实现城市管理"状态实时感知"。

4.3 大数据技术在城市运行管理服务平台中的应用

4.3.1 技术简介

大数据技术指的是以大数据为主的应用技术，包含大数据指数体系、大数据平台等。就大数据本身而言，它是一个数据体量巨大、数据质量高、数据类型繁多的数据集合，由于大数据具有这些特点，使得难以依靠传统工具对这些大数据进行信息抓取、处理、管理，由此大数据技术应运而生，大数据技术融合了数据收集、数据存储、数据检索、数据访问、数据挖掘使用等不同的技术优势，能够实现对庞大数据集合的快速处理、分析、传输。

时空数据是一种多维数据，它的结构异常复杂、同时拥有空间和时态特征，它不仅能够正确反映事物的时空位置状态和时空变化过程，而且能够正确反映事物的过去、现在和将来的状态，如城市位置的迁移、生活环境改变、地质变化等。在现实生活中，80%的数据均直接或间接地具备时空属性。当时空数据的数据量具备一定规模时，即可定义为时空大数据。时空大数据呈现出海量、多源异构、动态多变等基础特性。所有数据都是在特定的时间和空间背景中产生的，且直接或间接地被贴上时间和位置标签。因此，可以认为，广义的大数据从本质上与时空大数据具有同等属性，它是现实地理世界空间结构与空间关系要素中具有（现象）的数量、质量、时间变化特征的数据集的"总和"。所以，时空大数据具有时间、空间、属性三个维度的信息特征，同时具备与大数据相同的海量数据规模、快速数据流转、多样数据类型和价值密度低四大特征。

4.3.2　应用场景

运用时空大数据分析技术，围绕城市部件事件监管、市政公用管理、市容环卫管理、园林绿化管理、综合执法、公众服务等领域，利用时空数据挖掘技术、时空大数据预处理技术、时空数据可视化技术等，结合人工智能算法，构建时空大数据分析研判模型，研发智能化应用场景，对城市管理各类事件数据、业务数据、结果数据及第三方数据服务等海量数据进行抽取、挖掘、交叉关联分析等，掌握热点、难点、高发问题规律，智能化地向城市管理部门提出预测、预报和预警等决策分析结果，赋能业务系统，提高运行效率，创新"问题场景梳理、时空数据接入、模型研判分析、部门联动处置、效果评估倒逼流程再造"的源头治理新模式，为科学决策提供有效支撑，为市民精准服务提供高效路径。

1. 城市管理事件洞察模型

当前，各城市数字化城市管理平台积累了大量城市管理领域的上报事件，通过事件数据，叠加行业系统业务数据、市民热线数据、舆情数据及手机信令等第三方数据服务，经统一处理、交叉分析，洞悉事件背后的行业规律，进行事件预测，出具资源调配和预案建议，提高监督管理效率。为此，设计城市管理事件洞察应用，以"全时空感知"为指导思想，实现人员、事件、位置等所有细节的多维度关联展示，主要用于事件之间的关联分析、实体之间的关联分析、实体与事件之间的关联分析等，可大大提高业务办理效率，提升业务部门运用大数据信息化的能力。

（1）行业事件洞察：综合分析市政公用、市容环卫、园林绿化等领域的事件数据、业务数据、市民投诉数据、互联网舆情数据、人流量数据、气象数据等，通过不同时间、不同区域的时空交叉分析，打造城市管理行业管理的"热点地图"，全面掌握城市热点问题发生规律，从而提前预测各行业领域高发问题，实现相关资源的提前调配。

（2）综合执法事件洞察：综合分析各行业领域的执法案件数据、市民投诉中执法类案件数据、互联网舆情数据等，通过不同时间、不同区域的时空交叉分析，打造城市综合管理服务综合执法的"黑点地图"，全面掌握城市执法事件发生规律及情况，提前预测高发问题，实现相关资源的提前调配。结合执法问题高发区域、反复性问题区域、市民动态随手拍问题，依托运营商基站定位服务等多种方式，为此类区域附近的执法队员主动推送执法指令，在案卷派遣至执法队员前，可以建议执法处置规划路线。

漳州市通过构建形成大数据中心（图4-11），充分应用运行5年的数字城管海量数据，对城市管理问题发生的区域、类型、来源等进行多维综合分析，建立了市政、园林、环卫等专题数据分析，快速掌握城市管理的高发、频发和疑难问题，为政府管理部门提供辅助决策手段。同时通过专项普查结合专项整治的手段，先后开展了补植行道树、拖拽"僵尸"车、圈占停车位，以及占用盲道、公交站台、公益广告、建筑围墙、城区旱厕、洗车场所、露天烧烤、餐饮市场等20多个普查主题，将问题提交专项整治，助推城市治理，取得较好成效。

图4-11 漳州智慧城管运行中心

2. 城市管理精细治理模型

（1）人员队伍精细管理：建立人员（信息采集员、处置员、派遣员等）大数据画像，用数字说话，对人员队伍进行精细化管理，例如通过立案率，核查平均时间等看出采集员的工作状态，从而对相关人员进行科学考核，以及进行相关有针对性的培训指导。

（2）部门效能精细管理：通过建立部门业务办理流程，标准化设定部门业务处置的时间，记录流程中每个节点、每个业务、每个人的办理时间信息、业务信息，实现对业务办理的过程监督。通过比对标准时间、实际办理时间，再由图表进行展示，就能一目了然地分析出在什么节点、有什么人员、在什么区域处出现问题、耗费时间，对业务办理过程可能出现的问题进行预警，为决策支持提供支撑。

（3）管理服务对象精细管理：实现对业务车辆、设备等管理对象和热线市民等服务对象进行多维度信息分析，完成管理服务对象画像。建筑垃圾运输车辆画像主要基于建筑垃圾运输车辆基本信息、车辆违规信息、审批信息、证件信息、工地信息等，以违法违规行为主体进行整体画像，进行标签展示。热线市民画像是对拨打热线的市民群体进行画像，整合分析性别、区域、关注点等多维数据，提升服务质量。商铺画像主要基于主干路商铺、游商点、市场点等位置的各商铺基本信息、违法案件信息、征信记录、门前三包范围、门头店招、商铺临近停车位信息等，以执法处置案件为抓手进行画像，通过梳理标签进行差异化管理。

3．智能化应用场景构建

（1）城市管理全要素"一张图"专题：利用二三维地图模拟仿真技术，充分优化三维模型组织格式、调度以及三维绘制性能，集成矢量地图，实现跨平台二三维地图仿真展示。以数据服务的形式为城市运行中心提供地图服务，并与城市运行中心专题数据联动，实现三维仿真效果。

（2）城市体征专题：基于城市管理全要素"一张图"，整合城市日常管理相关数据，对城市日常管理状态进行全方位的监控，并进行可视化管理和展示。通过城市体征专题，为城市运行提供前瞻分析，方便城市管理者一目了然地掌控城市运行的总体运行状态。

（3）城市神经元专题：城市运行中心与物联网、视联网、数联网等感知平台对接，建设完善的"神经元系统"，增强对群众需求和城市管理问题的感知能力，也增强了对城市运行趋势和问题演化的研判能力，以及对城市各类事件和疑难问题的处置能力，实现对城市治理体系和治理能力的全面提升。

（4）智能识别专题：智能识别专题包括总体概况、今日设备状态统计、最新事件展示、AI识别统计、确认违规统计、事件上报统计、审核率分析等功能模块，对城市智能识别数据展开数据分析和展示，辅助相关部门与领导进行监督和决策。

（5）热线感知专题：便民服务致力于将原有的市民办事过程优化，为人们提供更方便、更快捷的服务，提升服务的获得感，着眼于便民这一出发点，重点体现出服务的本质，让市民有渠道表达参与城市管理的诉求，享受城市管理的成果，提高城市生活水平。

（6）指挥协调专题：对城市管理中汇聚到城市运管服平台的案件状态进行分析，全方位、多角度展示区域内城市运行的总体情况，聚焦城市运行中的问题，帮助城市管理部门及协同部门对城市运行管理进行科学决策。

（7）综合执法专题：集成综合执法应用相关业务系统内各种功能与信息，是掌握城市综合执法各类实时动态信息与业务管理资源的统一窗口，平台展示执法队伍、执法人员等相关信息，显示在线执法人员，可查看轨迹数据，统计案卷数量，显示案卷定位及详细信息，统计每个队伍上报的案卷数量，并展示详细信息。例如，上海市虹口区通过结合队员日常巡查执法中在"智慧城管"系统中更新录入的数据和诉件处置系统中积累的投诉案件信息，通过移动端开发的"工作统计"板块，能结合每日、每周、每月等不同时间段的大数据，对违章种类、主要发生地、发生时间以及案件趋势变化等进行统计、分析与研判，准确掌握多发问题、易发区域、高发时段等关键信息，对症下药，采取措施，为执法工作提供决策。

（8）市政公用专题：给监管者直观呈现辖区内各项市政设施的基本情况，如各类设施的总数及分区分布情况、物联网设备的个数及在线情况、重点监测指标的趋势变化、最新上报的监测案卷、重点视频等内容。

（9）市容环卫专题：主要从宏观上监管环卫所有业务的运行情况，根据系统提供的数据分析报表，实时监控当前各种问题的处置进度和状态，为用户提供实时的环卫管理运行状态，方便用户及时进行指挥调度和紧急事件处理。

（10）园林绿化专题：园林绿化专题拥有基本信息展示、状态分析展示、案件关联和评价考核等功能模块，能够综合展示园林绿化和古树名木的信息，全面分析行业目前的基本状况和存在的问题，并通过指标评价进行考核，最终实现园林绿化古树名木数据的"一张图"目标。

济宁市利用大数据分析技术打造智能分析研判系统，整合噪声、图像、位置、执法力量分布等感知数据，加强各城市运行领域监管数据的归集共享和有效利用，实时更新城市运行管理问题的高发时间、高发地点、高发形态"三高数据"和执法监管等数据，并公布同比、环比数据，发布态势预警，为合理部署执法力量提供支撑。通过开发应用场景，增强辅助决策能力，综合考虑天气、节假日、重大活动等因素，开展智能分析、动态比对、科学研判，总结高发规律和发展态势，将有限的执法资源部署到高发点位，让勤务跟着高峰走，提升运行监管效能。

4.4 CIM在城市运行管理服务平台中的应用

4.4.1 技术简介

城市信息模型（City Information Modeling，CIM）是以建筑信息模型（BIM）、地理信息系统（GIS）、物联网（IoT）等技术为基础，整合城市地上地下、室内室外以及历史、现状、未来多维多尺度的空间数据和物联感知数据，构建起三维数字空间的城市信息有机综合体。

城市信息模型基础平台（Basic Platform of City Information Modeling，CIM基础平台）是管理和表达城市立体空间、建筑物和基础设施等三维数字模型，支撑城市规划、建设、管理、运行工作的基础性操作平台，可以推动城市物理空间数字化和各领域数据、技术、业务融合，推动城市规划建设管理运行服务的信息化、智能化和智慧化，是智慧城市的基础性和关键性信息基础设施，对推动国家治理体系和治理能力现代化具有重要意义。通过CIM技术，可实现城市管理"对象精细仿真"。

4.4.2 应用场景

2020年8月，住房和城乡建设部联合六部委颁布《关于加快推进新型城市基础设施建设的指导意见》，明确了7项重点任务，其中包括"全面推进城市信息模型（CIM）平台建设"。文中明确提出，要充分发挥CIM平台的基础支撑作用，实现其在城市体检、城市安全、智能建造、智慧市政、智慧社区、城市运行管理服务以及政务服务、公共卫生、智慧交通等领域的深化应用。当前，在城市运管服平台中，CIM平台已在以下场景发挥作用。

1. 环卫监管

打造环卫精细化监管模式，实现多维度、全方位地分析展示环卫数据，通过构建精细化道路模型，赋能环卫清扫保洁效能，提升以及打造"公交化"环卫运营新模式，通过对环卫设施进行精细化三维建模，并叠加IoT、视频等数据，可实现垃圾分类的精细化管理。

2. 综合执法

构建执法指挥调度体系，实现对全市综合行政执法资源的可视化管理，实现点对点、扁平化、可视化调度，利用CIM技术，采取"一张图"的方式展示一线人员、执法车辆位置及轨迹等资源信息，让城市综合执法管理者能"看得见、呼得通、调得动"（图4-12）。

图4-12 城市数字孪生系统

3. 城市生命线

通过建立一套城市安全运行体征指标体系，整合和汇聚全市安全运行静态管理和动态监测数据，基于CIM平台，构建城市综合风险评估、综合监测预警、综合应急协同处置三大综合应用系统，构建城市生命线综合管理平台（图4-13），以"一张图"的形式呈现城市整体安全运行态势，并实现综合风险精准分析预警以及跨部门、跨区域的城市级突发事件协同处置，提升城市安全辅助决策及应急协同处置水平。

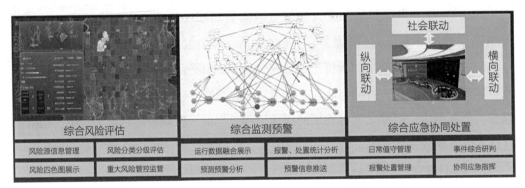

图4-13 城市生命线综合管理平台建设模式

4. 燃气监管

基于CIM平台赋能燃气监管（图4-14）：一是基于CIM平台，实现燃气设施、燃气风险隐患、燃气经营企业等信息的一图管控；二是基于CIM平台，实现"能监测、会预警、处置快"的燃气设施安全运行监管；三是基于CIM平台，实现"看得见、呼得通、调得动"的应急指挥调度；四是基于CIM平台，实现"来源可查、去向可追、责任可究"的瓶装液化气全链条安全监管；五是基于CIM平台，实现包含燃气政务服务、工程建设审批、便民服务的"一网通办"服务。

图4-14　燃气监管智能场景

5．智慧供水

基于CIM平台能力，打造智慧供水监管系统（图4-15），构建从水源地到水龙头的全链条监测体系，主要能够实现四个方面的提升：一是基础数据管理，依托CIM平台，融合地下各类管网信息，实现二三维一体化，通过供水管网走向的三维预览，能够真实表达管线的材质、型号、尺寸以及在三维空间中的分布情况；二是状态实时监测，依托CIM平台，对关键管线的压力、流量、漏点声波等进行在线监测，及时发现管道泄漏及泄漏可能导致的地面塌陷等供水安全运行风险隐患；三是风险事前评估，依托CIM平台，建立专业风险评估算法，在泄漏、爆管风险事故发生前，对管网安全运行状况进行评估，指导管道隐患排查、治理、管道修复和日常巡检；四是辅助决策，依托CIM平台，提供管线模拟开挖、管道事故关阀分析、事故应急处置管理及路面塌陷仿真模拟等，为管网事故处置提供治理决策。

图4-15 智慧供水监管场景

6．智慧排水

基于CIM平台能力，建立三维立体管网分析模型，结合物联网监测数据，实现对内涝监测预警分析、入流入渗分析、水量平衡及变化分析、偷排漏排分析等多维度决策分析，为雨污混接点改造、厂网一体化等工程建设提供决策依据和方法。基于CIM平台，建立一套包括应急预案、应急资源、应急处置等的应急响应体系，通过对排水管网、泵站、闸阀、排污口、河湖水系的实时监测监控，建立对城市内涝等应急情况下的联合调度体系。

7．道桥监测

基于CIM平台赋能道桥监管，改变以往只能抽象呈现桥梁振弦、沉降、位移等监测信息的粗放式管理，通过构建道桥的精细化三维模型，同时叠加IoT物联感知、视频监控等信息，能够更真实还原桥梁实物，更直观查看桥梁分布与权属，更形象关联桥梁的感知化监测与精细化管理信息，实现对桥梁运行状态的精确管理。

8．工地监管

基于CIM平台打造智慧工地专题场景，通过借助物联网智能监测手段，对工地现场重点危险源和环境进行实时监控预警，动态感知工地机械设备运行轨迹和运行状态，提高工地智能化管理水平。当监控设备发生报警时，自动生成报警信息，可通过三维地图直观看到预警设备的空间信息、预警类型以及预警基础信息。与此同时，借助CIM平台，结合BIM + GIS技术，对工程进度进行三维场景全生命周期还原，实现工地项目管理的可视化、智能化和标准化。

9．防汛抗旱

融合已有城市湖泊、河流等水域测绘数据、城市遥感影像数据、管网设施三维模型数据、闸站设施模型数据等多源异构数据，建立防汛抗旱模型综合体，同时将河道调度计算成果、蓄洪区分洪计算成果、水库洪水调度成果实现空间化，实现洪水调度的智能仿真模拟，形象地展示调度方案及调度效果，为防汛抗旱管理者及技术人员提供可视化的辅助决策支撑，提高防汛抗旱的工作效率。

10．危房治理

基于GIS + BIM + IoT技术，打造城市老旧危房"智能感知、风险预警、协同联动、闭环处置"的智慧化治理场景。通过构建高精度的建筑三维信息模型，关联结构、人员、占地面积、周围空间关系等信息，同时借助物联感知设备实现对老旧危房的实时监控。通过内置智能算法模型，利用已监测到的数据对老旧危房进行常态化安全分析，一旦数据异常，则会产生相应的预警。系统还能将分析结果、预警信息、房屋基础信息进行一体化展示，辅助指挥人员、救援队伍、处置单位采取科学、高效的措施，避免发生危险。最终，可打造出老旧危房"常态化监测、精细化预警、主动化处置"的治理格局。

重庆市江北区以新城建对接新基建，推进城市治理基础设施建设，搭建CIM平台（图4-16），强化数字孪生技术在城市治理中的应用，推动实现城市综合管理问题的及时预警、全面发现、精准定位、快速处置、智能跟踪和科学评估。建立起区级城市信息模型标准体系，明确建成区CIM1—CIM3级全覆盖、重点区域试点CIM4级模型建设、新建重点区域和重要设施CIM5—CIM6级模型建设的要求，整合多门类基础数

图4-16 重庆江北区城市运行管理数字孪生平台

据、支撑智慧城市运行数字孪生底座服务，拓展"CIM+"行业应用、"CIM+"专题展示。

驻马店城市运管服平台，结合试点区域1.22km²，构建三维仿真模型数据，打造城市大脑展示底座。结合社会主体数据、城市管理数据和专业业务数据，依托城市综管服平台，能够一目了然地掌控区域总体布局，及时掌握城市运行状态。通过构建的"三维数字底座"，能够实现宏观与微观一体化、室内与室外一体化、静态与动态一体化，最终实现城市空间信息全局可视、城市运行态势精细洞悉、城市运行规律深度挖掘、城市发展趋势推演仿真。通过驻马店城市运管服平台，以数据和服务调用的方式为其他各类应用系统提供能力支撑，而各类应用产生的城市运行数据可以沉淀和回流至综管服平台，积累各类数据要素，形成城市数据资产，不断丰富三维数字城市底座，为城市的规划、建设、管理赋能。

4.5 无人驾驶技术在城市运行管理服务平台中的应用

4.5.1 技术简介

无人驾驶技术与传统的车辆驾驶需要人类参与的情况不同，其主要通过车内的车载传感系统，包括相关智能软件及多种感应设备（车载传感器、雷达、GPS以及摄像头等），实现感知车辆周围环境，并根据感知所获得的道路、车辆位置和障碍物信息做出判断，控制车辆的速度和转向，确保车辆能够安全、可靠地在道路上正常行驶。无人驾驶汽车突破了传统的以驾驶员为核心的模式，在一定程度上提高了行车的安全性和稳定性，可以降低交通事故的发生率，并且能够减少尾气排放和能源损耗，具有极高的经济效益和社会效益，是未来智慧城市发展的重要组成部分。

4.5.2 应用场景

（1）基础设施养护：基于网格化的精细化巡查、派遣、处置、监督、考核闭环监管模式与无人驾驶技术相结合，研发无人驾驶巡查车，提升新型基础设施监管水平，保障公共安全。无人驾驶巡查车作为新型基础设施养护监管的载体，服务于监管部门、新型基础设施养护企业，覆盖日常养护监管全流程，通过对新型基础设施综合监管和日常巡查手段，及时了解设施状态、分布以及实时运行情况，实现对现有设施管养维修的精细化管理，为城市运管服平台上报设施状态，以便及时维护。

（2）运营管理模式：基于无人驾驶技术的巡查车，以全面掌握城市运行状态为目标，着眼于为市民解决生产生活方面存在的问题，构建通信和计算相结合的车联网体系架构，提升实时在线监测系统和大数据分析能力，采集城市运行过程中的信息数据，推动在机场、港口和园区等限定区域开展自动驾驶出行、智能物流等场景的测试示范应用，稳妥发展自动驾驶和车路协同等出行服务，为城市运管服平台提供数据更新服务。

（3）综合城管执法：通过基于无人驾驶技术的巡查车搭载视频识别探头，利用人工智能技术，自动识别垃圾满溢、出店经营等城市管理事件并进行上报，开展安全风险隐患的排查工作，以科技赋能降低安全风险，对各部门的执法检查履职落实情况进行全过程监管，通过利用大数据分析挖掘技术，构建风险隐患预测模型对风险进行动态监测预警，及时准确发现系统性、区域性、倾向性、苗头性的重大风险问题，实现安全生产风险评估与应急处置。

（4）公众服务：基于无人驾驶技术的巡查车搭载了空气质量检测仪、噪声检测仪等设备，可及时对城市污染事件、噪声事件等进行报警，并将相应的位置信息及结果数据发送至指挥中心，进入城市闭环处置流程，主动发现问题、解决问题。

自2021年下半年以来，天津市中新天津生态城已经通过利用以"无人驾驶＋AIoT"技术为核心的无人驾驶网格车开展了广泛的道路测试，以及市政公用、市容环卫、交通管理、环境监测和公众服务等方面的应用测试。中新天津生态城的网格车，具备完整的L4级自动驾驶能力，能够识别各类城市交通信号和道路标志标线，智能应对各种复杂路况，可在无安全员条件下在城市开放道路自主行驶，全天候为城市进行"CT扫描"，高效发现城市运行问题。无人驾驶网格车能够实时、多维、精准地感知城市正在发生的各类管理和运行问题，有了无人驾驶网格车这个移动的智能载体，开展智慧城市建设、推动城市更新的手段将更加丰富和立体。无人驾驶网格车还能够与CIM平台紧密融合，打通真实场景与虚拟世界的数据交互，为"一网统管"提供更多沉浸式、多元化的体验。目前，无人驾驶网格车已经能够识别和处理道路破损、暴露垃圾、私搭乱建、人群聚集等数十种城市管理问题，将在智慧城市管理和运行服务中大显身手，为城市"一网统管"提供智能化、物联化的高效支撑，如图4-17所示。

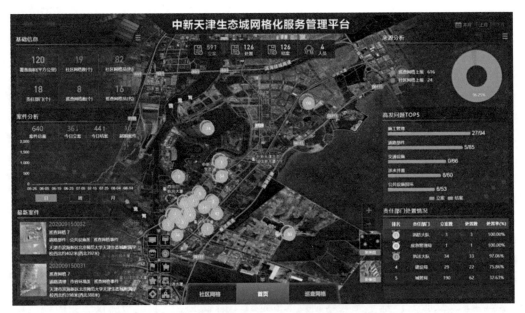

图4-17 中新天津生态城网格化服务管理平台

第 **5** 章

综合应用

5.1 城市运行类应用

5.1.1 燃气智能监管

1.项目概述

武汉市城镇燃气行业管理平台（图5-1）实现了对全市燃气企业的经营供气服务行为监管，全市燃气管网、场站等主要设施的安全运行监管，并支撑市、区燃气管理部门的日常管理工作。以信息化运用赋能燃气安全精细化监管，推动燃气信息化建设从分散、孤立、缺位的零星功能子系统向"企业自管、政府监管、一网统管"的综合管理系统转变，汇聚业务流，形成数据流，进行大数据分析和智能研判，进一步压实企业责任，加强行业监管。

图5-1　武汉市城镇燃气行业安全运行监测系统

2．建设内容

参照国内外燃气行业中信息技术的应用发展趋势和最佳实践，综合考虑武汉市近期和长期发展战略，以业务需求驱动信息化建设，切实解决燃气行业管理重点难点，实现燃气行业管理水平提高和信息化建设的良性循环，辅助智慧决策，从而对业务支持、信息资源、应用系统、管理和决策这几个层面进行提升，以更好地支持燃气行业监管发展。

系统建设将打造针对政府监管部门的智能化、可视化、联防联动的燃气行业综合监管平台，从信息化建设方面辅助完善燃气行业安全长效机制，强化行业"精细化管理"和"数字化管理"。通过"人防、物防、技防"等多种方式，利用"云、大、物、移、智"等技术手段，以"智能化、可视化、联防联动"为方向，融"深度感知、互联通信、数据集成、精准调控、科学运营、智慧决策"为一体，解决过去燃气、供气监管过程中存在的监管手段单一、缺乏数据支撑、管理相对滞后等现实问题。

3．建设成效

提高事故预防能力，有效降低事故的发生。构建全方位的燃气应急管理风险隐患监测、评估与精细化治理，提高突发事件事前防范能力，最大限度降低发生事故的可能性，从而减少经济损失。提高突发事件的应急处置效率，降低事故造成的经济损失。全面提高应急管理能力和应急处置效率，提升次生、衍生灾害预警分析能力，有利于降低突发事件的规模和程度，减少财产损失，降低人员伤亡。降低监管成本，减少重复劳动。有效提升应急管理日常监管水平，通过监测分析来实现对企业的差异化监管和精准化执法，有侧重地对重点场站等区域管理投入进行调配，对事故及风险指数较高的地区进行调控，从而间接降低管理成本。最终让武汉市燃气监管部门能够及时了解企业生产、运行的实际情况，提升监管部门自身的监管能力，通过科学监管，形成有效干预，从而促使企业提升安全意识和水平，加强安全管理，明晰问题根源，有效管控风险，使平台成为燃气行业管理水平提升的重要抓手。

5.1.2　排水智能监管

1．太原市市政排水安全运行实践案例

（1）项目概述

按照住房和城乡建设部等部门下发的《城镇污水处理提质增效三年行动方案（2019—2021年）》及山西省住房和城乡建设厅贯彻落实该方案的通知要求，太原市城乡管理局从统筹协调、全局管控、辅助决策的顶层设计出发，正式启动太原市排水

图5-2　太原市市政排水管网地理信息系统

管网测绘与问题排查，摸清全市管网家底，着力解决排水系统面临的超负荷运行、污水溢流、偷排漏排、城市内涝、黑臭水体等问题，强化全市城镇排水管理能力，通力建设太原市市政排水管网地理信息系统平台（图5-2），实现全市排水系统的自动化、信息化、标准化、精细化、动态化，提升城市排水系统管理水平，推动智慧市政建设。

该系统通过接入最新的排水管网及附属设施普查结果，建立排水管网及设施综合数据库，提供可持续的数据维护服务；系统对现有的城市道路、泵站、排水户等数据进行整合，建立起标准的数据档案系统，为市政日常监管、项目建设及设施运维提供数据服务；借助移动互联技术，建立完善的设施巡检养护、排水户动态监管体系，改变原有的人工化工作模式，提高人员办事效率，为业务持续高效开展打下信息化基础；借助物联网、云计算技术，建立物联网监测试点，实现对排水管网实时运行工况的数据采集、数据处理及数据分析，为今后布设更广泛的物联网监测体系奠定基础。

（2）建设内容

太原市市政排水管网地理信息系统是一个可以为城市排水主管部门提供管网普查的数据处理、物联网实时监测、全业务综合监管、大数据决策分析、应急指挥调度等，涵盖数据、软件、运维全业务的综合监管平台。平台建设既要切合工作业务需要，能够为城市排水管理提质增效，又具有数据共享服务开放接口功能，可以接入太原市城市运行管理服务平台，成为城市运管服平台的重要组成部分。

在基础数据方面，该系统依据国家有关排水防涝设施普查标准，对最新普查的管网数据进行电子化，能够直观反映排水管网和混接点的分布，为平台提供有力的数据支撑。

在业务数据方面，根据市政行业的数据标准，该系统对现有市政（道路、泵站、污水处理厂、池渠、排水户等）数据进行整合，形成一套完整的数据维护机制，建设城市市政业务综合数据库，搭建完备的设施档案系统。

在业务流程方面，结合主管部门管理设施的特点，梳理现有的设施监管工作流程，搭建高效的设施巡检、养护、作业平台，为市政设施的信息化监管提供有力支撑。

在认证服务方面，运用移动互联、地理信息技术，建立涵盖许可证办理、许可批后监管、排水户相关信息维护等业务的工作机制，对日常排水行为进行全面有效监管，实现监管的扁平化、精细化、高效化。

在基层感知方面，利用物联网、云计算技术，建立监测体系试点，实现对排水管网的实时运行监测，为后期大规模物联网体系布设积累经验。建立物联网监测云平台，实现对排水管网实时运行工况的数据采集、处理和分析，根据数据分析结果，派单处置运行中的问题，建立常态化运维处置体系。

在防汛应急方面，利用现有池渠水系、下穿桥易涝点等物联网设备及视频点位信息，结合人工巡查上报，实现对城市内涝点信息的动态管理，为全市防汛应急提供重要的信息支持。

在决策分析方面，借助大数据分析技术，建立包括基础数据与实时监测数据相结合、静态数据与动态数据相结合、空间数据与属性数据相结合的市政业务综合数据库，实现数据的汇聚、分析、展示和应急调度，为领导决策提供依据。

（3）建设成效

该系统通过接入最新的排水管网及附属设施普查结果，建立排水管网及设施综合数据库，提供可持续的数据维护服务；系统对现有的城市道路、泵站、排水户等数据进行整合，建立起标准的数据档案系统，为市政日常监管、项目建设及设施运维提供数据服务；借助移动互联技术，建立完善的设施巡检养护、排水户动态监管体系，改变原有的人工化工作模式，提高人员办事效率，为业务持续高效开展打下信息化基础；借助物联网、云计算技术，建立物联网监测试点，实现对排水管网实时运行工况的数据采集、数据处理及数据分析，为今后布设更广泛的物联网监测体系奠定基础。

2．西安市航天基地市政排水实践案例

（1）项目概述

基于西安市航天基地排水管网管理的实际需求，借助移动互联、物联网、云计算、大数据等现代信息技术，创新排水管网管理模式，建立一套科学完善的市政排水管网地理信息系统（GIS），实现排水管网GIS系统的动态更新，实现管网信息化、账册化、规范化；同时，在关键管网、内涝点增加水位、流量、水质监测设备，实现关键管网排水动态感知，实施预警，实现排水管网数据管理信息化、业务管理精细化、监管手段智能化，为城镇污水处理提质增效提供管理支撑，如图5-3所示。

图5-3 西安市航天基地排水管网地理信息系统

（2）建设内容

1）业务场景

①摸清"家底"，建立台账，实现日常管理。通过一张图直观展示西安航天基地排水设施现状、管网隐患点分布情况，帮助日常运维人员进行日常的管理工作。

②结构"瓶颈"分析。基于排水管网管理系统，对排水管网中可能存在的结构"瓶颈"进行分析和识别，包括对倒坡、倒虹管、大管接小管、断头管、孤立管等问题管道的识别和定位分析。

③企业偷排、漏排、超标排放监管。企业可以通过修筑暗管来绕过监管排口，将污水偷排到附近的雨水、污水管网或者水体中，导致污水处理厂无法承受而停运。建设西安航天基地排水户管理系统，基于企业排口的在线监测设备、关键节点监测设备和入河排口监测设备，能掌握排水设施是否正常运行，是否符合排放标准，是否有企业偷排、漏排、超标排放的行为等。

④雨污错接、混接识别诊断。在建设过程中，如发生雨污管道错接、混接，会直接导致污水进入地表水体，造成河道水体黑臭，或者因雨水进入污水处理厂而降低污水处理厂进水浓度。通过在非雨天观察雨水管网流量在线监测数据，对污水管网错接至雨水管网进行分析；通过在雨天分析污水管网流量、液位在线监测数据的变化趋势，对雨水管网错接至污水管网进行分析。

⑤淤积、淤堵管道识别分析。对于排水管网系统，如果水流速度过小，水中的

93

悬浮物极易发生沉淀，久而久之，管道易发生堵塞，影响排水的安全性。运用管道流量、流速及液位等在线监测数据，基于流速分布的逐时评价方法，与理论设计值进行对比分析，识别得到平均流速过低的潜在淤积风险的管网，为管道维护提供参考。

⑥雨污水溢流监测报警。排水管道排水能力不足，就会出现管道溢流现象，造成城区道路积水，影响整个排水系统的运行效率。运用排水管网检查井液位在线监测数据，对溢流管道进行及时地报警提醒，同时重点标注溢流频繁和溢流严重的管网片区分布，可以提醒用户加强该区域管道的巡检和养护工作，以改善该区域的管网运行工况，同时为制订该片区的管网改造方案提供依据。

⑦入河排污口废水排放规律。入河排污口具有量大、面广、类型多样、情况复杂、隐蔽性强等特点，存在晴天不排雨天排、白天不排晚上排的现象，给监管加大了难度。通过在线监控入河排污口水质水量现状，破解入河排污口监管中存在的看不见、抓不着、测不准的突出问题，准确掌握入河污染物排放规律。

⑧入流入渗评估。基于排水管道流量、水质、水位等在线监测数据，采用RTK法，通过监测降雨量及雨季和旱季时排水管网内的流量，并进行入流分析，进而进行合成单位过程线分析、RTK参数计算，评估航天基地各片区的入流入渗程度。

2）功能架构

一库：建立西安航天基地排水专题数据库，汇聚管网数据、隐患数据、实时运行数据、业务数据等，全面整合排水综合信息资源，达到"数据资产化、服务价值化、管控可视化"的目标。

一网：构建西安航天基地排水物联网感知监测体系，在排水管网关键节点共布设8套流量计，24套液位计，2套水质监测设备，实现对排水系统运行异常的实时监测预警和管网运行问题的安全诊断分析。

一图：构建排水综合展示"一张图"，汇总排水系统关键信息，宏观掌握排水管网运行情况，实现对城镇污水处理、排水系统整体性监管和综合性评价。

五大应用系统：包括监测预警系统、排水管网地理信息系统、三维决策分析系统、排水户管理系统和平台运营维护系统。

监测预警系统：基于排水状态实时感知的需求，结合GIS地图分图层直观展示所有监测点的点位分布、在线状况、运行状态、最新监测数据及数据状态等；通过地图实现设备监测点位、在线监测数据上图展示；提供设备地图、专题监测、设备配置、报警管理等功能。

排水管网地理信息系统：基于排水管网管理需求，提供排水管网地图展示、管网查询、管网统计、横断面分析、纵断面分析、流向分析、覆土分析、碰撞分析、混接点管理等功能。

三维决策分析系统：在二维系统的基础上，集合了多模式管网信息查询、基础分析等功能，帮助人们直观地了解地下管线的现状、分布、走向及管线间的相互关系，并在发生管线事故时，为制订处理方案提供技术支持，提供三维展示、管网信息、三维分析等功能。

排水户管理系统：基于排水户管理需求，提供排水户档案、排水户查询、排水户统计等功能，为排水户管理提供信息化支撑。

平台运营维护系统：基于系统运维管理的需求，运营维护系统主要为管网相关平台提供运行维护支持，涉及基础配置、地图配置、运行监控、操作记录、审计日志等。

（3）建设成效

西安航天基地市政排水管网地理信息系统（GIS）项目建设是市政排水行业科学发展的必然要求，是政府转变职能、服务经济建设的有效手段；是提升城市生命安全保障、改善城市宜居环境的科学途径；是监测城市运行体征、辅助领导科学决策的重要环节，达到以下成效。

1）提高工作效率：本项目通过网格化管理新模式，通过监管分离、长效考核机制及闭环处置机制，提升排水管网及附属设施维护的精细化管理，提升设施管养的主动性和时效性，防患于未然。

2）提高管理水平：通过构建网格化的巡查养护模式，使得排水设施管理更加精细化，由被动管理变主动管理，通过考核评价，大大提升维护处置的效率，降低排水故障发生率。

3）保障排水系统安全稳定运行：通过事前监控、智能监测、大数据分析等手段，提前发现排水系统运行问题，及时解决安全隐患，避免排水事故的发生。

4）为城镇污水处理提质增效保驾护航：实现对排水系统"水质""水量""水位"的实时监测，划分污水排放分区责任，匹配入河污染物负荷，规范源头排放，使监管模式从过去的被动防范转化为主动识别。

5）提升市民参与感：通过热线电话、微信，市民可以共同参与到日常监督管理中，形成市民与政府共同管理城市排水设施，确保其正常、安全运行的格局。

5.1.3 内涝智能监管

1. 杭州市内涝监管实践案例

（1）项目概述

为进一步提升政府治理服务精细化水平，杭州市以数字孪生理念和方法为指引，以省域空间治理数字化平台为依托，基于浙江省一体化智能化公共数据平台，以杭州滨江区为试点，构建滨江水系、管网、水工数字孪生体，通过增量开发、迭代升级，基本建成了数智治水系统内涝智治场景，实现内涝智治全生命周期"可看、可知、可处、可控"，解决内涝治理缺乏系统性和预见性的问题。

（2）建设内容

1）空天地一体感知体系

接入各类感知数据，包括杭州城市大脑的智能网格数据、气象数据，区城管系统的河道水位、水质、流量，管网水位、流量、水质数据，监控信息；杭州市滨江区水雨情监测平台的水位监测数据；杭州市滨江区污水零直排系统的雨污监测数据，杭州市滨江区城市大脑平台的地理DEM数据、道路、河网、建筑、管网、视频监控等数据，搭建全方位感知体系。

2）搭建内涝模型，提升风险研判能力

利用仿真模型对杭州市滨江全域进行80万级网格剖分，在每个网格加载地表高程数据；在网格基础上加载41条河道、1500多个断面数据及河道流向数据、所有闸站水利工程数据，搭建全区河道水动力模型；在网格基础上加载全区雨水井、雨水管网、管径、流向等数据，搭建管网模型，并与河道水动力模型进行耦合；在河道管网模型基础上，结合一、二维水动力模型，构建河道漫堤模型。通过模型共建，搭建完成城市内涝模型，为内涝提供预警预报，并为排水防涝规划的编制提供支持。

3）构建数字孪生体，打造滨江数字治水基础底座

基于一体化智能化公共数据平台，以省域空间治理平台为支撑，搭建了滨江数智治水系统的总体框架（图5-4）。利用数字孪生技术，完成了滨江全区77.95km的41条河道、1个湖泊、36个小微水体的映射；446km的雨水管网、5个排灌站、19个闸站、2个雨水泵站的映射；7个河道流量监测点、19个水位监测点、24个管网液位监测点，监控1836个视频的映射；39个易积水点的映射。通过实时感知，建立物理实体和虚拟实体的双向映射、动态交互，了解城市设施的排水能力，解决"家底不清"的问题，并指导后续智慧管网建设。

图5-4　数智治水系统

（3）建设成效

构建了应急、城管、水利、生态环境、住建、交通等部门联合应急处理协同机制，制定内涝预报预警预处置、短临降雨处置机制等配套工作制度，明确工作流程，固化业务系统流程，制定相关工作标准；把人为线下调度改为一屏协同智慧调度，有效地提升了工作效率，保证滨江水系和内涝处置全生命周期的安全可控；出台《关于进一步做好地下空间排涝整治的通知》，加强部门联动，为后续地下空间不被淹场景的深化作支撑；基于数字孪生推动城市运维与城市规划、建设的联动机制，推动线下整改措施落地生效。

2．西安市城市内涝防汛指挥智能化应用场景实践案例

（1）项目概述

按照西安市委、市政府"以预报为令"和城市防汛的相关工作要求，西安市城市管理和综合执法局加强与气象部门合作，牵头建设了西安市城市内涝防汛预警指挥系统。

（2）建设内容

系统重点围绕气象监测预警信息和城市防汛重点部位进行建设：一是接入气象部门高精准天气预报信息和气象灾害预警信号，第一时间掌握降雨预警信息，督促指导各单位及属地做好防汛应急响应工作；二是接入气象和水务部门共400余个实时雨量监测点位数据以及气象云图、气象雷达数据，可实时查看全市各区域降雨情况，为精准决策提供参考依据；三是对全市排查出的131个防汛重点部位布设了一批视频监控

设施和智能化物联感知设备，水位超过警戒值时，系统自动生成预警信息，并可随时查看现场画面与积水数据；四是与数字城管平台无缝对接，将监测到的内涝积水问题通过数字城管平台立案派遣至属地监督处置；五是可实现防汛信息报送任务的下发以及对反馈信息的自动整理上报，并生成汛情简报；六是实现了城市防汛信息"一张图"展示，基于GIS地图，可展示并切换多类监测数据，包括防范重点部位分布、雨量监测点、视频监控分布、积水案件处置情况等数据，在地图点击具体点位，可以查看积水点信息、人员定位等详细信息；七是开发了"西安城市防汛"APP，在"数字城管"APP的基础上，集成开发城市防汛信息展示版块，便于随时随地了解防汛的最新情况。目前系统功能正在持续提升，通过建设视频会议系统、完善与一线防汛人员视频对讲功能、整合排水管网监测数据等措施，进一步增强市区两级防汛应急指挥调度能力。

西安市城市防汛预警指挥系统按照集约统建统管模式，由西安市大数据局统筹管理，市城管局提出建设需求，西安大数据资产经营有限责任公司通过市场化方式建设实施。主要服务用户包括分管防汛指挥工作的领导以及市防汛指挥部城市办公室、市政设施管理中心、市水务集团等。该项目依托西安市城市运行管理服务平台，由西安市数字化城市管理信息处置中心提供运行服务保障。

（3）建设成效

西安市城市内涝防汛指挥系统（图5-5）的建设运行，有效提升了城市防汛工作的科技支撑能力。系统实现了第一时间获取天气预报和雨情、汛情的功能，进一步提

图5-5　西安市城市内涝防汛指挥系统

升了城市防汛的风险防控和应急响应能力；实现了对城市道路积水排水的实时监测，便于快速发现并及时处理各种防汛问题，进一步增强了城市内涝监测预警能力和决策指挥能力；实现了对防汛信息的自动实时汇集，内涝点位现场情况和防汛责任人员履职情况一目了然，进一步提高了防汛工作效率和精细化管理水平。通过"人防+技防"模式，让城市防汛更加智能、科学、精准，辅助实现"小雨不积水、大雨不内涝"的总体目标。

5.1.4 桥梁智能监管

1．杭州市桥隧监管实践案例

（1）项目概述

杭州市立足设施管理现代化与智慧化的需要，构建了全新的桥隧安全在线管理系统平台，以城市道路、桥梁、隧道、管廊为基底，搭建视频、照明、交通提醒、运营管理、结构安全、液位探测、火灾探测、超限监控、环境监控、路面指数应用场景。实现了对城市桥梁全天候、全过程实时在线预警及管控，切实保障市政设施安全、高效运行的数字化应用。建设重点桥梁BIM模型，探索通过可视化模型进行桥梁精细化管理。试点建设桥梁动态称重系统，为超限车辆非现场执法提供了技术支撑。探索桥梁防船撞预警，对违章超高、船舶偏航等行为进行监控和预警，保障桥梁安全。

（2）建设内容

1）针对桥梁自身结构安全研发了"结构安全"模块，主要对中大型桥梁的健康安全情况进行监测，利用专业感知设备对桥梁结构设施的索力、挠度、应力、位移等进行实时波动监测。

2）针对超重车辆上桥研发了"车辆超重"（桥梁超重）模块，主要对杭州主要城市桥梁进行重车通行监测，第一时间对超限违法行为进行查处，避免超限车辆对桥梁造成不可逆后果。同时通过收集大数据，有效对桥梁健康的影响以及路面损害进行数据分析。目前，杭州市已有7座桥梁安装超限车辆检测系统，能够在全天候、不限车速的情况下，实现对各种正常行驶车辆的动态称重和抓拍，并在检测点显示提醒，执法人员无须现场蹲守，就可以在当事人"零口供"的情况下，完成对超限车辆的执法查处，全天候保障城市桥梁安全运行。

3）推进桥梁防船撞预警，主要针对船只撞击研发了"超限监控"模块。在拱宸桥试点安装桥梁防船撞监测预警系统，通过激光雷达和视频图像技术对河面船只的高度、宽度和偏航情况进行监测监控，对违章超高、船舶偏航等行为进行安全提示和预警，提前通知船只采取措施，避免船只撞上桥梁，保障桥梁安全。

（3）建设成效

通过桥隧安全监测，已产生8亿余条结构安全监测数据，平均每日纠正偏航船只15次，平均每日监测发现超限车辆200余辆，有效保障桥梁安全。

2．宁波市城市桥梁监管实践案例

（1）项目概述

2015年宁波率先建成国内首个城市桥梁集群式在线监测监管平台，通过数字赋能，实现了对桥梁安全运行的全天候实时智能监测和重大安全风险的全方位预警防控，2021年根据数字化改革总体要求，以物联网、大数据、人工智能、5G移动通信等前沿技术为支撑，对桥梁监管系统进行迭代升级，创新探索建立桥梁健康数据模型、桥梁健康状态分析算法等智能化要素，实现全市范围内桥梁安全数字化监管全覆盖，搭建了以桥梁安全实时监管为核心、桥梁信息化管理为基础、科学智能决策为辅助的高度集约化的城市级桥群信息化监管平台。

（2）建设内容

1）桥梁安全运行全时段智能监测：利用物联网技术，对城市特大桥及特殊结构重点城市桥梁进行24小时集中在线监测，实时采集与桥梁安全运行相关的关键结构数据、荷载响应数据以及周边环境数据等，智能"感知"桥梁健康状况，形成巡查、检测、监测一体化的桥梁健康状况综合评价模式。对影响桥梁运行的车船撞击、超载超限等较为突出的安全风险问题，通过车辆动态称重检测、智能图像识别、红外感应、雷达等多源监测新技术，创新开展车辆荷载动态称重检测抓拍、桥梁匝道防倾覆监测以及水上区域防撞预警等智能监测子系统的建设应用，补强设施运行重要安全风险点的专项监管手段，提升安全风险全方位预警防控能力。

2）应急指挥处置辅助决策：构建涵盖桥梁运行实时监测、视频安全实时监控、智能评估评价的桥梁监管应急调度中心，以城区全覆盖为目标配建应急保障基地，通过自建安全监控设施设备以及全市大数据的互通共享，24小时监控监测桥梁运行状态及运行环境情况，从而在发生各类突发事件时，第一时间调取事件发生前后的监测数据，快速精准地分析评估桥梁健康状况，给出科学合理的决策建议，实现事件的快速响应处置。

3）集成式统一在线监管：构建全市级桥梁安全监测监管统一平台，形成市级、区（县、市）级等多层级养管监管体系。通过建立涵盖"建、管、养、查、评、修、研"的全生命周期桥梁电子化档案，建成全市桥梁"一桥一档"数字档案库，实现日常养护、设施检测、工程维修、应急处置等养管工作电子化、档案资料标准化的管理。通过规范明确单桥监测系统的建设及接入原则与标准，有效整合资源，将全市重点桥梁监测系统全部纳入平台集中运维及管理，推动全市重点城市桥梁监测系统的集中式应用管理，实现从分散管理到集中监管的变革，更加全面地掌握全市桥梁设施的总体状况。

4）建立管理+执法的联合管控机制：建立管理+非现场执法的联合管控机制，打通监管和执法的数据通道。针对目前较为突出的超载超限车辆违规过桥的问题，将通过配套子系统的建设应用，实现过桥车辆全天候不间断地称重检测，自动识别超限车辆总重、超限量、车牌号等关键信息，并通过照片及视频等形式固定证据形成有效证据链，向各区（县、市）综合行政执法部门推送开展非现场执法，强力提升桥梁运行安全治理能力。

（3）建设成效

宁波市城市桥梁监测管理平台（图5-6）的建成投用，有力地推动了城市桥梁养管模式的改革创新，提升了桥梁安全运行的保障能力，提高了桥梁管理的科学化、智能化水平。

1）填补桥梁安全智能监测领域空白：搭建桥梁安全运行智能监测平台，实现了对桥梁全方位安全智能监测。在桥梁关键结构监测方面，已覆盖桥梁主梁挠度、梁端位移监测等17类、1725个数据实时感知点，在桥梁重大安全运行风险智能监测方面，已覆盖超载超限、水上防撞预警等3项风险智能监测、235个数据实时感知点；在其他安全监控方面，已覆盖高架、大桥等各类点位580余个；在桥梁安全相关规范标准建

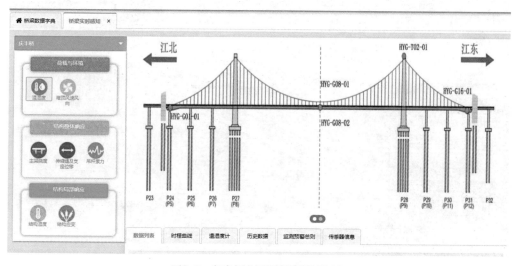

图5-6　宁波市城市桥梁监测管理平台

设方面，探索制定全国首个省级城市桥梁安全风险防范标准体系，牵头编制2个省级导则（《浙江省城市桥梁隧道运行安全风险防控导则（试行）》《城市桥梁隧道防灾与安全监测系统建设技术导则》）和1个省级标准（《浙江省城市桥梁隧道运行安全技术标准》），总结申报工艺工法专利近10项。

2）大幅提升应急响应处置时效：构建"一个平台、多点辐射"的总体布局，以平台实时监测监管功能应用为核心，全面配建应急保障基地。目前已在主城区布设8个24小时综合性监控应急保障点，初步形成30min应急保障体系，大幅提升应急处置时效。在2018年"4·16"外滩大桥船只卡桥事故的处置过程中，充分发挥出快速响应及智能辅助决策的功能作用，仅在事故发生后5小时就出具了桥梁安全分析评估报告，10小时就重新开放了交通，相较于需封桥数天的传统检测模式，该平台大幅缩短了桥梁封闭时间，更快地恢复交通通行，有效地提升了城市管理效能。

3）成功构建全市级桥梁监测监管集中平台：建立全市共享共用的城市级桥梁监测监管平台（图5-7），通过平台兼容接入的标准化和规范化，实现了对不同投资、建设、实施主体所建桥梁的集中监测监管。目前已初步建立1869座桥梁（覆盖率达88%）和170km高架桥梁的电子化健康档案，覆盖各类桥梁关键信息68项，初步实现全周期、信息化管理，实现了庆丰桥、明州大桥等16座重要城市桥梁的集中式结构在线监测，区（县、市）全面启动跨线跨河桥梁实时在线监测建设（24座），力争年底实现基本功能的应用覆盖，初步呈现"一个平台、共享共用"的全市桥梁养管总体布局。

图5-7 宁波城市桥梁安全监测驾驶舱

图5-8　桥梁超限检测实时抓拍系统

4）管理+非现场执法管控机制成效显著：依托桥梁监测管理平台，启用桥梁超限检测实时抓拍系统固定超限证据，创立超限车辆检测管理+非现场执法处罚的联合管控机制模式，于2021年12月下旬率先在庆丰桥应用场景建设中实现落地。目前累计检测过桥车辆353万辆，筛选审核移交超限违规过桥车辆273余辆次，桥梁超载超限势头得到有效遏制，尤其60t以上的严重超限车辆由月均55辆次下降至月均3.4辆次，下降率达93.8%，设施监管+非现场执法的管控治理成效显著（图5-8）。

5.2　城市管理类应用

5.2.1　市政公用

1．无锡市通信管廊设施监管实践案例

（1）项目概述

2020年，无锡市城管监督指挥中心共下派四大运营商通信设施类案卷9720件，月均件数为810件，85%的通信设施类工单需流转至多个运营商轮流判别确认，部分流转所有相关部门仍无人处理的案卷需联系各运营商进行现场确权（约43.09%），问题难以快速解决，处置效率极低且存在安全隐患。为守护市民"脚下安全"，打造城市最美"天际线"，无锡市城管监督指挥中心加强与无锡市通信行业协会共维管理办公室的工作协作，通过构建"政府+协会+企业"的共管共治新模式，在江苏省首创通信管廊设施"分区管理、智能交办"模式。

（2）建设内容

1）明确运营商处置责任：从2021年5月起，通信井盖、立杆、线缆等设施问题工单由电信、移动、联通、江苏有线四大通信运营商按"一点响应、一站式处理"的原则，全面承接分区管理区域范围内的工作，彻底解决通信管廊设施产权不清、责任不明、数字城管工单流转缓慢的全国共性问题，全面提升城市精细化管理水平。新机制正式实施后，无锡市数字城管工单再无因产权不明而推诿扯皮的现象。路面上破损移位的井盖，空中交错下垂的缆线，这些城市细微处的"小问题"，从此得到快速解决。

2）加强协会沟通协作：无锡市城管监督指挥中心于2021年4月下旬与无锡市通信协会加强沟通协作，建立通信管廊设施"分区管理、智能交办"模式。其中，无锡电信公司承接梁溪区、惠山区；无锡移动公司承接锡山区；无锡联通公司承接滨湖区、经开区；江苏有线无锡分公司承接新吴区。"分区运维"模式运营以后，经过试运行一段时间的磨合，现在的处置响应速度可以达到秒级。

3）强化智慧化应用：在推动管理机制创新的同时，无锡市城管监督指挥中心强化智慧城管应用创新，完善数据底座，有效支撑分区维护的实施。创建了分区维护图层，通过智慧城管智能派遣机器人，实现通信设施类问题自动交办，数字城管工单交办速度较之前提升了80%，大大缩短了处置时限，进一步提高了处置效率。

（3）建设成效

根据数字城管工单处置的统计数据，平台上线至2021年11月底以来，四大通信运营商共处置数字城管平台下派的通信设施类案卷15666件，其中主要涉及架空线缆类5905件，井盖类4508件，立杆类1109件，工单完成率达100%，自实行分区维护后即时处置率提高11%，11月当月按期结案率已达94.66%。

2．潍坊市智慧市政实践案例

（1）项目概述

潍坊市是国内公用事业改革较早的城市之一，供水、供气、供热、污水等公用事业全部实行市场化，充分的市场化加大了政府对产品及服务质量的监管难度。潍坊市以增强行业服务意识和政府监管能力为着力点，抓住关键环节，突破监管难题，将在线监测、物联网、大数据等智慧化监管手段运用到对公用产品质量的监督监控上，探索出一条公用事业在线监管的新路子。

（2）建设内容

潍坊智慧公用系统建设以公用行业部件事件数据库建设为基础，以公用行业服务质量标准为依据，以运行参数设置为重点，以现代物联网为主要手段，将现代信息技

术应用于公用产品质量监管中。系统建设方式方法主要包括以下几个方面。

1）精细普查，全面建档：将公用行业所有供热、供水、供气、污水处理等厂站及管网的所属区域、具体位置、设备情况、责任单位、责任人等信息进行了全面的普查和登记建档，在《数字化城市管理信息系统　第2部分：管理部件和事件》GB/T 30428.2—2013基础上，增加了市政公用产品质量部件事件1个大类和13个小类，并为每一个市政公用行业部件事件赋予了"身份证"代码，标注在GIS地图中，建设完整统一的智慧公用GIS信息数据库系统。

2）参照标准，定准参数：根据国家行业标准和市政行业运行实际，对公用产品有关质量指标都设定了一个行业技术参数及相应的标准要求，将所有信息和参数统一写入数字化指挥平台，作为智慧公用系统监测的基准。

3）制定规范，组建系统：为指导和规范智慧公用系统的建设，潍坊市专门编写《潍坊市公用产品质量在线监测系统导则》，组建包括无线数据采集系统、信息传输系统、数据分析系统等内容的智慧化系统。根据物理分离、逻辑集中的原则，统一集成到城市管理监督指挥平台，构建全时段、全覆盖、统一完整的市政公用事业管理"情报系统"和"指挥系统"。系统将采集到的数据实时传递到监督指挥中心，实施全天候实时监测监控。凡是指标出现异常的，如低于或高于预先设定的技术参数，系统会自动生成预警、报警，市指挥中心在第一时间发出指令，责任单位接到指令后及时予以处置，办结后回复指挥中心，由指挥中心将问题销号。

智慧供热子系统能够监测换热站的出水温度、回水温度、出水压力以及重点小区重点用户室内温度数据；智慧供水子系统监测自来水厂（出厂余氯、出厂浊度、出厂pH）和各压力监测点（水压）数据；智慧供气系统监测居民灶前压力数据；智慧污水子系统实时监测污水处理厂的进水COD、进水pH、进水瞬间流量、进水口流量累计、出水COD、出水NH_3-N、出水瞬间流量、出水累计流量等数据。

4）严格标准，严格考核：根据国家、省及市政公用行业服务标准，依托智慧城管平台系统精确客观的数据，制定出台《潍坊市城市管理工作考核实施细则》，将公用产品质量在线监测系统的报警情况、自动下发案件的处置情况作为考核的重要内容，纳入对各区、各街办以及各专业部门城市管理工作的考核评价中，并将考核结果作为市政府对考核部门、单位进行奖惩和干部选拔任用的重要依据。

（3）建设成效

潍坊智慧公用系统让政府部门监管市政公用服务质量有了工作抓手，使长期困扰城市管理工作的热点难点问题得到破解，使公用事业服务方式和服务水平实现了质的跃升。

1）管理效益。一是提升公用事业管理效率。系统为政府管理部门和市政公用单位提供了准确客观的生产运行管理依据，监管部门和公用单位足不出户即可掌握工作情况，提高了市政公用事业监管的效率，降低了管理成本。二是提升公用事业服务水平。系统使公用事业运行监管走上规范化、标准化的轨道，公用产品质量问题发现与处置更加及时、准确、客观和全面，大幅度提高了服务水平。三是提升公用事业从业人员的工作积极性和主动性。将智慧公用系统运行及报警情况作为对公用事业管理考核的重要指标，提升了管理和从业人员的工作积极性、主动性。四是提升公用事业应对和处置突发事件能力。系统使政府和相关单位能够准确、动态地掌握公用事业情况，提高了问题应对、发现和处置的效率。

2）社会效益。一是市民群众获得更优质的公用事业服务。以供热为例，在系统有效监控下，供热投诉率连年下降，连续三年依次下降了68.1%、28.7%和62.4%，供热服务质量大幅提升。二是使传统服务实现了优化升级。系统转变了公用行业传统的服务理念和方式，通过实时监测公用产品和质量相关指标，可以随时预判服务效果和了解用户潜在需求，实现了由被动受理市民需求转变为对客户的主动服务以及市政公用服务的优化升级。

3）经济效益。一是实现了大幅度节能降耗。系统通过对市政公用行业运行和服务指标的监测、采集和控制，实现了对公共资源使用效率的有效调控，从而达到节能降耗的目的。以供热为例，通过供热在线监测系统配合换热站自动控制系统，使供热能耗下降了10%。二是大幅度减少了从业人员数量。系统使市政公用行业的生产运行实现了自动化、可视化，从而大幅度减少了工作人员数量。以供热为例，工作人员降低为原来的3.3%。三是节约大量信息采集资金。系统将监测到的报警信息作为案件自动下发到相关部门处理，使数字化城管系统增加了新的问题发现途径，丰富了问题采集手段。截至目前，智慧公用在线监测系统共发现和受理问题21.8万件。

5.2.2 市容环卫

1. 徐州市环卫固废监管实践案例

（1）项目概述

为实现对徐州市固体废弃物全方位、多层次的立体式监控，将监管内容从结果延伸至过程，从表象深入到内在，提升环卫固废一体化监管能力及监管范围，更好地管理城市、服务群众，徐州市通过整合环卫市场化保洁监管平台，拓展建设环卫人员和车辆监督、作业考核、垃圾分类监督考核、环卫设施监管、固废管理案件一站式处理、固废作业质量现场稽查管理等系统，打通各业务环节数据的线上流转，完善徐州环卫固废全业务的信息化管理，打造形成"亮点突出、功能全面、高效实用、技术先进"的环卫固废一体化综合监管平台，建立全市固体废弃物综合管理体系，全面提升徐州固废监管水平。

（2）建设内容

1）加强资源整合和业务系统能力：充分利用现有的硬件资源、网络资源、业务系统资源，实现系统之间互联互通、资源共享、内外业务协同；实现各业务系统的接口对接，固定数据标准，建立环卫综合数据库。

2）强化监督和指挥能力：以环卫"一张图"（图5-9）和大数据看板为抓手，通过基础设施、环卫作业、垃圾分类、垃圾处理等系统建设，实时查看全市的环卫管理运行状况，在一张图上实现人、机可见，结合环卫汇集数据进行多维度分析，展示全市环卫业务的开展情况及趋势，有效强化环卫管理监督和指挥处置能力。

3）提升统计分析能力：通过建设环卫各业务的统计与分析模型，实现生活垃圾分类流向分析、案件高发热力图、清扫保洁热力图、道路作业完成率、垃圾处理完成指标等具体的统计分析与展示，通过对环卫综合数据的分析利用，为业务开展提供决策支撑，实现环卫的精细化管理。

4）实现固废作业全过程实时化、可视化监控及应急指挥调度：将所有环卫车辆全部纳入管理，包括机械化作业车、垃圾运输车、餐厨垃圾运输车、粪便运输车等，系统对车辆进行分类区分，也支持对不同管理部门的架构进行管理；通过网页和APP

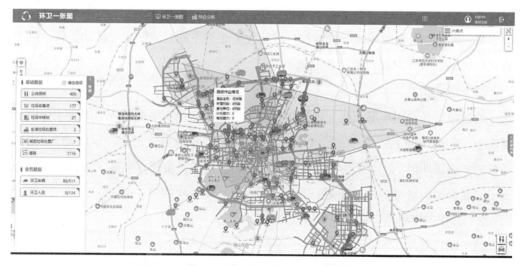

图5-9　徐州市智慧环卫"一张图"

图5-10 机械化作业车辆监控

对机械化作业车辆实时位置、状态、轨迹、里程、违规情况、质量、车速等信息进行综合监控（图5-10），对环卫作业人员位置、轨迹、作业时间等信息进行监管，并根据作业规则自动统计报表。

5）对接数字城管系统，实现考核全流程闭环：通过环卫考核终端APP，实现对环卫作业质量的考核、整改、反馈，系统根据考核结果自动统计各类报表；完成与数字城管系统的对接，将相关考核数据纳入监管系统进行统计分析，并实现考核任务的闭环处置。

6）构建环卫固废全移动办公平台：根据巡查人员、考核人员、管理员、领导、处置部门等不同角色、不同岗位的业务需求，建立全移动办公平台，实现对日常监管、案件处置、人员监控、车辆监控、设施及渣土等不同对象的实时移动监管，以大数据、5G等新技术赋能，推动基层减负。

（3）建设成效

通过建设并运用环卫固废一体化综合监管平台，徐州市增强了环卫固废工作的管理能力，实现了环卫固废作业资源的"一屏通揽"，指挥调度的"一键联动"，监督考核的"一图明晰"，让管理者和业务人员真正感受到了便捷，提高了工作效率，夯实了"联合国人居奖"这一殊荣，助力徐州人居环境再次提升。

2. 苏州市餐厨垃圾全过程监管实践案例

（1）项目概述

作为全国首批餐厨废弃物资源化利用和无害化处理试点城市，苏州市运用云计算和物联网技术打造餐厨垃圾全过程监管系统，对餐厨企业废弃物产生、运输、处置情况进行实时数据采集和监管。

（2）建设内容

1）垃圾收集监管：建立餐厨垃圾专用桶数据库，将具有防水功能的RFID标签嵌在餐厨垃圾桶上，RFID电子标签选用防拆卸标签。通过餐厨垃圾收集车安装车载称重系统以及固定式RFID终端，可读取标签中的相关信息，对产生单位进行"身份标识"，称重数据实时回传。

2）运输过程监管：采用餐厨垃圾密闭式专用车、便捷小车结合的方式进行餐厨垃圾的收运工作，餐厨车具有作业面大、作业地点不固定等特点，加强餐厨车的运行管理是餐厨车运行过程管理的重点内容。餐厨垃圾车辆管理基于GPS定位系统，可实时查看车辆当前的位置和走向。通过车辆与餐饮企业的信息绑定，可实时查看该车辆所负责的餐饮企业，包括名称、地址、上次收集时间、桶数、重量、履行情况等详细信息。

3）垃圾处置监管：收集量与进场量的核实、比较是衡量收集、运输工作是否达标的重要指标，除在车辆上安装车载称重设备外，在苏州洁净餐厨厂建立无人值守称重系统，进场餐厨垃圾车辆IC卡识别、自动称重、上报模式，保证监管单位实时、精确地掌控进场量和处置量数据。各产生单位收运量总和与抵达处置点称重数量不匹配时自动报警，有效防止收运过程掺水。建立餐厨处置场关键点位视频监控系统，包括进出场口、核心工艺、污染物排放口等，实现处置过程关键点的在线实时监控，保证操作的规范性。对餐厨处置废弃物（如废水、废气、废渣）COD等指标进行监测并自动采集，避免处置过程中排放不当造成二次污染，系统自动生成各种报表，支持决策。自动录入餐厨垃圾处置后的二次能源物质（如生物柴油、沼气等）产量数据，并记录产率、去向等相关信息。

4）餐饮企业管理：结合垃圾产生单位的详细信息和GIS地图，将餐饮企业直观地展示给操作者，操作者可以快速了解产生单位的分布信息，并可以通过地理位置快速找到想要查看的产生单位，并查看相应信息。对全市餐饮企业地理位置进行采集和在线标注，对餐饮企业主要信息进行地图显示，例如餐饮企业名称、地址、收集车辆、图片等。

5）决策支持管理：对餐厨垃圾收集量、处置量、二次产物产量、产率等过程数据等进行实时汇总和二次分析，快速汇总餐厨垃圾收运数据，通过柱状图、饼状图、曲线图等方式，直观展现餐厨垃圾整体收运的情况，实现智能化统计汇总功能。

6）公众服务管理：主要通过建立公众参与的统一渠道，便于公众实时掌握全市餐厨垃圾收集、运输和处置现状，同时可以在线举报身边如非法倒卖地沟油等违规行为，建立餐厨垃圾投诉举报机制，从而让公众更多地了解和参与到餐厨垃圾管理工作当中。

（3）建设成效

一是在产生方面，实现对产生点数据、产生点收运数据的精确管理；二是在运输方面，实现对运输车辆全过程作业的实时化监管，异常情况预警等；三是在终端处置监管方面，采用监控视频，对大门、地沟油卸料口、地沟残渣车间、计量地磅、投料口，污水处置设施、除臭设施等重要节点进行视频监控。苏州市每天集中收集并资源化利用和无害化处置的餐厨垃圾已经稳定达到350t，打破了传统餐厨监管"重后端轻前端"的模式，以餐厨垃圾处置全流程业务为基础，实现前端收集、运输中转、终端处置全过程的监管，保障垃圾收集到位，终端企业"吃得饱"。以信息平台作为餐厨监管的重要抓手，实现高位监管，确保全过程规范化，从源头遏制问题发生。引入公众参与，让公众成为苏州餐厨垃圾的监管主体，与产生单位形成良性互动，逐渐形成苏州特色的餐厨管理模式。

5.2.3 园林绿化

1. 沈阳市智慧公园实践案例

（1）项目概述

沈阳"好游园"场景结合大数据、GPS、GIS等技术手段，依托工作图层，对接智慧园林平台等基础信息平台。从管理人员、工作人员和市民游园角度出发，搭建公园应用场景。提高公园管养维护水平，增强市民整体游玩公园体验感，让决策者更好地了解民意民情，真正实现对城市公园管理的民有所呼、我有所应。

（2）建设内容

1）中屏端提升管理水平：场景中屏展示端，主要针对业务处室管理需求进行设计，分公园概况、问题统计、民意民情三个分屏进行展示，通过汇聚市民游园数据和公园管理信息，展示公园现状、市民关注热点、公园相关问题处置情况、热度公园排行、受欢迎公园排行、新建公园信息、公园辅助管理等各类指标，为业务部门管理和市民游园体验提供可视化支撑。

2）小屏端方便群众办事：场景小屏展示端包括驾驶舱、市民端和工作者端。驾驶舱通过接入市民端、工作端、智慧园林基础数据等相关统计后的数据，以表单查询、公园概况、问题统计、公园排名四个模块进行展现。市民端通过支撑市民去公园、市民找公园、市民逛公园、市民评公园的需求，提高游客的游玩体验。工作人员可通过移动端获取市民投诉案件信息（类别、位置、时间等）并快速进行处置，通过拍照的方式回传到数据处理中心完成结案。

3）大屏端提供决策依据：场景大屏展示端对市民游园咨询建议、问题投诉、高频搜索等信息进行汇聚，通过数据积累和分析，为公园管理、养护、规划提供科学的数据支撑，精确展示公园现状、市民关注热点、公园相关问题处置情况、公园热度排行、受欢迎公园排行、新建公园信息、公园辅助管理等各类指标80余项，实现"好游园"场景的多维度数据分析和展示，为日常管理提供更直观、更科学的数据支撑。

4）系统端夯实数据基础：通过建设"好游园"场景数据库，结合智慧园林平台已有的数据，利用大数据分析和云计算技术手段将数据采集、接入、汇总、清洗、分析、处理、统计。PC端数据库将采取接入市民端的浏览量、公园评论量、公园评分数据进行分析、统计并以柱状图图表、公园排行等形式展示出来（图5-11）。PC端数据库也将工作人员管理信息、视频实时监控信息、市民投诉问题、处置情况等数据进行分析、统计，可通过将数据接入智慧园林系统进行展示。系统端可对实时处置问题进行统计查看，使公园养护任务实现全市信息化管理，针对公园规划、公园维护形成相关管理档案，增强公园信息化管理能力。

（3）建设成效

沈阳"好游园"管理系统从市民游园角度出发，搭建市民端服务场景，实现找公园、去公园、逛公园、评公园的全环节赋能。提高市民整体游玩公园体验，加强市民

图5-11 沈阳"好游园"管理系统——大屏展示

和工作人员的交流，通过快速处置问题，更好地提升市民游玩公园的满意度。从市民对公园回馈评价角度出发，让决策者更好地了解民意民情，规划公园建设从而提升市民的满意度和幸福感。通过建立市区两级管理体系，完善公园管理数据，针对公园维护、公园养护、现场处置、公园规划等核心业务系统，实现了城市公园信息化管理。

2．漳州市古树名木监管实践案例

（1）项目概述

按照感知、分析、服务、指挥、监察"五位一体"的建设思路，漳州市构建了"一云、一库、一网、一平台、多应用"的智慧城管平台，同时针对古树名木的管理养护开发了专项应用系统，实现对古树养护的信息化全面支撑，积极推进古树名木智慧化应用，提高养护的整体效能，如图5-12所示。

（2）建设内容

1）夯实数据基础：通过园林数据普查，搭建古树名木基础数据库，给每棵古树名木生成唯一的二维码标识，公众通过扫描二维码了解古树属性和详情，巡查和养护人员可以通过扫描二维码上报古树问题和养护信息，从而有效提升公众使用体验和巡查养护人员工作效率。

2）加强物联感知：借助物联网及新技术给古树名木安装物联网传感器，并设定古树预警参数，一旦古树出现抖动、振动、倒伏、移位，传感器立即将信息传递给服务器平台，防止盗伐行为；同时，通过物联网设备及时掌握古树名木的生长情况及病害情况，以便第一时间进行预防处置。

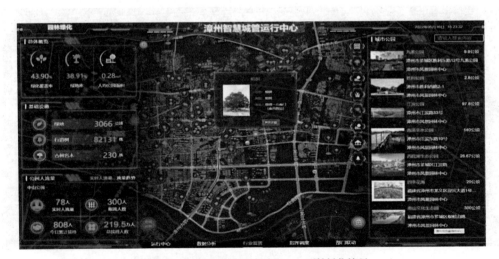

图5-12　漳州智慧城管运行中心——园林绿化管理

3）实行精细管理：根据养护单位和所负责的区域及标段信息，平台通过养护管理，可对古树名木制订不同周期的养护任务；在日常巡查中，巡查人员沿着固定路线进行道路巡查，发现古树名木的问题，通过移动端填写问题基本描述，并进行拍照、录音，将问题上报立案，并派遣到专业管养单位进行处置。

4）强化监督考核：平台通过对养护单位的考核管理，建立月度、季度和专项考核通报制度。园林绿化主管部门根据月度养护计划以及各单位上报完成情况，对养护日常工作进行检查，通过信息系统对考核任务进行评价，保证考核的公平公正。

（3）建设成效

目前已对漳州市区所有古树名木进行了普查、编号、登记，并定期巡查养护。在古树管养维护方面，以7个派驻的公园管理机构为单位进行公园、绿地巡查养护，人员以劳务派遣为主，负责日常巡检、养护、问题处置，对外包队伍的考核暂时没有信息化支撑。在巡查车辆管理方面，目前所属16辆车均已加装GPS定位系统，可实现车辆定位监控。总体而言，漳州市在园林信息化建设方面还有待提升。如在园林绿化及古树管理方面，需要建立网格化管养巡查、任务管理、人员监督考核；在对外服务方面，需将园林绿化及古树名木的相关数据、公园信息等通过APP或微信平台进行发布。

5.2.4　城管执法

1．天津市滨海新区行政执法监督实践案例

（1）项目概述

天津市滨海新区以"两个六"为目标，即实现"执法监督、执法协作、执法协调、执法动态、执法投诉、执法考核"六大功能，重点监督"行政处罚、行政许可、行政收费、行政强制、行政征收、行政检查"六类执法行为，以智慧滨海"三个一"（即一张政务网、一张基础地形图和一个政务云中心）为基础，依托原城市管理信息化系统，分步提升建设的集执法办案与执法监督为一体的行政执法监督平台。

（2）建设内容

1）执法监督

业务数据分类汇总：统一监管行政处罚、行政许可、行政收费、行政强制、行政征收、行政检查六类执法行为。实现对每一个执法主体、每一个执法人员、每一个执法案件的实时监督。依托平台的数据统计功能，分析每部法律法规的适用情况，每项执法职权的履职情况，从而为做出决策奠定基础。

执法现场实时监督：基于4G专网以及手持视频记录仪、动中通取证等硬件设备，可实时查看执法队员现场执法情况和车辆巡查情况；统一监督指挥执法现场活动，保障执法队员安全执法。

执法主体、人员实时监督：通过平台可实现对执法主体的执法队伍、执法案件、履行职权等基本情况进行监督，对执法人员每天巡查的轨迹、检查记录的上传、执法案件的办理等情况进行监督。实现监督到每个执法人员、每个执法主体，督促每个主体、每个人员依法履职、规范办案。

2）基于GIS地图宏观展示

结合滨海新区规划和国土资源管理局提供的基础地形图，可实现对每日在岗人员、每日上报案卷、每日在线视频等数据实时监控。按照执法程序可对案件进行分类查询，并形成热区分析图，统计辖区内的高发问题，为解决重点违法现象提供参考依据。

移动智能监管：借助移动互联网技术，结合滨海新区依法行政、执法监督的管理要求，实现在移动终端通过登录软件，能够实时监控每个执法主体的履职情况，查看每个案件的执法过程以及执法文书。

3）执法办案

执法文书电子化：平台开发建设了11套执法办案业务系统，即1套全市通用的街镇综合执法办案业务系统；1套国家发展改革委等多部门通用的执法办案业务系统；为业务部门"量身定做"安全生产、环境保护、市场监督管理、劳动保障、规划国土、房屋管理、建设交通、水务管理和文化市场综合执法9套专用执法办案业务系统；并将所有涉及的纸质文书配置生成电子文书，执法队员在办案过程中，只需填写案件的基本信息，就能实现执法文书信息的自动关联，提升执法办案工作的效率。

法律法规自动关联：平台制订标准化的法律法规编码体系，按照法律、行政法规、地方性法规、部门规章、政府规章等法律位阶对法律法规进行分类，为每一部法律法规的条、款、项、目编制唯一的代码，整理拆分形成执法事项（处罚案由）、违则（规范性条款）、罚则（处罚依据）等基本信息，并与权责清单相关联。

执法全过程记录：结合滨海新区各执法主体日常的执法办案流程，平台定制化开发各业务审批流程体系，实现执法队员通过系统办案，可对执法全过程的文字信息、音频信息、视频信息进行留存，结案后，可通过平台查看案件的办理过程，实现对案件的回溯管理。

执法办案移动化：该平台可实现在移动终端上报执法检查、宣传教育、简易程序、一般程序等案件信息，并可通过连接蓝牙打印机，现场打印简易处罚决定书、调查询问通知书等执法文书，全面提升执法效率。

4）法制业务

行政复议在线办理：建立行政复议电子化的执法文书，设计开发行政复议的业务审批流程，实现复议案件的在线办理、打印、归档等功能，并获取复议案件的统计事项，统一汇总到监督平台中，实现对行政复议案件办理全过程的记录。

行政应诉录入管理：建立行政应诉案件填报表单，通过填写行政应诉案件的基本信息，扫描相关的附件材料，实现对滨海新区行政应诉案件的归档、分类、统计等功能。

（3）建设成效

自滨海新区行政执法监督平台2015年11月上线试运行以来，全区18个街镇、所有委局执法平台已实现全部正式运行。共梳理975部法律法规规章，归纳整理14109个行政处罚事项（案由），归集10172条行政处罚信息、137097条行政检查信息，逐一核对全区各执法部门的4180名执法人员的基本信息，强化对行政执法人员的动态管理，为全面落实"三项制度"打下了坚实基础。

2．北海市创新"门前三包"智慧执法模式

（1）项目概述

2016年底，北海市人民政府印发《北海市市容环境卫生"门前三包"责任制管理办法》《北海市市容环境卫生"门前三包"责任制考核办法》，"门前三包"作为市容环境改善的关键因素，也被纳入了综合行政执法局的重点工作，市综合行政执法局以侨港镇侨港北一路、靖安路作为试点，开启了"门前三包"智慧执法模式。要求商户、物业等责任单位自觉落实"门前三包"，督促游客、住户、群众自觉遵守市容市貌秩序。

（2）建设内容

1）形成"一门一档"基础数据库。在采集和更新社会主体信息的同时，通过与社会主体签订"门前三包"责任书，形成"一门一档"社会主体基础数据库，做到数据无遗漏、无错误、勤更新。

2）制作"门前三包"责任牌，从源头约束社会主体履行责任。为提高精细化管理水平，在系统中生成"门前三包"责任牌作为社会主体的"身份证"二维码，并按规定尺寸张贴在相应位置，执法人员在日常巡查过程中发现问题后，只需扫描责任牌上的二维码即可进行上报，也可进行清单式的执法检查，从而提升问题及时上报和执法检查工作效率。

3）采用社会主体动态三色预警转换管控机制，提高精准治理水平。以积分制+动态三色转换机制的执法巡查模式为抓手，对社会主体实施常态化的巡查工作，使执法人员准确发现重点，变盲目巡查为有序监管，实现精确监控；通过对社会主体设定初始管控分值，以及分值区间和对应的巡查频率，同时制订"门前三包"检查清单以及扣分规则，使执法人员在执法检查过程中，可以针对问题对社会主体进行扣分，分值低的社会主体应加强巡查频率，对于屡教不改、分值扣到一定程度的社会主体，可直接转入执法流程，从而有效敦促执法人员按时办案，提升执法办案效率和市民服务满意度。

4）常态化监督考核机制，以考核促成效。通过构建执法人员和社会主体的考核机制，制定考核标准，可从管理部门对"门前三包"主体的检查机制建设情况、检查效果情况、执法人员日常勤务情况等方面构建考核指标体系，通过常态化的监督考核机制，促进"门前三包"管理水平的提质增效。

（3）建设成效

北海市"门前三包"智慧监管系统启用以来，发放安装22580个"门前三包"证照牌，已初步形成常态化检查及红黄绿三色预警的社会主体管控模式，商户、物业等责任单位纷纷自觉落实"门前三包"，并督促游客、住户、群众自觉遵守市容市貌秩序。有些商户为缓解街道停放车辆的压力，在确保交通安全和通畅基础上，主动施划门前非机动车停车位。该平台自正式上线以来取得显著成效，得到了中央编办和自治区编办的充分肯定，荣登自治区2020年"美丽广西·宜居城市"奖补项目榜。

5.3　公众服务类应用

5.3.1　政务服务便民热线

1. 北京市12345"接诉即办"

（1）项目概述

北京市把12345热线市民反映诉求"接诉即办"工作（图5-13）作为深化"街乡吹哨、部门报到"改革的总牵引，坚持党建引领，建立基层治理的应急机制、服务群众的响应机制、打通抓落实"最后一公里"工作机制。

（2）建设内容

北京市将大数据、人工智能等技术运用至12345热线建设，通过对市民诉求展开

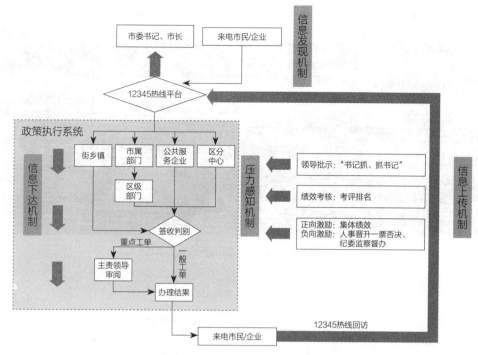

图5-13 北京市12345热线"接诉即办"工作机制

大数据分析，感知社情民意并辅助政府决策。同时以数字技术为载体，基于海量的市民诉求数据，更及时、更精准地感知城市运行，打通民众诉求与政府决策的通道。

1）一个小组抓统筹。设立"接诉即办"改革专项小组，负责全市"接诉即办"改革工作的顶层设计、统筹谋划、整体推进，实现了面上工作整体推动，重点问题挂账督办，共性问题一揽子攻坚。

2）一条热线听诉求。建立全市统一的12345市民服务热线受理平台（图5-14），将全市338个街乡镇、16个区、有关市级部门和公共服务企业全部接入，同时开通"12345网上接诉即办"平台，上线运行"北京市12345"微信小程序，建设并完善涵盖"人民网"地方领导留言板、国家政务服务投诉与建议微信小程序、国务院"互联网+督查"平台、政务微博、政务头条号、手机APP的统一互联网工作平台，实现对社情民意的全渠道、全时段、全方位响应。

3）一张派单管到底。对于群众诉求实施"首派负责"制，及时就地解决民众诉求；对于复杂问题，启动"吹哨报到"机制，调动相关部门力量共同研究解决。此外，对每件诉求办理情况点对点向群众反馈，形成接诉、办理、督办、反馈、评价的闭环运行机制，做到"事事有回音、件件有落实、效果有反馈"。

图5-14　北京市12345市民热线服务中心

4）一份卷子压责任。建立以接诉响应率、问题解决率和群众满意率为基本指标的"三率"考评机制，并通报排名。此外，创建监测评价指标体系，综合评价相关领域发展和"接诉即办"情况。

5）一套机制促提升。持续推动超大城市治理向精细化、智慧化转型。建立"日通报、周汇总、月分析"机制，为市委市政府决策提供支撑。建设以诉求量分析、类别分析、地域分析、考核排名、城市问题台账为主要内容的大数据分析决策平台，实现全市热线受理数据的统一汇总和深度分析运用。

（3）建设成效

北京市将"接诉即办"作为"我为群众办实事"实践活动的重要抓手，通过大数据汇聚分析，"算"出百姓"吐槽"最集中的民生问题，开展"每月一题"专项治理，推动12345市民服务热线从服务平台向民生大数据平台、城市治理平台升级，使城市治理更加主动智能、精细精准。此外，北京市朝阳区通过建立群体性诉求快速响应机制，从多维度数据分析、量化的人工智能、实时的指尖决策等方面，深入分析研究消费类企业、网贷企业、教育机构、物业公司、建筑工地等社会主体，通过职能部门加强行业监管，督促社会主体履行社会职责，抓住一类主体，解决一批诉求，向"未诉先办"转变，撬动社会治理变革，更好地为民谋福祉。石景山区坚持问题导向，以创城促接诉即办、以接诉即办助创城，积极在"热线+网格"融合发展中进行探索创新，打造快速反应、处置高效的"热线+网格"融合平台，探索建立自治、共治、法治三级治理体系。

2. 漳州市12319城管服务热线

（1）项目概述

2014年，漳州数字城管系统平台投入运行，同时配套开通12319城管服务热线，配备坐席员确保热线24小时在线，统一受理群众关于城市事部件问题投诉举报。服务热线开通以来，共受理35985件各类城市管理案件。据了解，目前福建全省12319城管服务热线仅漳州独立运行，其余地市均与12345政府服务热线合并运行，全省有6个地市开通城管微信公众服务号，均设有问题上报功能方便群众通过微信进行投诉举报。

（2）建设内容

1）案件来源途径

漳州智慧城管平台采取"信息采集+监督受理"形式，拓宽城市事部件问题归集通道，除信息采集、专项普查、视频监控三条主动式采集渠道外，通过12319热线平台、微信公众号、舆情监控、信访举报、媒体曝光、领导批示、部门转办等被动式受理渠道，形成"喇叭形收集、漏斗式派遣"系统化问题网罗机制。

2）受理转办流程（图5-15）

一是快速受理转办。平台配备20名坐席员，分为话务组和受理派遣组，确保12319热线24小时"在线"。对社会公众投诉举报案件，平台要求信息采集员迅速核

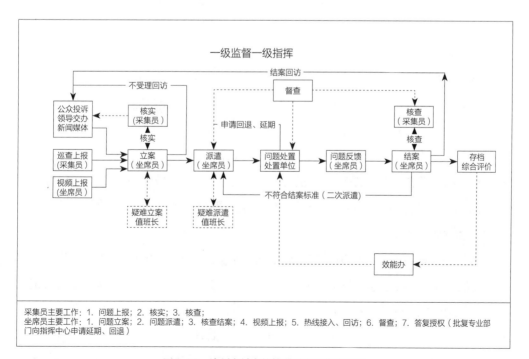

图5-15　漳州市城市综管服平台工作流程图

实现场情况，坐席员通过"电话转办+系统派遣"形式，电话转办15分钟内完成，立案派遣30分钟内跟进的"即时转办"制度，将案件迅速派往相关处置单位，处置单位处置完毕后，通过系统批转反馈，信息采集员现场核查，已处置案件办结，若案件未处置将再次派往相关处置单位，超时、返工纳入处置单位绩效评价扣分。二是反馈跟踪机制。按照"接报畅通、立案精准、派遣高效、处置达标"的目标要求，建立"案件到岗、责任到人、跟踪到位"的责任机制。对突发事件或安全隐患的急要件，按照"当班负责到底，处置跟踪到位"的原则，启动"一转二报三跟踪"的应急响应，即5分钟内完成转办派遣，10分钟内报告带班领导，30分钟跟踪一次现场情况，直至事件处置完毕、核查结案为止。三是积案定期清理。对超期未处置或处置无反馈等沉淀在信息系统平台中，不能如期结案的陈旧积案，按照"系统催告+电话催办+短信催促"的督办方式，开展"温馨提醒、适时催办、跟踪到底"的主动式追踪服务，进行"周清月结"，力求"案不过期"，实现"月无积案，案无跨月"的高位监管目标。

3）接诉规范要求

施行"接挂电话礼仪化、接诉询问规范化、接报记录格式化、接受监督机制化"的"四化"规范程序。一是按照"庄肃接机、肃静接听"原则规范话务行为。热线电话在铃响三声前必须接机，对方收线后方可挂机；实行"耐心听取倾诉、细心询问记录、诚心受理转办、用心跟踪落实、热心反馈回访"的"五心并用"标准化服务。二是按照"置一册、填一表、备三查"原则规范话务记录。"置一册"，即设置12319服务热线《值勤日志》，由值班人员记录当班值勤概况、高发问题提醒、尚需续办案件（特别是"急要件"）、设备运行情况、重要来文来电，以及其他重要信息的移交；"填一表"，即每月归类汇总《接报件登记表》；"备三查"，指做好投诉举报件的电脑录入和纸质登记，确保应对"公众质疑查询有记录、效能投诉查阅有依据、案件评审查调有档案"。三是每月组织坐席员业务考试。施行"考试定期化、考卷题库化、考分绩效化"管理模式，不断提升坐席员业务能力。执行"工号管理+话务录音+绩效评价+公众满意度调查"的"四项监督"规定，提升平台服务水平。

4）绩效评价机制

一是完善绩效评价，实施高位监管。开展智慧城管绩效评价，将市政、园林、环卫等处置部门纳入城市综合管理，建立沟通快捷、分工明确、反应快速、处置及时、运转高效的处置机制，提升平台案件处置效率。每月将《智慧城管绩效评价报告》印发各处置单位，并通过漳州电视台、《闽南日报》向社会公布。年度智慧城管绩效评价报告提交市效能办、市文明办，及芗城、龙文两区政府，高新区管委会，纳入政府绩效考核、文明单位等评先评优、效能建设问责等运用范围，确保处置部门履职担当到位。二是开展坐席员绩效评价。每月编发坐席员绩效评价报告，以绩效考评为抓手，不断提升坐席员业务能力和综合素质。

5.3.2 便民在线服务

1. 成都"蓉城政事"

（1）项目概述

成都市12345公众服务号管理机构为成都市政府网络理政办。自1988年成都市市长公开电话设立以来，经过30多年的发展，规模已逐渐扩大，功能也不断完善，至今已发展为集市委书记信箱及市、区（市）县、乡镇（街道）2300多个政府领导网络信箱、12345市长公开电话、服务企业信箱于一体的成都市网络理政公众服务平台。

成都市坚持把网络理政作为贯彻落实习近平总书记系列重要讲话精神的重要举措，作为新时代领导干部践行网上群众路线的重要载体，作为创新"互联网+政务服务"的重要抓手，借助互联网扁平化、交互式、快捷性优势，通过开展系统升级改造、接听业务外包、服务热线整合、社会诉求平台优化、运行机制建设等工作，不断提升服务群众的水平和能力，积极推进政府决策科学化、社会治理精细化、公共服务高效化。

（2）建设内容

1）公众服务号服务范围和承载功能

按照成都市关于全面推进网络理政工作的决策部署，2016年10月市委书记信箱和市政府网络理政社会诉求平台建设启动，并于2016年12月30日上线试运行。目前已全面建成集市、区（市）县、乡镇（街道）2399个领导网络信箱于一体的成都市网络理政社会诉求平台，同时将原先相对分散的市长公开电话、市级部门热线电话、市长信箱、市级部门信箱、区（市）县信箱、乡镇（街道）信箱进行深度整合，纳入全市统一的网络理政社会诉求平台，建成全市统一的民生诉求受理平台，实现了受理平台、办理系统、工作标准、办理流程、考核监督、数据共享"六个统一"。一是率先推出网络理政社会诉求平台移动客户端市民版和各级政府领导理政版，市民可通过市民版反映、投诉、建议、咨询自身诉求和实名查询政府、公共企事业单位、公民个人等信息，政府领导可通过理政版查看市民诉求和对市民诉求进行直接回复办理。二是在"一号通"基础上推进"一网通""一键通"建设，实现民生诉求与部分中央、省驻蓉单位、企业的"一网通"，与市级水、气、公交、地铁等公共服务热线的"一键通"，构建起市、区（市）县、乡镇（街道）和市级公共服务单位、中央及省驻蓉公共服务机构办理体系。三是制定成都市网络理政工作系列制度，完善"受理、审核、转办、沟通、办理、反馈、回访、办结、归档"全流程、闭合式的民生诉求办理工作机制，让民生诉求事事有着落、件件有答复。

2）公众服务号运行机制

为全面规范网络理政社会诉求平台服务群众和企业的行为，建立健全了高效、快捷的来电来信办理机制。一是建立健全制度体系。市长公开电话建立了24小时受理制、限时办结制、定期通报制、网上公开制、约谈协调制、重点诉求专报制等制度，2018年8月出台《成都市人民政府办公厅关于进一步加强网络理政工作的实施意见》，2019年7月市委、市政府办公厅联合印发了《中共成都市委书记信箱工作办法》，2019年8月成都市人民政府办公厅印发了《成都市网络理政工作办法》，内容全面涵盖受理、转办、承办、监督、考核等各环节。书记信箱和网络理政两个工作办法，加强网络理政工作一个实施意见，以及市网络理政办建立的工单直派、公开监督、回访沟通、接转联动、紧急联办、联动督查、通报考核、协调处置、学习培训、舆情预警十大工作机制，形成了"2+1+10"工作制度体系。二是优化办理流程。建设基层单位直派系统，优化工单转办流程，推行民生诉求工单直派工商、城管、食药监、旅游等系统的基层单位，市民诉求可第一时间直达区（市）县执法机构。三是建立疑难问题协调机制。针对涉及部门职责不清、职能交叉的群众诉求，积极争取市委编办的支持，由市委编办行文明确部门职责边界，切实减少推诿扯皮现象。四是建立常见、突发问题常态化回应解读机制。针对群众关注度较高的常见、突发问题，新出台的政策法规，建立网络理政社会诉求平台收集整理、部门回应解读、传统媒体与新媒体同步推送相结合的回应解读联动机制。五是完善通报和公开机制。每日梳理"紧急联系办理诉求"，筛选5—6条，形成网络理政汇报；每周依据市委市政府重点工作和社会热点关注，以成都市网络理政社会诉求平台诉求数据为基础，持续开展舆情数据分析工作，及时研判潜在性、苗头性、趋势性问题，每周编写《网络理政舆情专报》；每月进行大数据分析，按月编印中共成都市委书记信箱群众来信综合分析报告和成都市网络理政社会诉求平台运行分析报告，重点从热点问题分析和对策建议、建议参考采纳情况等方面着手；每季度对热点问题进行深度分析，筛选当季热点问题形成季度专题报告；在网上实时公开网络理政社会诉求平台每月运行情况分析报告，真情面对、民生聚焦、企业直通节目开展情况及区（市）县第三方评议开展情况等。

3）建立内外部监督管理运行机制

以群众满意不满意作为衡量工作的标准，将工作过程、工作成效的监督权、评判权交给群众，全流程公开群众诉求办理情况，接受社会监督。一是向反映问题的群众公开。群众来电来信后，通过对应流水号和提取码，可随时在网上查阅办理过程和办理结果，并作出满意度评价。二是向社会公开。将群众来电来信数量、办理量、超期未复量，以及群众对市级部门和区（市）县办理情况的满意率，在网上向社会公开。同时，根据群众意愿，对于不涉及国家安全、公共安全、经济安全、社会稳定及国家秘密、商业秘密和个人隐私的群众来电来信，将反映内容、办理过程和办理结果在网上全流程公开。三是开展绩效考评。从群众来电来信及其办理情况的角度，对承办单位进行行政效能评价和排名，客观反映各区（市）县和市级部门履行职能情况，将市长公开电话办理工作纳入目标绩效考评体系，对区（市）县和市级部门进行年度目标绩效考评，提升区（市）县和市级部门办理效率。四是拓展"网络理政+"范围，完善联动监督机制。积极开展"媒体监督+监察问责+公益诉讼"等多位一体效能监督。①对群众关注的热点和焦点，依托"蓉城政事"等新媒体推出民情12345、民生回音壁等节目，采取媒体跟踪等形式倒逼各级各部门直面问题，主动回应。②完善与纪委监察部门联动机制，将各级各部门关于社会诉求的办理情况，适时共享给市纪委监委，纳入巡察。2020年，向纪检监察部门推送4.4万余条12345民生诉求数据，成为各级巡查巡视发现问题线索的重要渠道。③建立与市检察院公益诉讼协同机制，对涉及生态环境和资源保护、食品药品安全等公益诉讼领域的诉求，与市检察院实施信息无缝对接和适时共享，由市检察院甄别后，采取诉前建议或提起公益诉讼的方式，推动问题解决。2020年，检察院通过12345收集153件核实线索，立案办理122件行政公益诉讼案件，提出120件诉前检察建议，行政机关回复整改113件。

（3）建设成效

1）受理办理

仅2020年，共受理群众来电来信466.38万件（同比增加37.61个百分点），诉求解决率93.41%（同比上升5.58个百分点），群众满意率94.94%（同比上升2.75个百分点），平均回复周期3.87个工作日（同比缩短0.50个工作日），详见图5-16和图5-17。

通过分析，群众来电来信反映的问题主要集中在城乡建设、劳动和社会保障、商贸旅游、环境保护、交通运输、政法等领域，这几类问题占全部问题的70%以上，基本与成都的城市发展进程相吻合。

目前，日均受理来电来信1.6万件，诉求解决率和群众满意率均在90%以上。

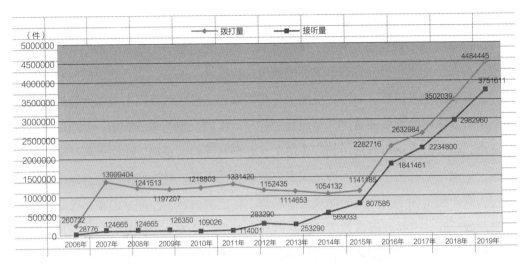

图5-16 2006年以来市长公开电话拨打量及接听量

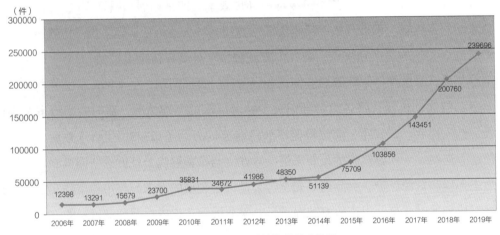

图5-17 2006年以来市长信箱来信量

2）数据应用

运用数据智能挖掘、描述统计、地理信息系统时空分析等现代技术方法对群众来电来信进行大数据分析，形成月度、季度、年度综合分析报告，并将市民建议汇编成市长公开电话、市长信箱市民建议集锦，通过大量的数据分析研究，研判社情民意的动向，为市、区（市）县政府及其部门加强管理、优化服务、补齐短板、科学决策提供参考。

2．青岛"点·靓青岛"

（1）项目概述

为方便广大群众参与城市管理和综合行政执法工作，及时有效解决市民关注的城市管理领域热点难点问题，推动全社会和多主体参与城市管理，青岛开发建设了"点·靓青岛"微信小程序（图5-18），设置了城管问题上报、便民服务查询、商户信息发布3大类、14个模块。

（2）建设内容

1）构建城管问题上报渠道，破解"参与难"。"我拍我城"模块主要用于市民上报身边所发生的城市管理问题，市民可对发现的问题进行文字描述，实时上传问题图片、视频或语音，并通过数字化系统进行流转处置和评价。为了提升市民参与城市管理的积极性，设置了"有奖随手拍"模块，对ABCD的4大类、12小类城市管理问题按照层级进行有奖举报。该功能上线以来，月均收集有奖举报案件4000余件，发放奖励资金近2万元。市民可依托"城管金点子"模块，对城市管理所涉及的环境卫生、垃圾分类、市容景观、广告亮化、综合执法、城市供热燃气等各个领域提出意见建议，城市管理部门将会及时收集市民提出的"金点子"，并作出相应回复。

2）构建便民服务查询渠道，破解"查询难"。"供气供热服务"模块为市民群众提供供气供热站点的联系方式、地址等信息的查询功能，并能够向群众提供站点导航功能。"落叶缓扫地图"查询模块主要是发布秋天落叶缓扫道路和区域，实现秋叶

图5-18　"点·靓青岛"微信有奖随手拍

美景的精准查找。"公厕查询"模块，主要是与高德地图合作，在高德地图上标注全市2000余处公厕的位置信息、开放时间、星级状况等，并制作公厕二维码。"亮化时间"发布和"海水浴场服务"发布，主要是向市民群众及游客提供亮化时间信息、青岛市主要海水浴场基本信息、海洋局数据、气象数据等，形成海水浴场导览等。同时，及时发布热点问题、生活垃圾分类知识、城市管理工作标准，方便市民查阅。

3）构建商户信息发布渠道，破解"管理难"。"家政服务"模块：在公众服务应用场景中建立的开换锁、修理上下水等家政服务类信息查询模块，为商户提供信息发布的便捷平台，实现服务与管理工作的双赢。

"秀摊"模块：汇聚全市摊点群、摊位、流动商贩信息，建立起全市便民摊点信息数据库，实现便民摊位信息主动发布、商贩信息精准查询、店铺责任区域管理。

"门头招牌前置服务"模块：明确门头招牌相关规范要求，为商户提供招牌安装等相关咨询，设立"店招设计助手"和"广告招牌前置服务登记"模块，为商户提供指导等相关服务。

5.4 综合评价类应用

5.4.1 城市运行管理服务综合评价

1. 青岛市开展第三方评价工作实践

（1）工作背景

2020年8月，为贯彻落实住房和城乡建设部领导听取城市运管服平台综合评价工作汇报时的指示要求，住房和城乡建设部城管监督局组织第三方机构对青岛市围绕"干净""整洁""有序""安全""群众满意"5大核心目标，聚焦城市"六乱"和"出行安全"等方面问题，开展第三方试评价工作。期间，工作组依据城市运行管理服务评价指标体系，通过平台上报、实地考察、问卷调查等方式对青岛的城市精细化管理水平进行综合评价。

（2）主要做法

第三方试评价工作组在进行平台上报、实地考察、问卷调查基础上，充分运用遥感、大数据等技术手段获取指标数据，增强综合评价的科学性、客观性、公正性。通过对66项评价指标数据逐项评价打分，查找城市存在的突出问题和短板。

1）平台上报类指标（41项）。主要从统计年鉴、政府年报、相关部门文件资料、工作台账、有关信息系统等途径获取指标数据，根据指标权重、打分参考值评价打分。

2）实地考察类指标（23项）。选取"评价网格"，对网格内涉及的城市"六乱"等要素赴现场实地检查，并辅以遥感、大数据等技术手段对评价网格内未检查到的要素采用"评价点位"抽样的形式进行评价。

①"评价网格"及"评价点位"选取：分别从青岛市建成区范围内的"城市核心区域、人流密集区域、商业区、重点旅游景区等区域（A类）""一般城区（B类）""城乡接合部、集中连片的老城区等区域（C类）"各抽取2个评价网格，共计6个评价网格，青岛市评价网格选取情况如图5-19所示。对评价网格中包含的所有需现场检查的指标进行现场检查工作。同时，对评价网格中没有包含的现场检查指标进行专项检查工作，结合此次青岛市试评价工作，分别抽取1个火车站、1个长途汽车站、2个便民摊点规划区、2条河流、2个农贸市场进行专项评价。

②实地考察原则：抽取的评价网格中应包含实地考察类指标所包含的全部样本要素（样本点），对评价网格未包含的检查内容，补充抽取相应评价点位，进行专项检查；原则上全部覆盖评价网格内的城市"六乱"等检查事项，同时要覆盖评价网格内主要公共活动空间，并留存问题点位现场照片或影像资料。

3）问卷调查类指标（2项）。借鉴中央广播电视总台、国家统计局"中国十大美好生活城市"问卷调查方法开展问卷调查，围绕"时代出卷，人民阅卷"这一核心，突出群众的获得感、幸福感和安全感，让群众用自己的感受评价城市，真正体现"人民群众满不满意、高不高兴"。拟通过火车乘务员、城市管理执法人员发放问卷和线上问卷2种方式进行，每个城市有效问卷调查总量不少于常住人口的1‰，其中线下不少于50%。

（3）评价结果

青岛市总体得分85.5分（总分120分）。其中干净类指标得分11.15分（总分19分），整洁类13.18分（总分18分），有序类27.05分（总分40分），安全类22.1分（总分25分），群众满意类12.02分（总分18分）。总体来看，安全类指标得分最高，干净类、有序类

A类区域网格示例

B类区域网格示例

C类区域网格示例

图5-19 青岛市评价网格划分

得分相对较低。

1）干净方面。干净类四级指标共12项，包含11项基础指标和1项提高性指标，总分值19分，青岛市得分11.15分。从平台上报类指标看，青岛市被扣分主要有以下原因：①《城市建设统计年鉴》中统计的"公厕数"仅为环卫行业公厕数量，导致该项指标未得分；②青岛市的道路清扫覆盖率和机械化清扫覆盖率均较低，导致这两项指标均未得分。从实地考察的情况看，青岛市道路干净、建构筑物立面完好，公共场所如车站、公厕等管理较好，但农贸市场周边较为混乱，内部环境秩序较差，同时建筑物外立面乱张贴现象较多。

2）整洁方面。整洁类四级指标共12项，包含9项基础性指标和3项提高性指标，总分值18分，青岛市得分13.18分。从平台上报类指标看，青岛市被扣分的原因主要是一等养护城镇道路占比较低，导致该项指标未得分。从实地考察类指标看，站亭设置规范，广告招牌基本完好，但行道树穴保洁不精细，裸土情况较为突出，老城区线缆垂落情况较为突出，同时青岛市的街道绿视率整体较低。

3）有序方面。有序类四级指标共18项，包含12项基础性指标和6项提高性指标，总分值40分，青岛市得分27.05分。从平台上报类指标看，青岛市因无非机动车道，导致"建成区慢行道密度"指标得分为0，同时停车位和小汽车保有量比例不足1，也是导致机动车乱停放的重要原因之一。从实地考察类指标看，城市核心区域、人流密集区域、商业区、重点旅游景区等区域和一般城区基本没有乱设摊点，私搭乱建、沿街晾晒情况，但城乡接合部有乱设摊点、私搭乱建和沿街晾晒情况，同时机动车占盲道、乱停乱放情况突出，非机动车问题主要集中于外卖人员非机动车停放。

4）安全方面。安全类四级指标共17项，包含15项基础性指标和2项提高性指标，总分值25分，青岛市得分22.1分。从平台上报类指标看，青岛市整体安全，主要扣分点是市区消防员人数比例不足。从实地考察类指标看，所检测的青岛市用户龙头水均合格。

5）群众满意方面。群众满意类四级指标共7项，均为基础性指标，总分值18分，青岛市得分12.02分。其中，"志愿者参与度"指标中因"有志愿者服务时间人数"未获取到，导致该项指标得分较低。

（4）应用成效

第三方评价工作组在青岛开展为期3天的评价工作，从5个方面的66个指标入手，对青岛的城市精细化管理水平进行了综合评价，下一步，青岛将从"抓重点、补短板""补齐各区城市管理差距"入手,进一步增强城市管理质量。在"抓重点、补短板"方面,从试评价的整体情况看,青岛市的农贸市场、绿化整洁、线缆垂落、机动车占盲道、乱停乱放等情况较为突出。建议青岛市坚持问题导向,将城市管理中的重点问题,如农贸市场的卫生问题、机动车非机动车的停放和行驶秩序问题等进行重点管控,提高城市管理水平。在"补齐各区城市管理差距"方面,从试评价的不同区域的评价网格来看,青岛市不同区域的管理水平和突出问题差距较大。城市核心区域、人流密集区域、商业区、重点旅游景区等区域的车辆停放和空中线缆问题最为突出,城乡接合部的行车秩序(尤其是非机动车)问题更为严重。

2.许昌市开展城市自评价工作实践

(1)工作背景

2020年6月,住房和城乡建设部城市管理监督局开展视频动员会,部署开展城市综合管理服务评价指标自评价工作。许昌市委、市政府高度重视,研究成立市级领导小组,以强有力的机制保障和密切的统筹协调,稳步推进自评价工作开展,研讨论证指标体系的科学性、适用性、可操作性。

(2)主要做法

为推动城市自评价工作开展,许昌市成立专门的城市自评价工作领导小组,建立以市城管局牵头协调、10个相关市直部门和各区政府积极配合的工作机制,严格按照综合评价要求,围绕"干净""整洁""有序""安全""群众满意"5大核心目标,采用平台上报、实地考察、问卷调查等数据采集方式,对许昌市涉及的54个基础性指标进行科学严谨的自我评测,发现问题短板,及时闭环整改,提升精细化管理水平。

1)平台上报类指标(34项)。通过查阅文档,调取统计年鉴、政府公报、部门信息化管理平台数据等,采用官方公布的权威数据对34项指标进行测算。

2)实地考察类指标(18项)。从许昌市建成区范围内的"城市核心区域、人流密集区域、商业区、重点旅游景区等区域(A类)""一般城区(B类)""城乡接合部、集中连片的老城区等区域(C类)"各抽取1个评价网格,共计3个评价网格(评价网格示例,如图5-20所示),同时根据评价网格内各项评价要素的考察情况,随机抽取2个农贸市场、1个长途汽车站进行专项考察。

3)问卷调查类指标(2项)。采取线上线下两种方式进行问卷调查,一方面基于数字化城市管理平台开发问卷调查小程序,并对外公布,面向全市居民进行问卷调查;另一方面,开展线下问卷调查活动,安排人员前往步行街、沿街店铺、商场、广

| A类区域网格示例 | B类区域网格示例 | C类区域网格示例 |

图5-20　许昌市评价网格划分

场游园、居民小区等地点，邀请不同的人群填写调查问卷，确保了问卷调查的覆盖面以及客观性和真实性。线上线下分别收集调查问卷551份和500份。

（3）评价结果

许昌市总体得分67.03分（总分100分）。其中，干净类指标得分12.63分（总分18分），整洁类10.97分（总分14分），有序类11.65分（总分28分），安全类17.5分（总分22分），群众满意类14.28分（总分18分）。总体来看，安全类指标得分最高，整洁类得分最低。

1）干净方面。干净类四级指标共11项，总分值18分，许昌市得分12.63分。从平台上报指标看，许昌市被扣分主要有以下原因：垃圾分类普及度还不高；虽然城市道路清扫覆盖率较高，但是机械化清扫率不高，需要提高机械化清扫占比，提高工作效率。从实地考察的情况看，许昌市繁华区域道路干净，建构筑物立面完好，公厕管理较好，设施齐备；但市容环卫责任制履行不佳，占道经营、乱堆放情况突出。

2）整洁方面。整洁类四级指标共9项，总分值14分，许昌市得分10.97分。从平台上报类指标看，许昌市在公园绿地、城市照明方面做得较好。从实地考察类指标看，站亭设置规范，广告招牌基本完好；但绿化带保洁问题较多，管理不精细，报刊亭超范围经营情况普遍，杆线存在私拉乱接问题，老城区内线缆低垂问题严重。

3）有序方面。有序类四级指标共12项，总分值28分，许昌市得分11.65分。从平台上报类指标看，因许昌市停车位数据涉及多个部门，只获取到部分数据，该项指标得分较低。从实地考察类指标看，繁华区和次繁华区无乱搭乱建情况，但人行道步行舒适性较差，配电箱设置在人行道中间，沿街晾挂衣物、树木悬挂线缆等问题较多，交通守法率扣分多，繁华区和次繁华区机动车、非机动车乱停放现象严重。

4）安全方面。安全类四级指标共15项，总分值22分，许昌市得分17.5分。从平台上报类指标看，许昌市整体安全主要有以下扣分点：①发生过1起较严重的"生命线"事故；②119平均到达时间数据未获取，该项指标记为0分。从实地考察类指标看，所检测的许昌市用户龙头水均合格。

5）群众满意方面。群众满意类四级指标共7项，总分值18分，许昌市得分14.28分。

（4）应用成效

在市级领导小组的带领下，许昌市严格按照评价工作要求，科学严谨地完成了54项指标的自评价工作。通过对各项指标的测算结果分析，结合许昌市的城市管理工作实际，下一步将从"抓重点、补短板""认清问题，各个击破"方面，查漏补缺，深化城市管理工作。在"抓重点、补短板"方面，从试评价的整体情况看，许昌市的繁华区和次繁华区的占道经营、乱堆乱放、线路低垂和车辆乱停放问题都比较严重。建议许昌市坚持问题导向，将城市管理中的重点问题，如占道经营、机动车非机动车的停放和行驶秩序问题等进行重点管控，提高城市管理水平。在"认清问题，各个击破"方面，从自评价的不同区域的评价网格来看，许昌市不同区域的管理水平和突出问题差距较大。繁华区的占道经营、线路低垂以及车辆乱停放问题最为严重，次繁华区次之，城乡接合部问题主要体现在道路垃圾等方面。需要根据不同问题进行靶向解决。

5.4.2 城市开展特色评价

1．杭州市建立城市环境"整洁指数"和"监管指数"评价机制

（1）工作背景

2008年起，杭州市提出打造"国内最清洁城市"，经过14年的实践和深入，杭州市在原"最清洁城市"基础上，以"绣花"功夫，全面提升城市洁化、序化、绿化、亮化和美化水平，全面规范建筑工地管理，提升人民群众的获得感和满意度。为激发各地各部门的工作积极性和主动性，每月对各地进行城市环境"整洁指数"排名，公布街道"洁美杯""优胜榜"和"警示榜"情况，定期对市级部门开展城市环境"监管指数"评价工作，健全长效制度，通过"以奖代补"等方式，有力推进"美丽杭州"建设。

（2）主要做法

1）城市环境"整洁指数"评比与"洁美杯"评选

在城市环境"整洁指数"测评过程中结合各区（县、市）特点及管控要求，将评价对象分为A、B两组，并以"整洁指数"为指标，评价各区、县（市）城市环境，实行正负面清单、"整洁指数"月排名、末位约谈等制度，形成多维度评价体系。

①正负面清单制度

对工作中涌现的城市环境治理特色亮点和先进典型，受到国家、省、市领导批示肯定或被省、国家主流媒体转发报道的，给予一定加分。对问题处置不力、工作落实不到位被市级及以上领导批示督办的，城市环境问题被媒体负面曝光的，社会反映强烈、造成不良影响的问题纳入负面清单进行扣分。

②城市环境"整洁指数"排名制度

a. 各地参照市评分标准，每月对辖区内街道（乡镇）进行检查，并将成绩排名及工作推进情况报送至市工作专班；专班根据各地报送情况和市级部门检查情况，综合折算城市环境"整洁指数"，对各区、县（市）及各街道（乡镇）进行排名，年度排名前列的区、县（市）将获得"环境优秀奖"。

b. 组织开展城市环境"洁美杯"示范街道创建活动，将每月成绩排名前20位及末5位的街道（乡镇）分别纳入"优胜榜"和"警示榜"，连续3个月或累计6个月位列"优胜榜"的街道（乡镇）将获得年度"洁美杯"。

③末位约谈制度

市工作专班每月对A、B两组月排名末位的单位进行约谈；定期对指导不力、监管不力、推动不力、成效不明显的市直部门进行约谈并通报。

2）城市环境"监管指数"评价

监管指数评价对象为市城管局、市建委、市住保房管局、市园林文物局、市交通运输局、市生态环境局、市公安局交警局，其评价内容为本部门与城市管理相关的责任事项。根据日常监管信息来源，评价指标分为四部分，分别为行业自查、数字城管、信访投诉、领导批示。总分为100分，其中行业自查占30分，数字城管占30分，信访投诉占20分，领导正面批示占10分，领导负面批示占10分。月度城市环境"监管指数"为四项月度评价得分之和；年度"监管指数"为月度"监管指数"的平均值。

每月成绩排名将形成工作专报上报市委、市政府，并纳入城管目标考核，实施负面清单管理。城市环境"整洁指数"排名情况将在《杭州日报》上公布，强化评价结果运用。

（3）工作成效

通过开展美丽杭州"城市环境大整治、城市面貌大提升"专项行动，对城市环境进行"整洁指数""监管指数"评价月度排名并登报发布，洁化、序化、绿化、亮化和美化水平显著提升。洁化管理覆盖率、公厕清洁度、道路清洁度、机扫率、新能源车辆新增占比、环卫作业市场化率等洁化主要指标持续高位运行；大面积卫生死角基本消除，保洁重点问题和绿化带垃圾问题大幅度下降。全力抓好中央生态环保督察整改，完成率90%以上。完成250个"污水零直排"生活小区创建，完成61条、137km市级美丽河道的创建验收，完成城市河道生态建设管理国家级标准化试点，率先通过全国城市黑臭水体整治督查。建立渣土消纳市域统筹保障机制，建成投运24个应急消纳保障场地，消纳容量1529万m³；市域调度渣土消纳1507余万m³，保障地铁等重点工程顺利推进。抓违建治理，完成全市所有住宅小区违建防控体系全覆盖，基本实现杭州市15个区（县市）无违建创建目标。

2．深圳市建立"环境卫生指数"评价机制

（1）工作背景

2016年，深圳市委、市政府提出率先打造"全国最干净城市"目标，制定《深圳市打造"全国最干净城市"三年行动计划（2017—2019）》，环境卫生指数测评，就是其中一项重要的工作措施，是确保辖区卫生干净、市容整洁、环境优美的重要手段。2017年1月起，深圳市开始组织实施环境卫生指数测评工作。以街道办管辖的地理范围为基本测评单位，对深圳市所有地理区域展开全方位、实时动态测评，以评促建、以评促改，采用现场考察和居民满意度调查的方式发现深圳市各区域在环境卫生方面存在的问题，并形成可量化的测评结果按月以排名方式公布，激活基层治理活力，调动基层各方合力，倒逼各级环卫管理者以指数发现问题为导向，建立完善环卫管理长效机制，推动全市环境卫生面貌不断改善。

（2）主要做法

2017年深圳在全国首创"环境卫生测评"机制，经过5年的实践和深入，环卫指数测评指标和测评方法日趋完善和优化，测评指标从最初的9大类考察场所考察内容拓展至12大类、200多项，测评样本点也从1万多个扩展到3万多个，每月抽查的考察点从2000多个提高到5000多个，测评过程不分特区内外，不分时间节点，实行"一个标准"，对全市所有地理区域全覆盖测评。

深圳市环卫指数模型构成为$X=A+B$，X为深圳市环境卫生指数，A为现场考察指数，B为居民满意度指数。环境卫生指数的测评方法如下。

现场考察指数A由每个街道采集12类场所的65个考察点的考察结果组成，占总得分的90%。以深圳市74个街道管辖的地理范围内12类场所（市政道路；住宅、工业区；城中村；集贸市场；广场公园；商业街；垃圾收集点；垃圾转运站；垃圾清运车；天桥通道；公共厕所；建筑工地）为测评对象，每个街道为一个独立的测评单位。每次测评每个街道考察65个测评点，包括4个市政道路考察点、4个住宅工业区考察点、10个城中村考察点、2个集贸市场考察点、2个广场公园考察点、2个商业街考察点、10个垃圾收集点考察点、6个垃圾转运站考察点、6个垃圾清运车辆考察点、2个天桥通道考察点、2个建筑工地考察点、15个公共厕所考察点，对所有抽样测评点进行随机排列和编号，依循科学抽样原则进行抽样，对抽样测评点进行客观现场测评，全市每月考察4810个测评点。每月抽样时，保持50%的点与前一个月的抽样点相同，同时更换50%的抽样点，其中上月考察得分最差的3个城中村、2个转运站和5个公共厕所，本月必检。这样既保证连续性，突出短板导向，减少因抽样误差带来的数据波动，又使得抽样考察的范围不断扩大。

居民满意度指数B根据调查每个街道100位居民对卫生环境的满意程度得出，占总得分的10%。采用实地问卷调查法，在每个街道进行问卷调查，以随机抽取路过行人的方式，访问居住在各街道的常住居民，对各类区域卫生环境等相关指标进行评价，每月每类区域有效调查25人，每个街道办每月合计调查100人，全市每月调查7400人。问卷调查采用五级量表，并根据回答情况折算分值，具体为"非常满意、比较满意、基本满意、比较不满意、非常不满意"。计算方法如下。

1）满意率：得分在基本满意及以上的选项占全部调查对象的百分比。

2）满意度：各街道有效调查的100人中，五级量表各选项折算分值的平均数。分值转换标准如下：

非常满意=100分；

比较满意=80分；

基本满意=60分；

比较不满意=30分；

非常不满意=0分。

此外，深圳市环卫指数模型涵盖报告期测评指数、进步指数。其中，报告期测评指数呈现当期的基本情况；进步指数呈现动态变化情况，进步指数基本模型为：进步指数=（报告期指数－前一期指数）/前一期指数×100。

深圳环卫指数测评坚持考察标准尽可能量化、客观评价。同时，坚持问题导向，一方面突出短板指标，如"路面暴露垃圾""垃圾满溢"等短板指标的分值权重更高；另一方面突出短板场所，上月得分最差的城中村、转运站和公厕次月必检，并单独发布城中村和公厕场所的环卫指数测评成绩。

为保证测评结果的公平公正，尽量减少人为主观因素，深圳市城管和综合执法局利用信息系统，实现环卫指数测评工作全流程信息化管理，测评全过程留痕。环卫指数测评委托第三方专业机构独立开展，所有机构均通过政府采购平台公开招标产生。严格管理人员，测评人员每天定时定点集合、统一出发，只携带工作手机，严禁携带私人通信设备。针对测评过程，实行两级监督，测评机构安排督导员随机抽查暗访，深圳市城管和综合执法局现场检查，实现测评质量和公正性双重监督。

深圳环卫指数测评不断与时俱进，测评方案每年都广泛征求各区各街道各行业意见。测评点由各街道自主申报、每月定期更新，市区城市管理和综合执法局汇总，在测评过程中不断完善补充、据实调整。

（3）工作成效

深圳市容环境发生"蝶变"，特别是原特区外区域的环境面貌有了翻天覆地的变化，垃圾收集点、集贸市场、公共厕所、城中村等严重影响环境卫生和市民感官的短板问题得到有效治理。原来遭人质疑的短板问题——公厕和城中村，其硬件设施和保洁水平显著改善，公厕由刚开始测评时的60.67分提升至93.29分，城中村也由79.05分提升至85.69分，成为城市的靓丽风景线。市民群众纷纷点赞，获得感、幸福感、满意度大大提升，市领导多次对环卫指数测评工作给予高度肯定。

经过多年的优化和完善，深圳环卫指数已成为深圳环境卫生管理的"指挥棒"，充分调动各区、各街道、各部门的工作积极性，也为环卫管理和决策提供科学的数据支撑。目前，深圳市环境卫生指数成绩由刚开始测评时的72.30分提高到了2021年10月的89.13分，市民对环境卫生的满意度由65.60分提高到了77.66分。实践证明，"环境卫生指数测评"是深圳城市管理科学化精细化智能化的创新探索，是深圳加快推动城市治理体系和治理能力现代化"深圳经验"的成功探索，为全国超大型城市治理提供了"样本"经验。

第6章

创新模式

6.1 推广模式

各省为加快推动全省城市运管服平台的建设都印发了《关于转发全面加快建设城市运行管理服务平台的通知》，并制定了全省城市运管服平台建设工作方案，明确了省级平台、市级平台的目标任务。此外，不少省份为促进省、市有关部门重视平台建设，努力将省级、市级城市运管服平台建设纳入省委、省政府或省住房和城乡建设厅的重点工作任务中，为积极推动省市两级城市运管服平台建设运行提供了重要依据。

1. 纳入城市更新任务

山西省在2022年省政府工作报告中，明确将"统筹推进省市两级城市运管服平台建设"纳入全省城市更新九项任务。河南省在《河南省人民政府关于印发河南省"十四五"城市更新和城乡人居环境建设规划的通知》中，明确提到"充分利用城市综合管理服务平台建设成果，加快建设城市运行管理服务平台，促进城市运行'一网统管'"。山东省在《山东省人民政府办公厅关于印发山东省城市更新行动实施方案的通知》中，明确提出在智慧化改造提升工程方面，"开展城市信息模型（CIM）平台和城市基础设施生命线安全工程建设，完善提升城市运行管理服务平台功能，2025年实现城市管理领域'一网统管'。"

2. 纳入数字经济建设任务

江西省在《江西省住房城乡建设领域推进数字经济"一号发展工程"实施意见》中，明确提到"到2025年底，全省城市运行管理服务平台基本建成，构建形成国家、省、市三级互联互通、数据共享、业务协同的城市运行管理服务体系"。

3. 纳入智慧城市建设任务

福建省在《福建省人民政府办公厅关于印发2023年数字福建工作要点的通知》中，明确提到"深化新型智慧城市建设。开展数字孪生城市建设和市政基础设施智慧化改造，加快"CIM+"应用及推广，推进省、市城市运行管理服务平台建设。"广东省在《广东省人民政府办公厅关于印发广东省数字政府改革建设2023年工作要点的通知》中，明确提出"持续深化智慧城市综合改革试点，推进城市运行管理服务平台和城市信息模型（CIM）基础平台建设，加快推动城市运行管理"一网统管"。推动智慧城市业务流程重塑和再造，强化智慧城市数据共享和融合利用，提升极端情况下城市智慧运营调度能力。"

4．纳入新型城镇化工作任务

湖北省在《湖北省发改委关于印发2022年全省新型城镇化和城乡融合发展工作要点的通知》中，明确提到"提升城市智慧化水平。加快5G、物联网、工业互联网等新型基础设施建设，推广建设集感知、分析、服务、智慧、检测等一体的智能化城市运行管理服务平台"。

5．纳入城市精细化管理工作

沈阳市为建立健全智能高效的城市管理体系，着力解决当前城市管理中存在的突出问题，实现城市精细化管理，于2016年印发《沈阳市人民政府关于印发沈阳市城市精细化管理实施方案的通知》，2021年印发《关于进一步加强城市精细化管理工作的实施方案》，成立沈阳市城市精细化管理工作领导小组，由市政府主要领导任组长、分管领导任副组长，相关市直部门和各区政府为成员单位，负责全面推进城市精细化管理工作。领导小组办公室设在市城市管理执法局。

沈阳市城市运行管理服务监督指挥机构，将以沈阳市城市管理综合行政执法局的组织机构和工作体系为基础，依托沈阳市城市精细化管理领导小组办公室，明确城市运行管理服务指挥工作牵头部门，加强城市运行管理服务指挥队伍建设，切实做好平台建设、运行、管理、维护和评价工作。

6.2　建设模式

城市运管服平台作为提升城市运行效率和风险防控水平的重要抓手，是支撑城市运行管理"一网统管"的信息化平台，现阶段，城市运管服平台以支撑城市运行安全、城市综合管理服务为主，随着"一网统管"体制机制逐步健全，不断丰富运行管理服务应用场景，再逐步向其他业务领域延伸拓展。所以，其建设模式将受到城市整体定位、地方特色、领域特点、当地条件、未来目标和施政理念等的影响。各地在创建城市运管服平台时，既要学习借鉴先进经验，更要立足现实，紧密结合本地特点，理性思考和科学创建，杜绝全盘复制照搬。因此，各地在建设时需要采取"一城一策，因地制宜"的策略，聚焦关键领域。要依据城市的战略定位，针对城市的行政级别、规模、职能部门设置具体情况，因地制宜地结合各地财政和信息化基础，按照急用先行原则，循序渐进推进平台迭代升级，打造具有地方特色、百花齐放的城市运行管理服务平台品牌。

1. 省级城市运管服平台建设模式

省级平台大部分是由住房和城乡建设厅领导/分管领导牵头、相关处室主要负责人和责任人参加的省级平台建设工作领导小组，负责省级、市级平台建设和联网工作统筹协调、指挥调度等，并指导市、县开展相关工作。实现对全省城市运行管理服务工作的业务指导、监督检查、监测分析和综合评价，统筹协调城市运管服平台建设运行中的重大事项，有序推进省级平台建设，加强运行和维护管理。构建形成国家、省、市三级互联互通、数据共享、业务协同的城市运行管理服务体系。明确省级城市运行管理服务监督工作牵头单位，配强专业技术团队负责省级平台日常运行维护工作，确保平台持续稳定运行。

典型案例：江苏省、浙江省、河南省、山西省、陕西省、青海省等。

2. 市、县（市、区）两级城市运行管理服务平台建设模式

市级平台大部分由市政府分管市长作为领导小组组长，市工信局、市财政局、市住房和城乡建设局、市城管局等市级相关部门作为成员单位。领导小组下设办公室在市城管局，由城管局局长任办公室主任。各成员单位要明确职责分工，并建立健全项目推进保障机制。

县（市、区）级城市运行管理服务平台建设工作领导小组，由各县（市、区）分管领导作为领导小组组长，全面负责本地城市运管服平台建设推进工作。由各县（市、区）城管部门牵头负责项目建设，具体相关参与配合单位（部门）由各县（市、区）根据实际情况设定，各县（市、区）相关单位（部门）积极配合。

系统构架选择主要是根据城市的经济水平和系统建设可支配资金来决定，总结其他城市经验，系统架构一般包括市和县（市、区）集中式一体化建设模式与市和县（市、区）分布式独立化建设模式两种。

（1）市和县（市、区）集中式一体化建设模式

"市和县（市、区）集中式一体化"建设模式，即县（市、区）共享市（地级市）级平台的系统及运行环境，在市（地级市）级应用系统的基础上进行扩展开发市、县级应用系统。

建设条件：市级城市运管服平台已完成建设或者市（地级市）经济条件欠佳，并且市（地级市）软硬件设备性能能够承载市、县（县级市）业务并发性要求。

建设内容：采用"集中式"模式部署，即县（市、区）共享市（地级市）级平台软、硬件资源，市、县（县级市）不需单独建设信息化机房、数据处理和存储设备、基础平台软件等系统运行环境，只需完成监督指挥大厅、大屏幕显示系统、坐席及配套设备、应用软件、"城管通"、数据普查的建设和采购工作。

适用范围：信息化基础设施薄弱的市（地级市）、县（市、区）城市运行管理服务平台建设。

建设特点：采用"市和县（市、区）集中式一体化"模式建设，建设周期短，资源利用率高，省、州（市）、县（市、区）三级平台信息共享更为容易，对县（市、区）技术队伍要求较低，运行维护难度较小。

典型案例：浙江省杭州市、浙江省宁波市、江西省宜春市、江苏省常州市、山东省青岛市等。

（2）市和县（市、区）分布式独立化建设模式

"市和县（市、区）分布式独立化"建设模式，即市、县（县级）独立建设市级平台、县级平台，并根据市（地级市）级平台、省级平台的对接要求，实现与市（地级市）级平台、省级平台的互通互联。

建设条件：市（地级市）级经济水平较高，具备成熟的软硬件等信息化基础设施，具备专业的信息化技术人员。

建设内容：采用"分布式"建设模式，建设城市需要独立完成平台软、硬件，信息化机房、数据处理和存储设备、基础平台软件等系统运行环境，监督指挥大厅、大屏幕显示系统、坐席及配套设备、应用软件、"城管通"、数据普查的建设和采购工作；而后根据各级平台对接要求，实现省、市、县（市、区）三级平台的互联互通。

适用范围：信息化基础设施完善的市（地级市）、县（市、区）城市运管服平台建设。

建设特点：采用"市和县（市、区）分布式独立化"模式建设，建设周期长，资源利用率低，省、市（州）、县（市、区）三级平台信息共享存在一定工作量和技术风险，对县（市、区）技术队伍有一定要求，运行维护难度较大。

典型案例：北京市、重庆市、天津市等。

6.3 运行模式

为保障城市运管服平台的长效运行，各地需结合本地实际，科学构建现代化城市管理运行模式，需要自上而下的顶层设计和社会各阶层自下而上的"鼓与呼"，需要各部门通力合作，才能顺利推进城市运行管理"一网统管"模式的建立。基于各地已有的网格化城市管理模式，以城市运行、管理、服务为主要内容，根据城市运行管理服务评价工作要求，按照由易到难、实在管用的原则，逐步建立"平战结合"的运行工作模式、全市贯通的运行管理模式、城市运行管理运营模式，实现以问题发现、核查结案为核心内容的城市问题监督、处置和绩效考核制度体系，逐步推动城市管理、城市治理工作的常态化、长效化。

6.3.1 建立"平战结合"的运行工作模式

1. 平时状态运行模式

指挥协调系统（原数字城管系统）日常运行模式。指挥协调系统主要负责对信息采集员、网格员和社会公众、媒体等各个渠道报送的城市管理问题进行受理处置，建立了问题快速发现、高效处置、客观评价的闭合回路，实现"第一时间发现、第一时间处置和第一时间解决"，并加快推进数字城管覆盖面积、涵盖内容和参与单位等维度的"横向、纵向"发展，加速形成全市数字城管运行标准"一体化"。

2. 战时状态运行模式

应急突发事件处置期间，城市运管服平台启动战时状态运行模式，市领导和各区（市）政府、相关市直部门（单位）等指挥调度人员在指挥大厅就位，形成市区协同、部门协作、政企联动的指挥体系，一旦发生紧急事件，可以通过"一部手机"快速启动应急响应，基本实现指令"秒"级到达，处置"分"级实施，结果"时"级反馈，保障城市安全稳定运行。

3. 重大活动保障运行模式

全市文明城市创建、卫生城市复审等重大活动期间，保障市文明办、爱卫办、市城管办在指挥大厅开展集中指挥调度工作。期间，市领导和各区（市）政府、相关市直部门（单位）等指挥调度人员位于指挥大厅实施扁平化指挥调度。

6.3.2　建立全市贯通的运行管理模式

1．健全综合协调机制

大部分城市以市城管委名义召开联席工作会议，市城管委各成员单位和相关企事业单位参加，协同解决城市管理相关问题，并定期通报区（市）级中心工作情况，分析存在问题，研究解决措施，提出下阶段工作要求等，加强统筹协调、监督检查和考核奖惩。

2．健全综合评价机制

依据《建设指南》中对市级综合评价机制的要求，各市要在满足《运行监测评价标准》与《管理监督评价标准》基础上，充分结合实际，创新符合本市实际、具有本市特色的综合评价方法，确保评价机制既能适应部、省对城市运行管理服务综合评价工作要求，又能满足本市实际评价工作需要，使评价机制真正发挥实效。

3．健全监督指挥机制

基于各地已有的网格化城市管理模式所建立的监督指挥机制，以城市运行、管理、服务为主要内容，根据城市运行管理服务评价工作要求，拓展与"干净、整洁、有序"相关的城市管理监督对象以及与"市政设施、房屋建筑、交通设施、人员密集区域"相关的城市运行监测对象，并纳入"信息采集、案件建立、任务派遣、任务处理、处理反馈、核查结案和绩效考核"等闭环管理流程，建立健全以问题发现、核查结案为核心内容的城市运管服问题监督、处置和绩效考核制度体系，加强市级行业部门指导作用，强化数据分析研判，形成"市区协同、部门联合、源头治理"的指挥协调机制。

6.3.3　创新城市运行管理运营模式

成立"一小组"、依托"一主体"、组建"一中心"的城市运行管理机构，建立城市运行管理服务持续运营和创新发展的组织实体，形成专业化运营管理机制，聚焦资源、激发创新活力，保障城市运行管理。

1．成立"一小组"

成立城市运管服平台建设领导小组，加强综合统筹协调，构建"横向到边、纵向到底"的城市综合管理服务工作体系。明确城市运行管理服务指挥工作牵头部门职责，加强城市运行管理服务指挥队伍建设，切实做好平台建设、运行、管理、维护和评价工作。

2．依托"一主体"

依托智慧城市建设运营国资主体，为市政府各类信息化项目提供专业化建设、运营及代运营服务，承担城市运管服平台的日常运维与运营，并参与特定领域信息化项目投资。组织好项目内控和后续运维服务工作，接受各方监督指导，打造标准化业务流程，打破各部门业务信息系统壁垒，进一步释放政府数据资源创新活力。

3．组建"一中心"

组建城市运行管理服务中心。以"一网统管"为目标，加快建设城市运行管理服务中心，并在各部门、各区域建设分中心，形成跨部门、跨层级、跨区域的运行体系，构建具备"信息共享、快速反应、联勤联动"功能的城市运行管理中心，承担全市城市运行管理和应急处置系统规划建设及运行维护、城市运行状态监测分析和预警预判、应急事件联动处置等相关职责。

6.4　投资模式

城市运管服平台的建设是一个系统工程，它的建设周期长，回报时间更长，它的建设涉及的利益相关方众多，而其收益则更多地体现在社会价值，而不仅仅是经济价值。需要通过一个好的投资建设模式，对城市的基础平台设计和整体架构进行统筹结合、综合考虑，否则会造成效率低下，资源浪费的情况。综合近年来各城市进行投资建设实践，目前的投资模式主要有以下四种。

1．政府投资—企业建设—政府运营

政府投资从广义上讲是政府职能的体现，政府将一部分财政收入集中性投入城市基础设施建设，是社会再生产的过程。这里的政府投资主要是指政府为了实现整个城市的各项功能，将财政收入集中用于基础设施建设。政府对城市运管服平台的各项规划设计完成后，通过向社会公开招标购买服务，建设企业则通过竞标获取承包权，从而获取工程利润。建设完成后，政府将竣工项目纳入自身城市管理体系，向城市居民提供各项服务。该模式下各方的权利和义务相对清晰，参与各方功能定位明确，利于城市运管服平台各项功能的实现，但是缺点同样明显，即政府需承担较大的资金压力，整个模式市场化程度较低。

2．政府与企业深入合作，共同出资共同运营

该模式相对于纯政府投资增加了一定的市场化程度，吸引社会资本参与一部分基础设施项目建设，通过双方合作，共同出资建设，从而有效地吸引部分社会资本减轻

政府财政压力，城市运管服平台的建设也将更加的多样化。企业参与建设可增加平台功能的多样性，通过市场化过程将更多的新鲜元素引入实践。但该模式的市场化程度并不彻底，政府与参与企业可能会因为理念不同而产生一定的沟通成本，同时后期运营过程中统一协调难度较大。

3．政府负责统筹规划，企业负责投资实施

该模式将政府完全设定为城市管理者，投资方、建设方、运营方均为企业。该模式建设时，政府作为政策制定者、城市管理者，承担智慧城市的整体规划设计、功能定位等所有职责，企业根据政府要求投资实施建设，并在后续的运营过程中按照政府的要求实施各项服务。该模式虽然企业具有较大的自主能力，但政府仍是智慧城市的总设计师，企业仅仅是将政府的"想法"付诸实践。相较于其他模式，虽然该模式中企业有了一定的自主性，但政府的管理定位仍限定了企业的具体实施。

4．企业造城，政府购买服务

该模式大大弱化了政府的职能，放手将一座城市的运管服平台交予企业来打造，企业完全按照自己的思路建设城市，实现各种智能化服务功能。当平台建设完成后，政府根据城市功能要求向企业购买服务，从而使企业实现城市运管服平台的投资回收。该模式大大增加了企业的自主性和参与热情，但有时候企业逐利的本性会导致部分城市不能达到标准，或无法实现某些功能。

3

实践篇

第**7**章

综合类案例

7.1 北京市

1.“六精六细”治理理念的内涵要求

（1）“六精六细”治理理念的主要内容

“六精六细”（精准细化、精密细致、精雕细刻、精打细算、精明细巧、精心细腻）治理理念是对城市精细化管理内容的深化和细化，是多种管理理念和方法的结合，体现了对城市管理的完美追求。具体而言，精准细化是要做到底数清、情况明，对管理资源和管理对象了然于心，基础数据健全，管理目标和管理责任明确。精密细致是要在落实计划、组织、指挥、协调、控制、激励等诸多管理职能过程中，精心设计、精确实施。精雕细刻是要注重法治化约束和标准化管理，避免粗放、粗糙、粗心、缺细节；弘扬“工匠精神”，争当“能工巧匠”。精打细算是要考虑投入产出比和性价比，按需设事、“斤斤计较”，决不以大成本换取小效能，要体现出节俭、廉洁的城市管理精神。精明细巧是要善于用智慧管理，运筹帷幄、科学调度，用软件优化弥补硬件上的短板。要学会“四两拨千斤”，推动城市管理真正向精细化转变。精心细腻是要树立“把事当事”的朴素情怀，带着感情做事，管理要有温度，爱岗敬业，不辱使命，把城市打理好、维护好，使之健康发展。

（2）“六精六细”治理理念的主要特点

“六精六细”治理理念是城市精细化管理的具体化、实操化，与传统的粗放式管理相比，具有以下特点。一是标准化，重视过程管理、流程优化、细节管理和标准管理，讲究规矩、方圆，追求质量、效益。二是网格化，发挥网格化在精细化管理中的基础作用，精准发现问题，精确处理问题，精量定责问责，推进管理问题快速解决。三是规范化，要求精细化管理必须在制度框架内按照相应的流程规范运作。四是制度化，管理必须有所依据、有所约束，制度就是管理的基本规范。五是科学化，精细化管理靠的是先进的管理手段和科学的流程设计，并及时优化和改进，从而使管理更加切合组织的运作实际和发展要求。六是审美化，要有"绣花"一样的审美艺术，精细化管理的最终目标是让城市更美丽，环境更宜居，运行更顺畅，人民群众生活更舒适。

（3）"六精六细"治理理念的逻辑关系

"六精六细"治理理念是一个"精细"大家庭，精准细化是管理前提，精密细致是管理追求，精雕细刻是管理标准，精打细算是管理统筹，精明细巧是管理艺术，精心细腻是管理态度，都强调要将管理工作做精做细，"做精"是指精益求精、精确无误，是城市管理的必然结果；"做细"是指严谨严密、细之又细，把握好每一个细节，是提高城市管理水平的必要途径。同时，要求每一个步骤都要精心，每一个环节都要精细，每一项工作都是精品，以全面提高城市精细化管理质量水平。

2．积极发挥"一网统管"赋能城市治理优势

坚持以人民为中心的发展思想，践行"六精六细""数字治城"理念，构建"一网统管"赋能城市治理体制机制，创新运用数字赋能，初步实现"用数据说话、用数据决策、用数据管理、用数据创新"的目标，推动首都城市管理科学化精细化智能化水平实现新提升。

（1）强化顶层设计，擘画"一网统管"蓝图

北京市委市政府高位统筹，将城市运行"一网统管"纳入市委全面深化改革重点工作，纳入"十四五"时期智慧城市建设发展规划。市城市管理委员会、市经济和信息化局牵头落实、专班推进，制定了《北京市城市运行"一网统管"工作方案》，明确了以"精治、共治、法治"为核心，推动"体制+机制+平台+制度+标准"五元共治，实现治理模式创新升级的总体思路，坚持"创新驱动、需求牵引、集约建设、场景开放、共建共享"等基本原则，建立市、区、街道（乡镇）城市运行调度指挥中心。建设城市管理大数据平台，推动地图、编码、网格、标准、流程、感知体系、接入门户、大数据平台、驾驶舱平台等"九个统一"，实现"一网统领行业、一网统管全城、一网统筹全域"的城市治理新格局。

（2）强化系统集成，推进数据互联共享

北京市坚持多网合一，针对各个子系统自成体系、数据库资源分散等问题，建设城市管理运行体征数据库，对现有41个主要政务外网系统数据进行重新梳理整合，形成多数据移动服务统一入口，积累城市管理领域数据资源。坚持平台共用，市级城市管理大数据平台全方位为市、区、街、社区和行业企业提供城市管理综合数据、信息

服务和应用软件服务，实现市级平台与区、街及企业平台间的无缝连接。坚持数据共享，建设城市运行数据中心，建立应用数据库、GIS数据库各1套，数据库实例4个，存储数据总量17.9TB，涉及环卫、燃气、供热、城市综合管理等多个领域，改变以往数据交换各自为政、难以共享的局面，打通了各系统间信息交流共享渠道。

（3）强化动态感知，提升智能监管水平

持续推进城市管理智能化工程，对城市家具、城市部件进行全面身份认证，强化动态感知、查询分析、问题上报、实时处理功能。例如，利用建筑垃圾车辆运输管理系统对7567辆渣土车运行状态实时定位，累计向各有关部门派发3742件渣土运输类疑似违法线索，其中得到受理处理的有3620件，办理率96.74%；利用首都环境建设管理系统，实现环境问题随时采集、随时派发，当月处置、当月反馈。

（4）强化创新驱动，探索高新技术应用

建立"互联网+设施管理"智慧管理模式，对道路两侧设置的20余类公共服务设施开展二维码管理工作。利用物联网可视化技术，实现城六区27万余盏路灯、92处市属景观照明设施集中监控，可以实时发现设备异常情况，第一时间进行现场处置。利用图像识别技术分析城市道路卫生及积水、冰雪覆盖、垃圾堆放状况、城市部件位置状态，利用大数据、人工智能技术优化能源调配等不断深入，圆满完成建党100周年、冬奥会、冬残奥会等大型活动保障任务。

（5）强化实践运用，形成城市治理新典范

北京市是网格化城市管理的发源地，也是精细管理理念的践行者。经过多年探索实践，形成了更加快捷高效的网格化城市管理系统。系统构架为"1+16+33+26+N"模式，以市级平台为核心，与16个区级平台、33个城市管理相关委办局、26个公共服务企业实现分级对接互通，并延伸至部分街乡镇。全市共划分5.7万个管理网格，覆盖16个区、330个街道（乡镇）、6232个社区，包含607万个城市部件。收集汇总供水、排水、燃气、热力、电信、电力、路灯7大类设施，共计19.71万km、330.51万套井盖的城市地下管线数据，制定、实施地下管线结构性消隐计划，实现地下管线百千米事故数量逐年减低，三年同比下降53%。推进地下综合管廊实时监控和应急系统建设，增强地下管廊问题发现和应急处置能力。建设市、区、街三级贯通的生活垃圾分类全流程精细化管理信息平台，确保生活垃圾分类投放、收集、运输和处理全流程管理"一链贯通"，覆盖各方责任主体。全市46个末端处理设施、5000余辆运输车辆、800多座密闭式清洁站数据信息实时上传，车载计量、桶装"芯片"、卫星定位、视频监测等计量和流程管理措施全面推开，助力垃圾分类精细智能管理，形成新时尚。

3．统筹推进"六精六细"与"一网统管"

同频共振、同心合力推进"六精六细"，既是治理理念的创新，也是管理方式的转变，更是精细化管理的深化发展。在具体落实过程中，北京市将践行"六精六细"理念和发挥城市运行"一网统管"作用紧密结合起来，一体规划、一体推进、一体落实，坚持问题导向、需求引领，坚持精准施策、精准指导、精准发力，做实做细各项基础性工作，切实打牢精细化管理的根基体系。

（1）推进法规体系精细化

法规体系如同绣花的图样，是推进精细化管理的总纲。北京市立足城市管理实际，强化顶层谋划，加快完善"1+N"城市精细化管理法规体系。"1"就是尽快弥补综合法规缺项，编制出台城市综合管理条例；"N"就是对城市管理各相关专业领域的法规规章进行及时清理，做好立改废工作，补齐缺失的，调整错位的，废除过时的，力争做到法规体系完备配套，为精细化管理提供法治保障。

（2）推进标准体系精细化

标准体系就像绣花的针法，是推进精细化管理的规范约束。北京市加强顶层设计，按照"全面、适时、精准"的原则，建立城市精细化管理标准体系。"全面"就是标准的种类、涉及的范围、明确的内容等要素齐全，做到全覆盖；"适时"就是把握标准制修订的时机，制定适时，修订及时，用在当时；"精准"就是注重标准的针对性、可操作性和有效性，避免过多过滥，影响使用效率。

（3）推进管理对象精细化

弄清楚管理对象的底数是实施精细化管理的关键。城市管理对象主要包括社区居民和社会单位、静态设施和动态秩序、环境建设和市政运行、城区和郊区、人和事、物件和事件、现实需求和未来考虑等。只有对管理对象的情况了如指掌，才能对每一类对象实行有效管理。北京市充分分析职能配置，精细区分管理对象，按照不同类别实行层级式细化分类，科学制定不同的管理标准，采取不同的管理方法，发挥分类管理的优势，将管理落细落小落实，做到区别化管理、个性化服务、精细化保障。

（4）推进管理职责精细化

城市管理职责主要分为内部职责和外部职责、主要职责和次要职责、牵头职责和协办职责、综合职责和单项职责等。北京市按照精细化管理要求，对各类管理岗位的基本职责从内容、标准、时限等方面进行细化、量化、固化，厘清工作目标，分解工作任务，明确工作节奏，使各项管理工作真正有规可循、有据可依，形成基本职责清晰、岗位职责明确的精细管理职责体系，确保能够激励和约束各层级的管理者恪尽职守、完成任务。

（5）推进管理流程精细化

北京市遵循精细化管理的规律和特点，对研判、计划、组织、指挥、协调、分析、控制、激励、约束、追责等诸多管理流程和环节进行精心设计，做到精准实施、精确到位，确保管理运行的全过程紧凑、管理保障的全流程闭合。对绝大部分运行高效、群众欢迎、社会执行的管理流程，加强控制协调，实施跟踪分析，确保发挥应有的效能。对一些运行缓慢、群众有意见、社会难执行的管理流程，及时改进，不断优化完善，确保管理流程更加节俭高效、精细有效。

（6）推进考核评价精细化

建立与精细化管理相配套的城市管理绩效考核体系，全力推进执法重心下移，全面落实城管执法责任制。以考评政府部门履职尽责情况为抓手，落实"月检查、月排名、月曝光"制度，通过与政府绩效管理、领导干部政绩考察、政府信息公开等直接挂钩，激发各级政府和管理人员的城市管理责任感。以过程控制、监督考核、奖优罚劣为抓手，运用考核、奖励、处罚、责任追究等手段，建立科学高效的激励机制，实现执法队伍奖惩机制和管理机制的有机结合。

（7）推进经费管理精细化

预算管理本身就是精细化管理，节约成本、提高效率是精细化管理的重要目标之一。北京市紧盯预算编制环节，将其与规划、计划有机结合，对实施效果开展预评估，在保证质量的前提下，统筹考虑经费与效果，以求找到"性价比"的最高点。紧盯预算监管环节，进一步完善各项监管机制，及时督促、纠偏，必要时科学调整预算。紧盯绩效考评环节，对每项资金使用效果进行全方位深入细致考评，总结经验，分析教训，推动预算实施，确保管理经费使用效益实现最大化。

（8）推进社会动员精细化

人民城市人民管，只有充分发动社会各方面力量，才能实现城市管理"共治"目标。北京市有针对性地发起社会动员，精确区分不同受众，细致分析不同特点，采用个性化方式，增强社会动员效果，真正使广大群众从内心深处重视、关心、支持和参与城市管理工作，推动精细化管理水平提升。"六精六细"和"一网统管"是推动城市治理体系和治理能力现代化的方法论与工具箱，体现了城市精细化管理新要求，是深入学习和贯彻落实习近平总书记重要批示指示精神的新思考、新实践。下一步，北京市将更加注重把两者贯通起来理解把握，一体贯彻落实，进一步推动城市治理科学化精细化智能化水平新提升。

7.2　上海市

1．基本情况

"两张网"建设（即政务服务"一网通办"、城市运行"一网统管"），是习近平总书记考察上海时交给上海在城市治理领域的一项重大改革任务。在住房和城乡建设部的指导下，上海把推进"一网统管"建设作为提高上海城市治理能力现代化水平的"牛鼻子"工程，充分发挥网格化管理的体制机制优势，着力在数据汇集、系统集成、联勤联动、共享开放上下工夫，加快建设城市运行管理信息系统，不断提升城市管理精细感知、精确认知、精准行动能力，保障城市安全运行有序，如图7-1所示。

2．主要做法

（1）以城市网格化管理信息系统为基础，加快推进"一网统管"

城市网格化管理是住房和城乡建设部打造数字化城市管理的一项创新举措。自2005年上海推进此项工作以来，其不断探索完善网格化管理的体制机制，通过规范作业标准、强化法治保障、开发信息系统等举措，建立起了横向到边（联通各条线业务部门）、纵向到底（贯穿市、区、街镇三级并下沉至网格）的常态化监督、指挥和协调管理体系，实现"发现—立案—派单—处置—核查—结案"闭环管理，为城市管理精细化工作提供了有力支撑。根据上海市委、市政府大力推进城市运行"一网统管"建设的总体要求，紧紧围绕"一屏观天下，一网管全城"的目标定位，按照"三级平台（市、区、街镇）、五级应用（市、区、街镇、网格、社区）"的基本架构，以"云数网端"为新基建基座（即统一的电子政务云、城市运行主题库、政务外网、移动终端），不断完善升级网格化管理信息系统，为城市运行"观全面、管到位、防有效"提供支撑，为基层"高效处置一件事"赋能助力。

图7-1　上海市城市运管服平台

（2）依托城市信息模型（CIM）平台，打造数字孪生城市

按照住房和城乡建设部CIM基础平台建设试点的要求，着力推进包括基础地理信息、建筑物模型和各类基础设施等城市治理各要素的"一图汇聚"。将建筑信息模型（BIM）、地理信息系统（GIS）和物联网（IoT）等多项技术统一集成，作为数字孪生城市建设的基础，探索形成以CIM为核心的涵盖城市规划、建设和运营管理全生命周期的应用平台和应用场景，如图7-2所示。

（3）聚焦重点领域城市运行风险，开发智能化应用场景

坚持"应用为要、管用为王"的价值取向。以问题为导向，聚焦工程建设、地下空间及管网等市政基础设施安全运行、高空坠物、住宅小区安全运行、城市病害等领域的风险隐患，强化数据汇聚、系统集成和智能化场景的开发应用，努力实现源头管控、过程监测、预报预警、应急处置和综合治理。探索创新研发疫情防控、违建治理、防台防汛、智慧电梯、玻璃幕墙、深基坑、燃气安全、群租治理、渣土管理、修缮工程、历史建筑保护、架空线等高频多发难题顽症的智能化应用场景和数字化解决方案。

（4）强化流程再造和联勤联动，推进管理模式创新

信息系统的建设表面是技术手段创新，实质是管理服务模式的创新。实践中，以线上信息流、数据流倒逼线下业务流程全面优化和管理创新。关键抓住内部管理、部

图7-2　上海市运管服平台——城市信息模型

门协同管理、基层联勤管理三大环节，依靠技术手段及时发现问题，倒逼业务部门开展流程再造和业务创新，以跨部门专题协同应用场景为驱动，深化部门协同和联勤联动，推进构建扁平化管理体系，提高市、区、街镇三级联动处置能力。一是全面梳理内部工作流程。推进处理模式从传统人工处理向"机器派单、智能管理"转变，实现"指令到人"，做好内部事项处理"小闭环"。二是推进外部管理流程再造。依托市、区、街镇三级系统平台，建立统一的管理事项分类标准，规范处置流程，将原"条、条、条"模式转换到"条、块、块"或"条、条、块"模式，着力解决跨区域、跨部门、跨层级的问题。三是推进基层勤务模式再造。推进"多格合一、人进网格"，综合统筹城管、警务、市场监管、综治、作业、服务等基层力量下沉到"网格"、责任细化落实到"网格"，逐步建立起"网格—岗位—部门—人员"的对应关系。同时，信息系统提供的"案件装配中心"和"一键建群"功能，有效助力基层各类业务的灵活应用和联勤联动，全天候承接一般事件的全程处置和风险预警的先期处置，如图7-3所示。

3．运行成效

目前，上海已升级形成覆盖市、区、街镇三级的以"1+3+N"网格化管理为核心的城市运行管理系统，为本市"一网统管"工作提供了坚实基础。"1"即是城市管理领域的各类部件、事件问题，"+3"即融入了110非警务警情、政法综治和市场监管的业务，"+N"即逐步纳入了公共卫生、防台防汛、基层治理等内容。通过构建城市

图7-3　依托城市运管服平台开展指挥联动

三维空间数据底板，已集成了1500多万个城市部件、超26000km地下管线、4000多个建设工地、14000多个住宅小区、3600多处历史保护建筑、近13000栋玻璃幕墙建筑和实时的执法车辆、巡逻人员、物联网设备等数据，实现了可视化、标准化的共享和交互，同步建立数据动态更新的维护机制。同时，围绕提升城市安全韧性，推进涉及基础设施、城市环境、城市交通、城市保障、城市安全、城市活力六个维度的城市生命体征监测系统建设，已归集各类体征指标202项。

在深基坑施工安全应用场景已监管的113个工地中，及时有效预警并排除11次险情。玻璃幕墙建筑全面纳入智能化监管，及时推送686处疑似玻璃破碎风险，经检查确认569处风险，为应急避险及时提供有效处置。街镇防汛防台场景对近年来出现反复积水区域进行智能分析，在台风来临时，及时预判风险。智慧电梯场景归集了全市26.8万部电梯基础数据，对其中48813台电梯运行情况一目了然，电梯困人救援时间大幅缩短。应用上线当日上午，发现7000多起乘客不文明行为，通知物业及时进行劝阻。细化业务流程和应用场景开发，以加快推进城市生命体征监管工作和数字孪生城市建设为抓手，持续推动信息系统迭代升级，抓好管理标准和业务流程的规范化建设，为提升超大城市运行安全管理能力和水平提供更坚强有力的技术保障，如图7-4所示。

4．下一步工作

上海市将进一步加强考核评价和数据分析工作，以"管用、爱用、受用"为落脚点，不断完善细化业务流程和应用场景开发，以加快推进城市生命体征监管工作和数字孪生城市建设为抓手，持续推动信息系统迭代升级，抓好管理标准和业务流程的规范化建设，为提升超大城市运行安全管理能力和水平提供更坚强有力的技术保障。

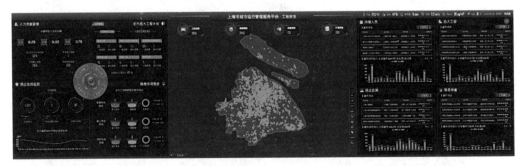

图7-4 上海市城市运管服平台——工地安全监管应用场景

7.3　杭州市

杭州市认真落实住房和城乡建设部工作部署，加快推动城市运管服平台建设，秉承城市运行"全生命周期"管理理念，整合城市治理各领域的数据资源，构建互联互通的一体化系统，完善城市运行机制，推动城市管理手段、管理模式、管理理念创新，有效提升城市运行效率和风险防控水平，有力推进城市治理"一网统管"。

1. 念好"统"字诀，强化集约高效建设

杭州市坚持"集中、高效、一体化"的建设路径，充分利用现有信息化基础，最大程度整合管理资源，加强资源共享、成果共享，实现有效精简、统筹建设。

（1）统筹建设，打造全市统一平台

按照"整合、共享、节约"的原则，以数字城管为基础，依托城市大脑城管系统，整合原有的行业监管、综合执法、便民服务等资源，打造"横向到边、纵向到底"的城市运管服平台，既避免了重复建设，又有利于数据集中。同时，建成了视频流媒体服务中心、GIS服务中心、LBS服务中心、物联网平台、AI智能算法平台等统一的基础服务平台，供全市城管系统统一调用，提升城管信息化配套支撑水平，避免各起炉灶、资源浪费。

（2）统一标准，打造全市规范平台

针对各行业系统界面五花八门、不成体系的问题，印发《杭州市城管系统信息化项目统一建设规范》，对信息化驾驶舱UI设计、工作台上架发布、事件中枢对接、物联网对接、用户体系对接、视频算法调用、地图服务调用等进行明确，城市运管服平台所有应用界面都必须按照带有"城管蓝"标识的界面框架进行建设，必须添加系统页面水印，形成城管"统一制服"。同时，通过数据运行安全管理平台，对数据调用进行监控，强化安全审计和数据留痕，实现数据信息防篡改、可追溯，提升数据安全管理水平。

（3）统揽资源，打造全市数据平台

通过建设城市管理数据资源中心，制定城市管理对象数据标准，将全市分布在不同领域、不同部门、不同层级的54亿余条"碎片化"城市运行管理服务数据"串珠成链"，实现系统互联和数据融合，彻底解决数据无法实时同步、信息无法互通的痛点，推进数据共享利用。在此基础上，打造"城管数字驾驶舱"，实现对城市污水处理量、供水量、管道燃气销售量、垃圾处置量、数字城管及时解决率、公共自行车租用量、停车指数、道路照明率等城市运行实时数据的"一屏展示"，以"一网打尽""一目了然""一钻到底"的方式，全面反映杭州的城市管理实时运行状况。

2. 念好"精"字诀，深化应用场景建设

立足杭州实际，在完成城市运管服平台建设规定动作的同时，开展特色场景建设，重点建设了指挥协调、行业应用、公众服务、运行监测等模块，推进城市治理的整体智治、高效协同。

（1）聚焦指挥协调，构建综合指挥体系

建立"平战结合"的工作机制，平时，以"数字城管"为基础，围绕城市的"四化"（即洁化、绿化、亮化、序化）开展城市长效管理。杭州"数字城管"运行16年来，建立了问题快速发现、高效处置、客观评价的闭合回路，实现"第一时间发现、第一时间处置和第一时间解决"，并加快推进数字城管覆盖面积、涵盖内容和参与单位等维度的"横向、纵向"发展，加速形成全市数字城管运行标准"一体化"。目前覆盖面积已达799.99km²，涵盖14个区（县、市）和75个建制镇，实现全市建成区全覆盖；全市共有1311名采集员对12大类、284小类问题进行不间断巡查，日均可发现问题1.5万余件，问题及时解决率为98.26%。紧急时刻，依托城市管理综合指挥平台，形成了市区协同、部门协作、政企联动的指挥体系，一旦发生紧急事件，可以通过"一部手机"快速启动应急响应，基本实现了指令"秒"级到达，处置"分"级实施，结果"时"级反馈，保障城市安全稳定运行。平台自上线运行以来，已获取各类紧急事件信息6000余件，经过研判后启动路面沉降、管道破裂、疫情防控等应急响应100余次，均及时妥善处置，消除安全隐患。

（2）聚焦智能监管，拓展行业应用场景

通过杭州城市大脑城管系统建设，深化市政设施、河道水设施、市容景观、轨道公用、环卫固废、综合执法等行业应用，并在城市运管服平台中集成应用，提升行业智能化管理水平。

1）打造"全市一个停车场"

杭州市率先搭建全国首个城市级停车系统，围绕"管理、服务、付费、决策、运营"五位一体的总体布局，实现全市停车资源的统一接入、动态发布和综合利用，助力破解停车难。一是首次摸清全市泊位资源现状，并按照"应接尽接、可接尽接"原则，实时归集全市停车场库数据，打破停车场库之间的"信息孤岛"，为市民提供"全市一个停车场"的体验。目前已接入停车场库5000余个、停车泊位140余万个。二是针对车主离场经常遇到的多次扫码、频繁付费、长时间等待等"离场难"问题，推出"先离场后付费"服务，全市已有3580余个停车场库、76.8万个泊位开通，累计为市

民提供服务9900多万次，以每次停车能节省时间30秒计算，累计节省80多万个小时的离场等待时间。三是基于停车系统汇聚的海量停车数据，打通了各个停车场的泊位空闲资源，缓解一边是"停车难"，一边是"没车停"的现状。通过全市车位"一点达"，发布停车场库泊位忙闲信息（图7-5），

图7-5 杭州城市大脑停车系统电子引导屏

市民点点手机就可以提前寻找合适的空闲泊位。运行以来，杭州全市泊位周转率从1.6提升到1.9，停车泊位利用率提升18.75%，相当于释放了约24万个停车位，每个车位造价按1万元计算，节省资金24亿元。

2）打造全市户外广告"一个画面"

在全国首先提出户外电子屏"联网、联控、联播"管控的设想，开展户外电子屏应用平台建设，让户外大屏像数字电视一样，用"一个机顶盒"实现后台统一管控。一是定制式联网。针对户外大屏分布分散、型号多样、多头管理等复杂问题，逐个攻破技术难关，做到了"个性定制"式的联网。二是预审式联控。借助现有的数字电视播控安全技术手段，对大屏的播放内容进行技术审核，并且在紧急情况下可以直接管控，最大程度避免发生插播事故。三是集中式联播。发挥户外大屏的新媒体"第四端"作用，在重要节庆及重大政治活动期间，可以第一时间传达党中央的声音，做到"同一座城市、同一种声音、同一个画面"。目前已接入197块电子屏。

3）打造全市照明亮化"一把闸刀"

杭州实行景观照明和路灯照明统一管理以来，通过智慧照明信息系统建设，依托5000余套"一把闸刀"终端，实现景观灯集中启闭，也可进行"菜单式"选择，点对点启闭受控区域和建筑的景观灯。同时，可以通过平台精细化管理控制单灯改造区域内的每杆路灯，并可根据周边环境个性化设置路灯照度等参数，实现路灯照明增亮降耗，较好提升照明工程品质、效率和运行管理水平，形成全市景观亮灯和功能性照明的"同一幅画卷"。

4）打造全市统一的生活垃圾分类管理服务平台

为解决只有垃圾总量而缺少明细所带来的责任模糊、管理粗放等问题，杭州市通过推广垃圾清运车车载称重系统，进一步压实责任，缩小计量单位，并逐步攻克动态称重精确度不高的问题。在此基础上，打造全市统一的生活垃圾分类管理平台，实现

对全市域可回收物、有害垃圾、易腐垃圾、其他垃圾等分类垃圾的"全链条、全流程、全方位"监管，并创新应用区块链技术，将第三方回收交易数据上链，确保数据真实可信。

5）在其他智慧化场景建设方面

紧盯城管难题，通过对大数据、物联网、区块链等新技术的应用，以信息智慧化助推管理精细化，加快对城市管理热难点问题的破解。一是建设全市统一的工程渣土监管服务平台。从根源上打破渣土市场供求双方信息壁垒，畅通交易渠道，提供公开透明的信息服务与交易服务，方便市场主体及时了解全市渣土供需情况、市场行情、市场动态，实现渣土交易透明化，提升整体市场营商环境；从手段上提升渣土业务监管水平，利用AI智能设备感知实现渣土出土、运输、消纳的全流程监管，为管理部门提供违规预警、移动巡查、大数据分析等管理功能，并建立渣土评价体系，打造更清晰直观的联动监管机制。二是建设公共慢行交通管理平台。平台接入全市各单车企业的运营管理数据，通过平台，实时监控市场上投放单车数量，根据各单车企业运营情况，调整企业的单车投放份额，实现对全市单车投放的总量控制；建立集中检查机制，城管执法人员通过手机小程序对企业备案车辆开展扫码检查，监督企业严格按照份额投放车辆。三是建设"非现场执法应用"。杭州市已有7座桥梁安装超限车辆检测系统，能够在全天候、不限车速的情况下，实现对各种正常行驶车辆的动态称重和抓拍，并在检测点显示提醒，执法人员无须现场蹲守，就可以在当事人"零口供"的情况下，完成对超限车辆的执法查处，全天候保障城市桥梁安全运行。

（3）聚焦实时监测，助推城市安全运行

杭州市以智能传感器为触角，初步构建涵盖地下、地面、立面、空中等多层面立体化的智能监管体系，现已安装物联感知设备10万余套，通过联网成片、及时预警，提升城市可预知、能判断、快处置的响应能力。比如，在市政监管方面，正在逐步实现桥梁、隧道等城市基础设施状态的主动感知和实时监控；在河道水设施监管方面，基本实现对城市河道水位、水质的实时监测和闸泵站的智能化管理；在固废监管方面，推进垃圾处置场所自动称重计量、垃圾清运车车载称重等在线监测；在市容景观方面，加强路灯单灯控制和广告牌坠落自动监测。

（4）聚焦共治共享，提升公众服务体验

杭州市紧扣市民关注的热难点问题，丰富便民服务应用，形成平台统一、渠道多样的城市管理公众服务体系。

1）拓展"贴心城管"应用

杭州市自2014年4月推出"贴心城管"应用，从解决市民身边的小事入手，集成了14个网上办事模块，实现了城管事项"掌上办"。比如，推出了在线犬证申办，市民只要坐在家里通过手机上传办理材料，工作人员就会上门检验犬只，证件做好以后直接快递到家，从原来的起码跑3次变成现在的一次都不用跑，用便捷办事提升市民文明养犬意识。此外，还推出了找车位、找便民服务点、垂钓点查询等一系列特色服务功能，广受市民欢迎。自上线以来，共响应市民服务需求超过1.5亿次。

2）打造城市治理有奖举报平台

2021年4月，为强化社会共治，杭州市创新推出城市治理有奖举报平台，平台制订了10大领域、85类问题的标准，主要受理市民关于"危害公共安全、侵害公共利益、损害公共环境"行为的举报，通过有奖形式拓展了信息获取渠道，激发了市民参与城市治理的积极性，一些重、大、急、险问题得到快速发现和解决，已有150余起重大安全隐患事件得到妥善处置。运行以来，已有3.8万人参与举报，共收到市民举报46万件，发放奖励金额156万元。

3．念好"通"字诀，健全管理制度体系

（1）组建城市管理指挥保障中心

按照构建"大城管"工作格局要求，成立杭州市城市管理指挥保障中心（图7-6），负责全市城市管理日常运行的指挥协调和紧急突发事件的指挥保障，构建部门协同合作、指挥顺畅、运行高效的城市管理工作体系，履行城市运行管理服务工作的统筹协调、指挥调度和监督考核职能，并对各区（县、市）、市直属部门城市运行管

图7-6 杭州市城市运管服平台——综合指挥中心

理服务工作进行业务指导。

（2）建立全市贯通的运行管理机制

一是健全综合协调机制。成立了杭州市城市管理和综合行政执法工作联席会议，下设杭州数字城管工作协调小组。建立了以市政府分管领导牵头的城市管理工作协调机制，加强统筹协调、监督检查和考核奖惩。二是健全综合评价机制。加强对城区城市运行情况的综合评价，围绕"市政设施、房屋建筑、交通设施、人员密集区域、群众获得感"和"干净、整洁、有序、群众满意度"等核心指标，定期开展城市运行管理服务自评价工作。三是健全监督指挥机制。按照"一级指挥、二级派遣"的原则，明确各级网络单位职责，依托市、区两级数字城管协同工作平台，加强市级行业部门指导作用，强化数据分析研判，形成"市区协同、部门联合、源头治理"的指挥协调机制。

（3）形成全市贯通的理论和制度成果

杭州市参与了《技术标准》等15部国家标准、行业标准、地方标准的编制工作，分享了建设城运管服平台的成功做法和经验，为《技术标准》的编制提供了参照模型。围绕城市运管服平台建设，还修订出台了《杭州市城市治理有奖举报平台建设运行工作方案》《杭州市城市治理有奖举报平台立结案规范》《杭州市城市治理有奖举报平台市民激励方案》等一系列规范制度，提炼典型做法，固化上升为制度机制，形成了一套成熟定型、具有辨识度的制度规范体系。

下一步，杭州市将以亚运保障为契机，结合省数字化改革工作，围绕城市运行安全高效健康、城市管理干净整洁有序、为民服务精准精细精致的目标，全力推进具有杭州特色的城市运管服平台建设，形成即时感知、主动研判、科学决策、高效运行、智能监管的新型治理形态，持续提高城市整体智治水平和风险防控能力。

7.4 青岛市

1. 基本情况

为深入贯彻习近平总书记关于提高城市科学化精细化智能化管理水平的重要指示精神，落实住房和城乡建设部新城建试点工作部署要求，青岛市坚持以智能化为突破口，在城市网格化管理系统基础上，把分散的信息资源整合起来，加快建设城市运管服平台（图7-7），探索城市运行"一网统管"，推动城市治理手段和治理模式创新，取得积极成效。

图7-7　青岛市城市运管服平台——大数据中心

2．主要做法

青岛市按照"1中心+1平台+1张图+N应用"的建设思路，探索推进平台应用体系、数据体系、运行规范体系和管理体制机制建设，打造24个特色应用场景，构建了"上下贯通、左右衔接、协同联动、全市一体、高度集成"的城市运管服平台体系（图7-8），2021年5月正式上线运行。

图7-8　青岛市城市运管服平台

（1）全方位整合信息资源，推动数据"一网联通"

1）强化基础数据建设。对790km²建成区范围内城市部件进行了全面普查和更新，为190余万个部件统一标识编码，同时，结合可视化空间分析及展示需要，建设建成区三维灰模地图，形成"一张图"，为问题高效流转处置奠定数据基础。

2）整合共享相关部门数据资源。整合供热、供气、供水、排水、广告牌匾、渣土运输、景观亮化、海水浴场、城市广场、园林绿化、综合执法、市政道桥、"三长一站"、12319热线、数字城管、环境卫生等16个行业数据，共享市政府办公厅、发展改革委、公安局、民政局、司法局、自规局、生态环境局、住房建设局、交通运输局、水务管理局、园林和林业局、商务局、文化和旅游局、卫生健康委、应急局、市场监管局、通信管理局、工业和信息化局等18个市直部门数据，以及市南区、市北区、李沧区、崂山区、城阳区、西海岸新区、即墨区、胶州市、莱西市、平度市10个区（市）的相关数据。目前，数据量已达271项、40TB，初步形成了城市运行管理服务大数据中心。

3）强化立体感知体系建设。在重点区域部署低空视频、高点视频基础上，共享市级应急平台、各区相关平台2万余路视频监控资源；与全市建筑工地、回填消纳点、渣土车、燃气站等公共设施监控设备、感知终端实施统一集联；与全市城市管理领域无人机、视频采集车等智能终端实现有效对接，构建空地一体多层次感知体系，为城市运行管理提供有力的前端感知支撑。

（2）全要素构建场景应用，推动"智能监管"

1）构建应用支撑系统。建设业务指导、指挥协调、公众服务三大系统，向上与国家平台、向下与区（市）平台对接联通。其中，业务指导系统共用国家平台，指挥协调系统由原城市综合管理服务系统升级，形成"1个市中心、10个区（市）中心、若干个街镇工作站、304个作业单元"联动一体的管理体系，如图7-9所示。

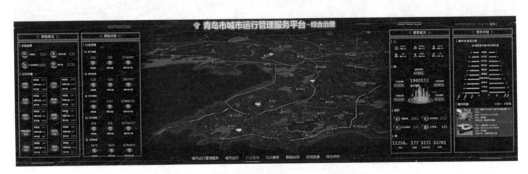

图7-9　青岛市城市运管服平台——综合治理

2）构建多样化应用场景。新建渣土车管理、垃圾分类考核等应用系统，升级环卫监管、供热监测等应用系统，打造涵盖城市运行、行业监管、公众服务、综合执法等方面的24个应用场景，通过对各类关键要素、评价指标、趋势预测等动态叠加和综合分析，为行业管理部门科学决策提供支撑。

3）构建城市运行类专题模块。将城市供热、供气、供水等城市运行专题全部纳入平台。例如，城市供热监测专题实现了对市内主要供热企业运行状态的实时监控；燃气监测专题汇聚加气站、燃气储配站等基础数据，对接天然气企业运行调度系统；道桥涵隧应用专题模块接入道桥涵隧等数据，实现对道桥涵隧运行状况的实时动态监测，如图7-10所示。

（3）全流程优化运行模式，推动运行管理工作高效协同

1）优化完善预警监测。建立城市管理分析和预测模型，对高发区域和热点事件原因进行追溯和预测预警，实现对环境卫生、市容景观、户外广告、垃圾分类、渣土监管、园林绿化、道路桥梁、供热供气等运行管理态势的直观监测和集中展示。

2）优化完善运行规范。编制《青岛市城市运行管理服务平台运行管理指挥手册》《青岛市城市运行管理服务平台运行管理工作机制（试行）》等11项运行管理规范，建立问题发现、问题处置、核查结案、综合评价等运行制度机制。

3）优化完善案件处置。着眼重点和疑难问题，建立健全问题处置联席会议制度，对重点案件、高发案件、超期案件实行常态化推送。对每月运行处置情况汇总形成专项报告，报送市政府及相关领导，并向各区（市）、各相关职能部门、驻青单位进行通报。

（4）精准对接群众需求，扩大便民服务场景应用

平台对接12319热线、爱青岛APP、城管微信公众号，打造多元化民情民意来源渠道，及时解决群众身边的操心事、烦心事、揪心事。开发"点·靓青岛"微信小程

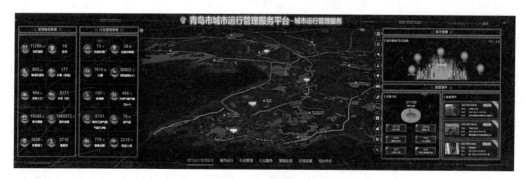

图7-10　青岛市城市运管服平台——运行中心

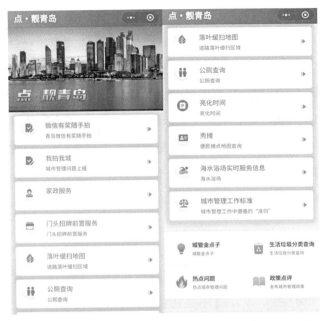

图7-11　青岛市城市运管服平台——"点·靓青岛"微信小程序

序（图7-11），设置了"我拍我城""城管金点子""微信有奖随手拍"等14大模块，实现城市管理问题"掌上报、掌上问、掌上查、掌上办"。"我拍我城"模块为市民提供了问题登记、地图定位、拍照、录音录像等多媒体信息上报功能；"城管金点子"模块接收市民群众对城市管理工作的意见建议，同市民进行互动；"信息发布"模块，对青岛市城市管理工作标准以及相关信息进行全面直观的分类展示，涉及市政设施、园林绿化、环境卫生、市容秩序管理等城市管理相关行业的27类标准、151项具体工作。

3．运行成效

青岛市坚持问题导向、需求导向、结果导向，通过建设城市运管服平台，不断创新城市治理手段和模式，初步破解了"发现难""管理难""服务难"等问题，平台日均流转处置城市管理问题8000余件，问题处置率和群众满意率均在97%以上，有效解决了群众身边的操心事、烦心事、揪心事。

（1）畅通多元化信息渠道，破解"发现难"问题

1）600余名采集员队伍负责日常采集，对全市12大类183个问题进行实时巡查、采集、上报。

2）基于大数据可视化、图像AI算法、深度学习模型等新技术，对店外经营、乱堆乱放等10余类问题自动抓拍、智能分析、自动流转和处置，实现从"被动发现"向

"主动发现、自动发现"转变。

（2）推进城市运行"一网统管"，破解"管理难"问题

平台纵向与国家平台、省级平台以及区（市）级平台实现对接联通，横向与市直部门实现协调联动，实现问题处置的高效协同。通过打造24个应用场景，推动相关部门围绕"高效处置一件事"，强化数据和业务的深度融合，大大提高监管能力和效率。例如，建筑垃圾监管应用场景运行以来，渣土车违规率和事故率实现"双降"，交通违章率从8%降至0.5%；环卫监管应用场景共享整合全市2051辆环卫车辆、749路环卫视频、1141座公厕和81座转运站信息数据；供热监测应用场景接入全市1000多个城市换热站，对市内四区供热区域实现监测全覆盖。

（3）创新便民服务方式，破解"服务难"问题

平台建立了政府与市民良性互动渠道，在为民服务"精准精细精致"方面做出了积极探索。例如，为方便市民查找公厕，将全市2000余处公厕的位置信息、开放时间、星级状况等在电子地图上全面标注、实时更新、及时发布。为巩固"小广告"治理成效，开发开换锁、修理上下水等家政服务类信息发布与查询模块，为商户提供信息发布和市民查询的便捷平台。为方便市民查找便民摊点，开发便民摊点信息管理服务模块，汇聚全市200余处便民摊点群、3万余个摊位信息，及时发布便民摊点地图，形成群众网上找商家、摊贩网上找摊位的良性互动。

4．下一步工作

青岛市将以"管用、爱用、受用"为落脚点，加快推进城市运行"一网统管"，因地制宜地推进平台功能和应用场景的升级优化，努力打造城市"运管服"平台建设的"青岛模式"，不断增强人民群众的获得感、幸福感和安全感。

1）持续完善运管服平台功能。重点围绕城市运行"安全高效健康"、城市管理"干净整洁有序"、为民服务"精准精细精致"，在数据汇聚、系统集成、联勤联动和共享开放上下功夫，不断丰富数据资源，提升数据应用能力和城市治理成效。

2）丰富城市运行专题应用场景。全面整合、优化和提升专题应用，重点将城市生命体征数据接入平台，将涉及市政基础设施建设和运行、房屋建筑施工和使用安全等专题场景应用纳入平台体系，实现对城市运行态势和生命体征的全面感知、实时监测、预报预警、分析研判和全周期管理。

3）不断完善平台运行机制。围绕"城市运行、城市管理、为民服务"三个方面，构建城市运行管理服务综合评价体系。完善平台运行指挥手册、工作流程，健全运行规范体系；优化全市各级指挥大厅工作制度、子系统运行管理制度以及考核机制，建

立管理考评体系，推动各方主体履职尽责，不断提高城市的科学化精细化智能化治理水平。

7.5　开封市

开封市深入贯彻习近平总书记关于城市治理和城市安全的重要指示精神，落实住房和城乡建设部、河南省住房和城乡建设厅关于建设城市运管服平台的相关文件要求，践行"以人民为中心"的理念，积极转变城市治理模式，着力在数据汇聚共享、场景应用赋能、业务协同联动、坚守安全底线上下功夫，加快建设全市统一的城市运管服平台，努力实现运行监测一张网、指挥协同一张图、分析研判一大脑，推动城市管理手段、管理模式和管理理念创新，助力提升城市治理体系和治理能力现代化水平。

1.主要做法

坚持需求导向、问题导向、目标导向，结合开封市智慧化建设实际，在城市综管服平台迭代升级基础上，建设城市运管服平台，重点在机制体制、数据汇聚、物联感知和场景应用上下功夫，主要工作可以概括为"塑机制""汇数据""强感知""重应用"，推动城市运行"一网统管"（图7-12）。

（1）塑机制。开封市政府调整了市城市管理委员会，出台了《开封市城市运行管理服务平台建设工作方案》，成立了以市政府分管领导为组长、相关市直部门为成员的开封市城市运管服平台工作领导小组，领导小组办公室设在市城管局，以数字化城市管理69家一级责任单位为基础，增加5家市直单位为平台运行协同单位，形成城市运行管理"大城管"机制。建立了市、县（区）、街镇三级城运体系，初步贯通三级平台与上、下级平台之间的数据。重塑城市管理考评体系，除智慧城管内部考评外，

图7-12　运行中心场景

又增加户外广告、生活垃圾分类等16个外部专项考评指标，建立起内外结合、城乡结合的运行管理服务综合考评体系。设置2100万元城市运行管理服务考评奖励基金，对考评成绩先进单位进行表彰奖励，对排名末位的责任单位进行扣罚，并在新闻媒体上通报批评。上报市纪检委拟出台《开封市城市运行管理服务问责办法》，针对平台运行当中各单位出现的问题，对责任单位主要领导、分管领导进行效能问责。通过奖惩、考评、问责的结合，形成了以奖励资金作为推动，以考评作为杠杆，以问责作为威慑的开封市运管服"一网通管"评价体系。

（2）汇数据。进一步强化城市供水、供热、供气、照明等城市市政公用行业数据在城市运行管理服务中的应用，加强市政设施、市容环卫、园林绿化、城管执法、户外广告、渣土运输、违法建设、城市停车、共享单车等城市管理专项业务数据的整合入库工作，接入共享基层社会治理平台、12345市长热线、市自然资源局基础地形图和三维实景、市政数据交换平台和审批系统、市生态环境局环境监测平台、市公安局"雪亮工程"、市场监管局社会主体商户监管平台等23个系统的数据，形成包括城市管理行业范围内的人、地、物、事、组织等全方位专题数据库群，实现城市管理行业数据资源全要素目录管理。以地理信息"一张图"为基础建立城市管理专题数据图层，将城市治理的人、事、物数据化，做到图下有管网、图上有三维、图中有部件，实现全市城市治理各项信息数据汇集、共享和展现，结合部件、事件、人员、法律法规拆分、房屋、危险品等数据建设了城市综合性管理数据库。目前平台内基础信息近500万条，每年获取实时数据近3亿条，初步实现了业务在线交互，数据实时流动，为城市运管服平台提供数据基础，为综合评价系统做数据储备。

（3）强感知。建设物联网感知平台，对重要点位加装智慧井盖监测，桥梁增加了速度计、静力水准仪和应变计，泵站进行了整体升级改造，对所有涵洞、立交、积水点增加水位计、报警器，对全市502家重点餐饮企业安装油烟监测，增加了9套排水管网流量计、水位计，增加了重点点位公厕智能监测；燃气公司对所有调压设施进行物联网改造，对流量计、阀门、阴极保护桩全部安装远程监控设备，对厂站所有重点部位安装泄漏报警探头，目前正加紧对全市民用和商用户燃气表进行物联网改造。通过增补城市物联感知设备，目前平台已经接入近3万个城市管理感知点位，城市内的空气、声音、土壤、水质、管网、泵站、桥梁、井盖、油烟、单车、车辆、人员等都在平台内实时显示。

（4）重应用。近几年开封市以应用场景驱动为引领，以"高效处置一件事"为目标，先后建设了城管安全监管系统（含智慧供热、供水、供气系统）、智能市政综合

图7-13　市政公用安全运行监测场景

监管系统、行政综合执法系统、城市综管服平台等，实现多场景纵横联动（图7-13）。

1）城管安全监管系统。目前已建设内容包括智慧供热、智慧供气、智慧供水、排水设施和安全日常监管等应用，实现城市运行安全的日常监管。

智慧供热将热源侧、管网侧、小区换热站侧及用户侧数据进行"四系统合一"，实现对供热情况全方位的数据采集与联动，所有换热站实现无人值守，远程监控，实现了科学调度，智慧供热。将开封市城区内所有道路的供热管网位置进行数字化定位采集，尤其是针对管网的阀门井、弯头、三通、补偿器等关键位置信息，以及以往出现过泄漏的位置和维修位置等管网薄弱点进行定位采集，并呈现在管网建设图上。

智慧供气实时监测覆盖全市所有室外燃气管道、阀门、调压设施等信息。13.3万块无限远传模式燃气表，206台流量计压力、300台调压设备压力和各个站区燃气泄漏报警器数据实时显示，超过阈值自动报警。平台显示巡线员实时位置、巡线轨迹，确保日常巡线无死角，每日管网巡视率100%。平台对开封市大型综合体建立三维模型，对报警能够精准定位。

智慧供水对开封市三个水厂7个出水口进行全链条物联网监测，建设138个水质、流量、压力监测点位，实时显示每个点位供水的pH、浊度、余氯数据。

排水设施系统2021年详细普查了开封市污水管道、雨水管道、合流制管道、检查井、雨水口、排放口、泵站等排水设施的情况。按照管线类型，通过鲜明、不同的颜色进行标绘，确定管线在地图中的整体分布情况，同时可以通过图层管理，查看单个管线图层的分布及管网管径统计情况。可对全市所有管网、雨水污水井一键查询，对存在的各类缺陷和雨污混接点实现精确定位和图像查询。

安全日常监管是相关负责人使用PC端建立每日检查工作，一线人员使用移动APP进行每日填报风险、分派风险、处理风险、审核风险等操作，实现自下而上的数据汇集反馈，并采集风险数据，督导各层级人员加快实施整改进度，通过填报、整改等操作数据产生进行多维度统计分析，形成各类图形报表，大屏直观反映各项安全管理情况，对可能导致事故发生的征兆进行事先预报。

2）智能市政综合监管系统。建立了集"市政设施管理、应急防汛指挥、管网监测、内涝防治、道桥监测"于一体的"智能高效、互联互通"综合市政监管体系，提高城市市政综合管理能力、排涝能力、排水能力，提高排水管网、道桥检测的效率，提升应急管理能力，建设完善了安全事故救援分析决策和指挥调度机制，推进事故信息实时化、救援对象精准化、力量部署精确化，提高智慧系统在应急救援方面的应用水平。平台包含防汛应急指挥系统、智能管网监测系统、城市抗内涝预警数值仿真系统、桥梁安全监测与诊断系统4个模块。

3）行政综合执法系统。以健全基层实体化综合执法平台为依托，以完善常态化基层执法协同机制为途径，搭建市、区、街（乡）三级综合执法平台。通过建立执法主体对象数据、法律法规数据等执法数据库，有效整合综合执法资源，加快推进执法信息互联互通共享，让基层执法力量更集中、行为更规范、办案更高效。具体建设内容包括一个执法数据库，涵盖基础地理数据、法律法规数据、执法文书数据、权力清单数据、三维实景数据、专项数据、社会主体对象数据等；五大执法功能，即执法在线全过程办案、事前事中事后执法全过程监督、专项执法管理、执法实时调试、执法大数据分析。系统将城管领域、生态环境领域等共计6个领域、168部法律法规，按照案由、违则、罚则拆分录入；按照行政许可、行政强制、行政处罚为各行政执法单位建立权力清单数据库；将140余个各类执法领域文书统一标准录入系统，实现了执法文书目录化、编码化梳理，规范了文书的使用；划分5811个网格作为基层综合执法工作责任网格，为执法网格化，执法标准化，执法精细化提供最基础的数据支撑，解决了以往城市管理执法工作中出现的管理体制不顺、职责边界不清、法律法规不健全、管理方式简单、服务意识不强、执法行为粗放等问题，创新了行政执法方式和管理机制。

4）城市综管服平台。完成了国家平台的对接、数据交换中台、综合性城市管理数据库等基础框架。扩展建设了视频智能分析，完成35类城市管理问题视频算法识别，实现探头站岗，鼠标巡逻；建设了网络舆情采集，24小时精确监测各新闻媒体、网站等第一手舆情信息，并对舆情进行分类、统计，生成舆情报告；建设了领导驾驶舱移动端，实时显示智慧供水、综合执法、城市防汛、分析决策等12个行业的运行数据，为管理者提供决策依据，提高城市管理工作调度指挥能力。

2. 打造"智能、精细、科学"的开封特色

通过开封市城市运管服平台建设，打造形成了智能化、精细化、科学化的开封运行特色，分别是"城管大脑""智慧城管""运行监测"。

（1）"城管大脑"智能化。在城市治理中，为了让数据说话，以数据管理、用数据决策，我们建设了一个为城市运行管理者和决策者提供"一站式"决策支持的管理信息中心系统——城管大脑，实现指标分析及决策场景落地，做实常态化分析研判，形象直观动态显示数字城管、综合执法、市容环境、市政监管、运行中心、智慧园林、公用事业、便民服务、AI智能和城市生命线等运行指标体系（图7-14）。其中，市政监管包含智慧渣土、油烟监测、工地监管、路灯监管、泵站管理，公共事业包含智慧供热、智慧供气、智慧供水。每个专题都利用了多种算法模型，对数据进行深挖、加工和分析，形成了集多源数据接入、智能分析预警、扁平化处置于一体的智能城市运行管理体系，实现源头管控、过程监测、预报预警、应急处置和综合治理。接入公安、政法近万路视频监控，利用智能分析算法和模型，聚焦"人、物、事、动态"，准确了解城市基本体征信息，自动发现城市安全、人员密集、城市管理等众多问题；发现问题后系统自动预警、问题自动判别、案件自动转发，使各类问题被发现得更早、监督效率更高、群众享受的服务更多、领导决策更精准。

（2）"智慧城管"精细化。进一步夯实智慧城管基础，充分发挥智慧城管在城市运行管理服务中主力军的作用。开封市智慧城管平台责任单位包含4县、6区、21个市直部门、38个相关单位，市级、县（区）级平台一体化部署、一体化运行，构建了全市统一的市、县（区）、街道办（乡镇）、社区（村）四级平台体系。围绕"高效处置一件事"，建立了全市统一的城市运行管理分类标准，规范各类事件、部件的处置流程，实现条块网络畅通、数据共享、业务联动。同时，建设了城市运行精细化管理一张图，覆盖建成区188.75km^2。对市政、园林、环卫、亮化等行业共45万个城市设

图7-14 AI智能场景

施进行统一编码入库，完成7大类、98小类城市管理部件以及6大类、76小类城市管理事件确权定责工作，支撑"横向到边、纵向到底"的城市运行精细化管理。

（3）"运行监测"科学化。开封是住房和城乡建设部城市基础设施安全运行监测试点城市之一。针对桥梁、道路、供水、排水、供气、供热、防水排涝等影响城市安全运行的重要基础设施，开封一直在不断完善全面感知和动态监测的建设，2022年上半年投入资金近1亿元，其中开封新奥燃气公司投入近4000万元，市级层面投入2200多万元，不断加强传感元件、精确测控、示踪标识等技术手段在实战中的效果。开封市政府不断组织各相关单位和专家研判城市基础设施安全运行监测平台预警、分析、辅助决策等功能开发和利用，不断分析生命线风险及耦合关系，深度挖掘城市生命线运行规律，提高平台的实战能力。加强日常维护检测，上半年开展道路空洞检测和桥梁检测，在每个风险点建立安全运行日报APP，实时填报风险、分派风险、处理风险，构筑监测预警安全保障，确保城市运行安全高效。

3．下一步计划

开封市将以推动城市运管服平台建设工作为抓手，不断完善综合评价、监测预警、指挥调度等机制体制，不断探索智慧路灯、智慧停车、智慧巡查等新兴技术在城市管理中的应用，增强一线单兵设备功能，让智慧触角延伸到城市治理末端，真正达到"决策中有用、实战中管用、一线人员爱用、群众感到受用"的效果，大幅度提升城市治理"智治"水平。

7.6 亳州市

1．基本情况

亳州市于2015年正式上线数字化城市管理平台，并在2020年基于数字化城市管理平台升级建成了城市综管服平台，2022年，根据住房和城乡建设部最新印发的城市运行管理服务平台相关标准规范要求，结合亳州的实际情况，在城市综管服平台基础上，整合了城市生命线安全运行监测系统，完善了智慧市政、智慧环卫、智慧园林、综合执法、城市防汛、五车管理、共享单车等系统功能，搭建了实战管用、基层爱用、群众受用、具有亳州特色的城市运管服平台（图7-15）。

2．主要做法

（1）构建"一委一办一中心"的统筹协调机制

一委：为了更好地发挥高位组织、高位指挥、高位协调的作用，推动亳州城市管

图7-15　亳州市城市运管服平台

理工作的全方位提升，亳州市于2013年成立了城市管理委员会，整合了市政公用、园林绿化、市容环卫、城市管理执法和城市生命线安全运行监测等城市管理相关职能，重塑了事业单位机构职能体系，规范了"建、管、监"事权，构建了亳州市"大城管"工作格局。

一办：城管委办公室设立在市城市管理局，主要负责制定市城管委各成员单位联席会议制度，定期组织各成员单位及有关行业部门召开会议，研究制定城市管理工作规划，协调解决相关问题等。

一中心：为了进一步加强城市运行管理服务指挥队伍建设，城市管理监督指挥中心增加了城市生命线安全工程运行风险监督管理、联动处置及长效考核的相关职能，正在组建信息共享、协调顺畅、督导有力、运行智能、指挥高效的城市运行管理服务指挥中心，通过场地融合、平台融合、队伍融合、资源融合，构建从"有形"到"有效"的城市运行管理服务工作体系。

（2）聚焦"城市运行"，增强城市安全风险防控能力

聚焦城市运行"安全高效健康"，根据安徽省委省政府印发的《关于推广城市生命线安全工程"合肥模式"的意见》要求，亳州市印发了《亳州市城市生命线安全工程建设工作方案的通知》，将城市生命线工程建设接入城市运管服平台。

1）成立城市生命线安全工程建设推进工作领导小组。亳州市高位统筹，成立了由市长担任组长，常务副市长担任常务副组长，分管副市长担任执行副组长，市直有关部门为成员单位的城市生命线安全工程建设推进工作领导小组，同时制定了亳州市城市生命线安全工程建设推进工作领导小组及成员单位职责，确定市城管局为建设主

体，负责统筹、协调城市生命线安全工程建设。

2）构建"政府领导、安委会牵头、多部门联合、统一监测服务"的安全运行机制。针对城市安全责任分属多级组织、风险隐患关联广泛以及风险预警和行动决策技术难度高的特点，亳州市建立以市城市生命线安全工程建设工作领导小组为领导决策核心，以市城市管理局、市应急管理局、市交通运输局、省生命线安全运行监测中心等行业监管单位和城市安全主管机构为安全管理监督和业务指导，以专业公司为监测预警、分析研判中枢，以燃气、供水、桥梁、排水等权属责任单位为风险处置的联动组织架构，形成"政府领导、安委会牵头、多部门联合、统一监测服务"的安全运行机制，如图7-16所示。

同时，亳州市制定了城市生命线安全工程运行监测预警联动响应工作机制，根据安全预警状况建立相应的一级、二级、三级风险应急响应流程，将燃爆、火情、汛情等作为特急案件点对点向处置单位交办，行业监管部门跟踪督办，有效保障城市生命线安全工程高效运行。

3）创新城市生命线安全运行监测应用场景。亳州市城市生命线安全运行监测的建设内容包括风险评估、城市生命线监测感知网、城市生命线安全工程数据库、城市生命线安全工程应用系统，以及燃气、桥梁、供水、排水四个专项应用系统等，如图7-17所示。

城市生命线安全运行监测系统自接入城市运管服平台系统以来，对覆盖全市17座桥梁、184km的燃气管网、152km的供水管网、575km的排水管网等的城市生命线

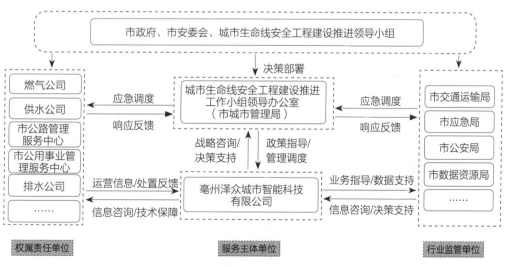

图7-16　亳州市城市生命线安全工程组织架构图

图7-17 亳州市城市生命线安全运行监测系统

安全工程运行情况开展实时监测、分析研判、风险预警、监督管理、协同处置和信息共享等工作，累计监测到燃气管网沼气预警、燃气调压柜泄漏、供水管网爆管、城市内涝报警360余起。其中，燃气专项系统监测到燃气浓度超限一级报警13起，二级报警68起，三级报警93起，经分析研判确认，11起报警为调压柜内阀门问题，其余均为沼气堆积；供水专项系统监测到漏失报警23起，流量报警13起，压力报警104起，经分析研判确认，真实漏失3起，泵站运行异常事件4起，爆管预警2起；排水专项系统共监测到窨井水位超高报警33起，内涝报警13起，经分析研判确认，2起为管网淤堵导致，14起为强降雨导致。按照《亳州市城市安全运行风险监测预警联动工作机制》，相关警情均及时推送至相关单位进行风险处置，有效地提升了城市安全运行水平。

（3）聚焦"城市管理"，提高城市精细化管理水平

聚焦城市管理"干净整洁有序"，亳州市以网格化管理为基础，不断健全运行机制，有力提升问题发现能力和处置效率；整合完善市政公用、市容环卫、园林绿化、城管执法等城市管理全行业应用，创新智能化应用场景，提升城市精细化管理水平。

1）健全网格化管理运行机制，实现"高效处置一件事"。

平台通过构建以"精准化"事部件确权为基础、"多渠道"发现问题为支撑、"扁平化"派遣交办为核心、"销号制"整改问题为监督、"核查式"检验质效为考核的运行体系，更加全面、迅速、高效解决城市管理问题。2022年上半年，平台受理各类城市管理问题24.5万余件，整改24.2万余件，整改结案率达到99%。

"精准化"事部件确权。对亳州市5大类、108小类共109万个城市管理部件及6大

类、120小类城市管理事件进行了精准确权，明确事部件具办单位、具办人，如图7-18所示。每一个部件对应一名具办人员，每一类事件按区域对应一名具办人员，通过信息终端，实现人物互联，形成一一对应的终端处置网络和管理体系。

"多渠道"发现问题。一是全覆盖路面巡查，按照社区数量将主城区划分为61个工作网格，每个工作网格每天安排一名专业信息采集人员在网格中监督城市管理问题；二是重点区域视频排查，利用主城区11820路摄像头，根据街道办事处的管辖范围划分成21个视频监控电子网格，分区进行

大类名称：公用设施类			
小类代码	部件名称	主管单位	部件数量
0106	路灯井盖	城管局	1405
责任单位	具办人及联系方式		
市公用事业处			
路灯所			

说明：标有路灯等字样的路灯地下专用管线的井盖

图7-18 亳州市城市管理事部件划分示意图

视频排查，并通过视频智能分析技术，实现对监控区域内的城市管理问题自动识别上报（图7-19）；三是专业化非现场检查，以环保类问题为例，设立环境保护非现场检查组，应用指挥协调系统，以视频监控为手段，坚持问题导向，突出重点领域，发现

图7-19 亳州市西曹巷口新兴路交口视频拍摄画面

和交办环境保护问题，进一步推动中央、省环保督察反馈和交办问题的整改。2022年以来，非现场检查共交办整改各类环保问题1500余件，持续改善环境质量，有力地推进了亳州市的生态文明建设。

"扁平化"派遣交办。按照部件问题精确确权到处置单位和具办人员，事件问题精确确权到具体管理网格或路段管理责任单位及责任人的方式，建立了覆盖62家处置单位及527名具办人员的专业处置队伍。按照"同时派遣、逐级反馈"的要求，创新了"一岗派出、一级交办、逐级反馈的扁平化"指挥模式，简化了案件流转中间环节，压缩了冗余的工作流程，使得落实分工更具体，具办人员责任意识更强，极大地提高了案件处置效率，如图7-20所示。

"销号制"整改问题。将担负有平台派遣问题整改任务的部门、单位分成五类不同的考核对象。第一类是区级政府；第二类是街道办事处及区级政府的相关职能部门；第三类是高新区管理中心及相关职能部门；第四类是市直各职能部门；第五类是提供公共服务的各类公司企业。整改责任单位和具体办事人员通过平台接收派遣任务，具体办事人员接收到信息提示后，第一时间完成整改，并通过平台逐级上报申请销号。

"核查式"检验质效。建立了"内外结合，抽样核查"的核查结案机制。一方面，按照"谁上报，谁现场核查"的原则，由路面信息采集员、视频信息采集员根据城市运管服指挥中心发出的核查指令，对各处置单位落实整改情况分别采取实地查看、视频查看等方式，查看问题整改质量；另一方面，广大市民可通过"我家亳州·随手

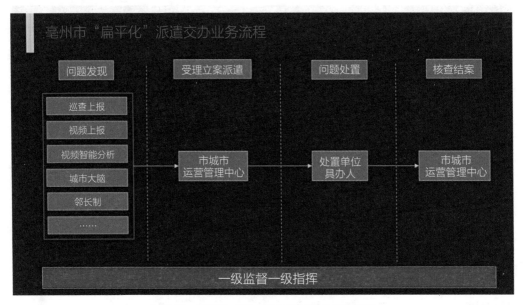

图7-20 亳州市"扁平化"派遣交办业务流程图

拍"反映的问题，进行网格化分工落实核查。

对接"创文"工作。按照《亳州市创建全国文明城市实地考察指导手册（2022年版）》（以下简称《指导手册》）明确的41项责任清单，市城市管理局对照《指导手册》，针对主次干道、背街小巷、商业大街、公共广场、公园、建成区内的河流湖泊、马路市场、城乡接合部等地点，进行了包括空中管线破损、沿街招牌破损、路灯不亮、路名牌破损缺失、窨井盖丢失、毁绿破绿、道路破损、交通护栏缺失、牛皮癣小广告、小区内私搭乱建等10项问题的专项采集。

根据《指导手册》针对小区的29项创文指标，筛选出7项涉及市容市貌环境卫生的问题，进行采集并监督考核，采集内容包括损坏公共设施现象，环境卫生情况，空中缆线杂乱、乱拉乱设、飞线充电；建（构）筑物及依附于建（构）筑物的玻璃幕墙、展板等是否安全牢固、完好无损，户外广告设施和招牌设置是否牢固可靠，有无占道经营现象，有无乱搭乱建现象，基础设施情况等。将采集的问题统一纳入运管服平台的指挥协调系统，并派遣至相关责任部门进行整改，同时将文明创建专项检查情况纳入晨报、周报进行通报。2022年1月至今，通过城市运管服平台受理创文类案件共计47213件，结案46504件，结案率98.5%。

2）整合城市管理全行业应用，创新智能化应用场景。

亳州市将智慧市政、智慧园林、智慧环卫、综合执法、五车管理、共享单车等行业应用系统集成至城市运管服平台（图7-21），并按照"实战管用、基层爱用、群众受用"原则开发智能化应用场景，提升城市治理水平。

图7-21 亳州市运管服平台——行业应用系统

城市防汛"点长制"场景。亳州市创新性地打造"人防+技防"的城市防汛治理体系。在人防方面，建立了一套"点长负责、部门协同、运转高效"的城市防汛应急体系。一是建立机制，明确"谁来干"。建立由市长任总点长，分管副市长任副总点长，市直部门主要负责同志担任中心城区易涝点点长的防汛排涝工作机制，实现重大易涝点点长设置全覆盖。二是压实职责，明确"干什么"。制定《亳州市中心城区防汛排涝点长制工作方案》《城市防汛点长制工作手册》和点长制工作流程，明确点长汛前、汛中、汛后的工作职责。制定《亳州市城市蓝、黄、橙、红四级响应工作流程》，黄色响应启动时，22个重大易涝点点长要第一时间到达易涝点位置；橙色响应启动时，所有易涝点点长都要到达指定位置，现场指挥快速排水，实现专人专岗、专人值守，确保易涝点有人管、有人抓。三是建强队伍，明确"怎么干"。将城市防汛人员、设备、工具、车辆等资源进行最大程度的整合，组建一支150余人的专业化防汛应急队伍，发动城管、环卫和市政等800余人组成防汛排涝中坚力量，调集主城区范围内三区、城管、环卫等部门泵车、吸污车36辆，水利、应急部门抽水泵140台，统一调备、统一调用。通过点长统筹负责，公安、城管、市政、街道等防汛人员配合，形成了"点长吹哨、部门报到"的工作机制，打通了防汛责任落实"最后1米"，织起了城市防汛治理"一张网"，实现信息上传下达、应急指挥调度以及跨部门协同的畅通有序。在技防方面，整合市主城区22个易涝点位信息，44名点位包保责任人信息，重要防汛机械设备信息，以及河道、隧道、涵洞、易涝点路段等116个重点监控位置信息，利用即时通信技术，实现语音互联，防汛指挥人员使用移动终端即可指挥调度城市防汛，防汛抢险人员及机械设备根据接收到的指令，快速参与城市防汛抢险工作，如图7-22所示。此外，对城区范围内的易涝点，采取三年为一周期的"整改—检验—变更"动态管理模式，即第一年通过城市防汛场景发现确定城区易涝点位，派遣至相关单位落实整改，第二年汛期检验整改效果，第三年进行点位变更。自2020年以来，通过人技结合，有效整改城区易涝点位48处。

五车管理"一拍明了"场景。进一步强化对生活垃圾运输车、道路清扫车、洒水车、建筑渣土运输车、商品混凝土运输车（以下简称五车）的运营监管。结合路面执法的需要，打通了五车监管系统与公安交警大货车进城许可系统、公安交通卡口监控系统、住房和城乡建设部门建筑工地视频监管系统之间的数据壁垒，利用互联网技术、AI技术进行智能分析，将原来需要通过各平台相互检查验证烦琐、低效的工作方式，简化成执法人员使用执法终端拍一张五车监管车辆的车牌号上传到平台，即可实时掌握车辆是否违规的高效联动工作方式，如图7-23所示。

图7-22　移动端汛情信息界面

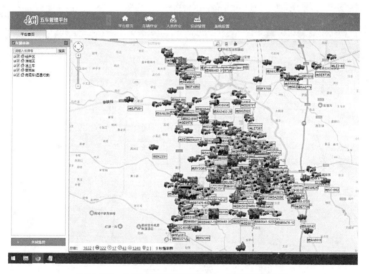

图7-23　亳州市运管服平台——五车管理系统

　　园林绿化"一框统计"场景。依托主城区绿地普查基础数据，实现了对全市范围内的建成区、街道、社区绿量的"灵活框选、精准分析"。根据创建全国园林城市的数据标准，秒算出社区、街道、建成区需要增绿、补绿的最低数量，同时可实时检测绿化情况、对树木缺棵少株、草坪裸露黄土情况进行分析，为动态分配园林养护资源、高效开展园林养护作业提供科学决策，如图7-24所示。

　　城市管理"电子执法"场景。亳州市城市管理局的执法事项包括了市容环卫、市政公用、园林绿化以及住建、生态环境、规划、市场监管等领域共522项，为破解行

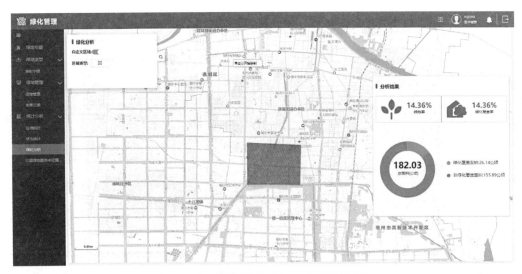

图7-24 亳州市运管服平台——绿化管理系统

图7-25 亳州市运管服平台——电子执法系统

政执法过程中"程序繁、冲突多、取证难"等突出问题，研发了城管"电子执法"系统（图7-25），将行政执法全过程记录、法制审核、执法公开融入系统，实现了"信息共享、互联互通，管罚分离、精准执法，数据分析、阳光操作"。截至目前，已规范办理6000余件执法案件，真正实现了执法过程的"事前、事中、事后"规范化监管。

（4）聚焦"公众服务"，提升市民参与度和获得感

聚焦为民服务"精准精细精致"，开发了亳州城管随手拍智能终端（图7-26），并对接到"我家亳州"APP，通过有奖举报的方式鼓励广大市民进行城市管理问题的

发现和上报。2022年以来，已通过手机端接收社会公共举报4000余件，公开接受市民监督，基本做到事事有落实，件件有回音。此外，通过城管随手拍还提供了如"找公厕""找公园""找停车场"等城市管理相关的便民服务事项，有效提高了群众的参与程度，让市民有更多的获得感。

（5）聚焦"绩效评价"，发挥"以评促管"最大效能

1）专项制考评问责，构建市民参与城市管理考核新通道。

图7-26 亳州市城管随手拍

按照市级平台"抓统筹、重实战、强考核"的要求，平台中置入了第三方考评专项系统。人大代表、政协委员、效能监督员、行风评议员、网友、热心市民均可申请参与到案件办理的复核、上传、处置、审核等环节，并给予评价打分。依据考核办法，以30%的比例纳入月度对62家处置单位的办件考评，年度成绩纳入亳州市效能建设考核，形成了独具特色的市民参与城市管理考核的新通道。截至目前，已有人大代表、政协委员、知名网友和热心市民共计200余人参与其中。

2）常态化晨报、周报、月报考核，保障有效及时整改问题。

为保证整改所交办问题的有效性、及时性，平台通过常态化晨报、周报、月报对62家被考核对象以及527名具办人分类进行考核排名。以月度具办人考核为例，综合运用"应处置数、处置数、按时处置数、超时处置数、待处置数、按时待处置数、超时待处置数、处置率"等指标，每月对具办人办件情况进行评价排名，并在月度城市管理考核工作推进会上将具办人办理案件排名情况作为会务材料提供给区级领导、市直单位负责人、被考核单位负责人等，考核结果在亳州电视台、亳州晚报公布，作为激励具办人员工作积极性的重要手段。

下一步，亳州市将深入贯彻住房和城乡建设部《建设指南》《技术标准》《数据标准》等标准规范，着力查不足，扎实补短板，认真借鉴先进地市的经验做法，在新起点上提升亳州市城市运管服平台的实战应用水平，使城市运行、管理、服务更扎实、更高效。

第**8**章

特色类案例

8.1 重庆市

重庆市深入贯彻习近平总书记关于提高城市科学化精细化智能化治理水平的重要指示精神，按照住房和城乡建设部的工作部署，加快推进城市运管服平台建设，不断推动数字化城市管理向智慧化城市管理升级，着力构建感知、分析、服务、指挥、监察"五位一体"城市"智"理体系，取得积极成效，如图8-1所示。

1．夯实基础，平台建设加快推进

（1）扎实推动平台建设。一是立足重庆实际，加强系统谋划和总体统筹，印发《关于加快推进城市运管服平台建设和联网工作的通知》，明确全市平台建设的总体框架、建设内容、目标任务、工作计划等。二是市级平台建设完成城市管理执法指挥调度系统、供节水政务服务系统并上线运行，智慧市政设施、市容环卫、园林绿化3个系统已完成项目采购，正在加快推进建设。三是编制了区（县）智慧市政设施、智慧市容环卫、智慧园林绿化等信息系统建设可行性研究报告和概算方案参考文本，促进各区（县）规范、高效推进平台建设工作。四是组织在渝高校专家成立智库，为平台建设提供技术支撑。

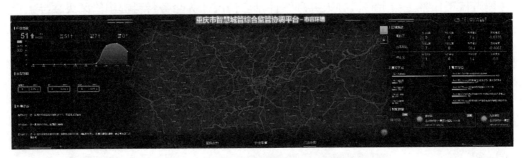

图8-1　重庆市城市运管服平台——市容环境

（2）健全网格体系。深化城市管理部件事件"定格、定责、定人"，实现市本级、41个区（县）网格化管理平台全覆盖、数据全汇聚。截至2021年底，全市划设单元网格6.45万个，网格管理覆盖面积1609km²，完成1011万个城市部件普查，实现城市部件定位编码、确权等基础数据入库管理。

（3）完善工作机制。建立以市、区（县）城市综合管理领导小组为支撑的高位协调机制，将相关处置责任部门（单位）纳入管理体系，各区（县）平台接入专业处置部门（单位）2200余个，条块协调联动的大城管格局不断完善。探索城市管理重心下移，试点建立52个街镇分平台，近300个工作终端延伸到社区。

（4）加强考核评价。坚持平台线上监督考核与"马路办公"现场督查督办相结合，以"定期通报、专项考评"推动城市管理问题的有效解决（图8-2）。2021年，发现城市管理问题256万件，结案率95%以上。

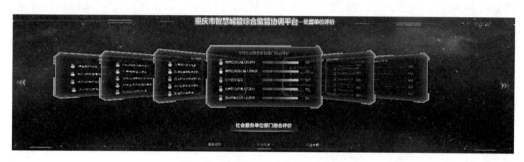

图8-2　社会服务单位部门综合评价

2．汇聚数据，逐步形成"一屏通览"

（1）筑牢数据基座。市城市管理大数据平台（二期）上线运行，实现智慧城市管理"大屏端、PC端、移动端"三端集成，推动全市城市管理行业信息系统本底调查和数据汇聚，平台已接入行业信息系统151个，汇聚数据2.2亿条，搭建专题数据库21个，形成专题图层272个，行业数据资源治理体系日趋完善，问题高发预测、关联分析、热力对比等大数据分析应用实现智能化，促进决策的科学化和可视化。

（2）拓展感知监测。部署市级城市管理物联网平台，接入市政桥梁、化粪池危险源、城市照明、窨井盖、边坡等前端感知设备3万个。全市行业智能化监管作业人员8700人、作业车辆4200台、垃圾中转站（处置场）438座、化粪池危险源7600个，跨江大桥结构运行状态在线监测19座（中心城区16座），智能化改造城市公共停车场6281个，路内停车位5.25万个，全市城市照明智能化控制率达83%（两江四岸核心区智能化控制率达100%）。

3．融合资源，助推问题处置"一键联动"

（1）推动视频资源共享应用。组织对全市学校、景点、商圈、车站等重要区域和主次干道重点路段公共安全视频资源调查，加大视频资源共建共享力度，市级接入重点区域视频资源点位2.3万个，区（县）共享接入视频资源点位共13.5万个。探索推进视频在智能发现问题、远程核查结案应用，全市通过智能视频分析自动发现城市管理问题17万件，远程核查结案14.6万件。

（2）赋能城市运行风险治理。重庆市由住房和城乡建设部确定为全国城市治理风险清单管理试点城市。基于市城市管理大数据平台，按照城市治理风险清单，创建全市城市自然灾害安全风险点"红、橙、黄、蓝"四色等级空间分布图，建立城市管理安全风险点专题数据库，将风险点的责任主体、维护队伍、应急预案等基础数据与城市公共安全视频相关联，构建形成桥梁、化粪池、城市公园、供水厂网等城市管理风险点"一张图"，实现一个屏幕看清城市管理资源分布、把握城市运行风险状态。

（3）打造融合一体调度系统。围绕常态监督管理、重点专项保障、安全应急指挥等工作，以城市管理大数据平台、融合通信、电子沙盘、城市管理视频监控资源池等为基础，打造城市管理融合指挥调度系统，建立指挥调度联勤联动机制，目前已具备日常巡查、应急指挥任务"一键下达"、4G/5G集群对讲、远程可视研判等能力，形成智能化、一体化指挥调度体系。

4．服务群众，不断提升"一端服务"水平

（1）高效处置群众诉求。整合12345、12319民生服务热线、舆情系统、门户网站、微信公众号等渠道收到的群众诉求，做到接诉即办、有诉必办、闭环管理、跟踪问效，2021年受理市民诉求5.5万件，办结率99%以上，回访满意度95%以上。

（2）主动提供民生服务。围绕城市管理痛点、难点问题，在全市范围内开展公共停车位、公厕、直饮水点、劳动者港湾、规范管理摊点区、过街设施等基础数据资源普查，构建公众服务主题数据库，创建公众服务地图，丰富停车、公厕、公园、饮水、志愿服务、公益活动等查询服务功能，提升便民惠民利民"一端服务"水平，满足美好生活需求，增强市民的获得感和幸福感。

下一步，重庆市将按照住房和城乡建设部工作部署和市委、市政府工作要求，结合工作实际，加快城市运管服平台建设，在"夯基础、搭平台、建场景、惠民生、破壁垒"上下功夫，不断延伸智能触角，持续深化智能应用，不断提升城市治理智慧化和服务人性化水平。

8.2 沈阳市

沈阳市深入贯彻习近平总书记关于城市管理工作的重要指示精神，按照住房和城乡建设部有关工作部署，遵循以人为本、问题导向、现代治理、品质提升的四大原则，结合沈阳市的实际情况，加快推进城市运管服平台建设，开发智能化应用场景，智慧赋能城市精细化管理，提升政府治理效能和服务质量，取得积极成效。

1. 搭建城市运管服平台基础架构

沈阳市于2009年开始探索"网格化"城市管理模式，搭建了以区域为监管单元，以街道办事处为基本方格，采取网格化多层次循环监管，进而实现城市管理的全方位、全时空、全覆盖治理为目的的城市网络。2017年，沈阳市将"网格化"城市管理向"智慧化"城市管理升级，并于2019年加快推进城市综管服平台建设和联网工作，不断加速城市管理模式的迭代。2020年以来，按照住房和城乡建设部关于建设城市运管服平台的部署要求，沈阳市城市管理行政执法局成立工作专班，建立日调度、周例会、月观摩工作机制，全力推进城市运行"一网统管"建设工作。2021年，结合沈阳市智慧城管和网格化管理基础，搭建"1、1、6、N"业务架构，提升"一网统管"管理能力。

2. 统筹管理要素，夯实城市运行管理基础

（1）一图汇聚资源，推动运行态势精准展示

沈阳市建设城市运行精细化管理"一张图"，覆盖和平、沈河、铁西、皇姑、大东、浑南、于洪、沈北、苏家屯9区，765km²、51495个单元网格，1093个责任网格，4784个路长制管理路段，对市政、园林、市容、环卫、亮化等行业共232.86万个城市部件设施进行统一标识编码，接入9.6万路智能感知摄像头，完成5大类、130小类部件以及7大类、107小类事件确权工作，保障"横向到边、纵向到底"的城市运行精细化管理。

（2）一屏指挥调度，强化问题处置协同联动

建设全市统一的应用平台，按照"两级监督、两级指挥、三级考核、四级联动"的工作模式，建立市、区、街道、网格（路段）四级管理体系，通过市、区两级监督指挥中心联通市建设局、交通局、水务集团等27个市级单位，区市场、交警、房产等378个区级单位，99个街道和1047个社区（图8-3）。市级中心承担指挥、调度、派遣、监督等职能，区级中心统筹协调本区域内路长制和网格化管理工作，对街道和区职能部门履职情况考核，对街道网格管理机构相关业务进行培训和指导等，如图8-3所示。

市级 部门	住房和城乡建设委	公安局	交通运输局	执法局	城建局	房产局
	生态局	民政局	路灯局	邮政局	气象局	人防办
	水务局	电信沈阳分公司	移动沈阳分公司	联通沈阳分公司	沈阳地铁	……
区县 部门	执法分局	房产局	交警大队	城建局	文体局	民政局
	生态局	人防办	人社局	公安分局	交通分局	……
街道	浑河湾	马路湾	前进街道	八经街道	长白街道	……
社区	太平里社区	光复里社区	道鑫贸社区	道南九社区	道建街社区	

图8-3 沈阳市城市运管服平台——指挥联动系统

（3）一网凝聚合力，推进全民参与共治共管

通过统一的电子政务外网，采用集中式部署方式，实现市、区一体化运行，囊括了9区共969名网格监督员、118名系统坐席员、1340名基层路长，对责任区域内问题进行现场处置、问题上报和结果复核；151名考核人员对各路段问题进行监督考核；市民群众直接通过"市民通"APP和微信公众号对各类城市管理问题进行监督反映，实现全方位、多元化、全民共治新模式。

（4）一体管控运行，助力精细管理流程再造

以"路长制"为抓手，统筹推进全市精细化管理工作。围绕"洁化、序化、绿化、亮化、美化、文化"的建设任务，以及"标准化、设计化、法制化、网格化、社会化、智能化"的管理要求，夯实"定格、定线、定人、定时、定量、定责、定质、定论"的网格化"八定工作法"，构建"1+6+N"的路长制管理模式："1"为三级路长，由街道干部或社区书记、主任担任；"6"为城市管理、城市管理执法、公安交警、市场监管、生态环保工作人员和志愿者；"N"为嵌入路队的其他相关管理部门工作人员。通过对全市路段进行"路长制"全覆盖检查，共评选出88个良好路段。

3．升级运行机制，推动城市管理精细扁平

（1）"三融五跨"实现信息全互通

打造"网络通达、业务上云、数据共享、统一授权"的新型基础设施，横跨市、区、街道、社区4大层级和市内9区，实现了49个系统、1551个部门和237项业务的融

合互通，实现了城市管理的"技术融合、业务融合、数据融合"，促进"跨层级、跨地域、跨系统、跨部门、跨业务"的协同管理和服务，助力城市管理由经验式、粗放式管理向智能化、精细化管理的转变。

（2）"双轮驱动"实现问题早发现

增加路长制、市民上报、智能识别等问题发现渠道，拓展物联智能感知系统，综合运用视频采集和图像识别技术，打破监督员巡查盲区，建立"人工巡查+智能发现"的双轮驱动问题发现机制，构建全方位的问题感知体系。2021年8月—2022年2月，已依托双轮驱动机制派遣约85.36万件各类案件。

（3）"吹哨报到"实现问题快处置

畅通基层管理者和百姓问题反映路径，推进智能化手段向基层延伸，给予社区网格、基层路队、市民百姓话语权，破解部门责任匹配不合理、联动协同机制不完善的困境，夯实"基层吹哨，部门报到"的工作机制，实现"民有所呼，我有所应"。2021年8月—2022年2月，共响应处置约79.24万件城市管理问题，处置率达92.8%。

4. 建设应用场景，辅助运行态势智能研判

聚焦城市管理中的痛点难点，基于城市管理执法领域，接入城乡建设、生态环境、交通运输等领域成果，建设涵盖城市运行、行业监管、智能预警等方面的具体应用场景，辅助城市管理事前预判、事中监管和事后评价，构建集多源数据接入、智能分析预警、智能扁平处置于一体的智能城市运行体系，探索大数据辅助决策的城市治理新模式。

（1）"路长慧眼"场景。结合路长制，运用视频采集、智能识别、算法分析、数据碰撞等信息化技术，对路长制人员的问题采集进行补充，构建"点、线、面"感知体系，利用全市9.6万个公安视频摄像头，针对重点区域、重点点位，发挥"看点"作用；利用专用视频采集车，针对高架桥、快速路、城乡接合部等路长巡查不便的路段，发挥"巡线"作用；利用快递小车、环卫扫保车辆遍布城市大街小巷、三四级街路的优势，针对城市"细、小"的管理问题，发挥"控面"作用，实现城市管理问题全时段、全区域自动采集。场景上线运行以来，累计上报占道经营、店外经营、乱堆物料等十余类案件共110383个。

（2）"控渣土"场景。借助城市运行"一网统管"平台与"非现场执法"新工作模式的有机融合，打通交通、公安、执法等平台数据，对渣土车运行轨迹、建筑垃圾处置过程进行智能分析，实现3800多辆渣土车运行状态实时监控、违规问题智能预警、运输过程在线监管、行驶轨迹追溯回放，为建筑垃圾排放、运输、消纳全流程管

理提供支撑。目前全市所有运载渣土车的车辆全部实现备案，每辆车都装有GPS，可对这些车辆的动态情况予以线上实时追踪，一旦捕捉到"异动"信息，就会第一时间与市城市管理执法局相关执法部门取得联系，执法人员迅速赶赴现场实现精准查处。场景运行以来，已处理25台问题车辆，核实疑似装卸点86处。

（3）"好游园"场景。关注市民游园体验，从找、去、逛、评四个方面，为市民游园提供全过程精准服务，收集市民游园咨询建议、问题投诉、高频搜索等信息，提升市民游园体验，服务口袋公园300个、专类公园44个、综合公园35个、社区公园22个，如图8-4所示。通过数据积累和分析，对公园管理、养护、规划提供科学的数据支撑，以服务促管理，提升公园管理水平，更好地为公众服务。

（4）"找公厕"场景。以服务百姓为导向，对全市向社会开放的1023座公厕涉及的人、物、事进行全方位实时管理，如图8-5所示。2021年10月1日上线以来，服务百姓87764人次。推动建设"安全、治理、惠民"于一体的公厕运营监管体系，实现城市内公厕数据多元感知，为市民查找公厕提供优质的体验服务，为基层巡检公厕以及市区监管公厕、决策公厕提供有效的数据支撑。

（5）"好店铺"场景。搭建商户、市民、管理者三位一体服务体系，以商户管理的突出问题为切入口，以市民、商户参与共治为指引，引导社会力量多方参与城市管理，如图8-6所示。通过二维码、大数据等信息化手段赋能城市治理，按照"一户一

图8-4　沈阳市城市运管服平台——"好游园"专题场景

图8-5　沈阳市城市运管服平台——"找公厕"专题场景

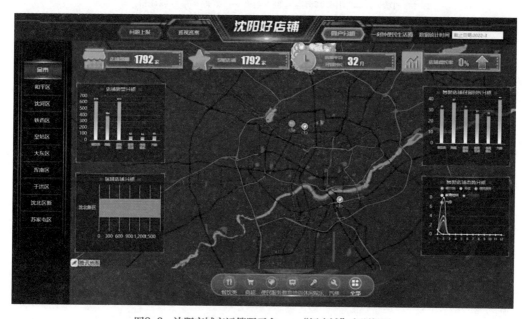

图8-6　沈阳市城市运管服平台——"好店铺"专题场景

码"的设计理念，从发现、上报、处置、服务和日常考核五方面入手，制定场景运行规程，推进服务引导、商户自治、百姓共管，智慧赋能"一刻钟便民生活圈"建设，推动社区多业态联动发展。

（6）"好停车"场景。目前场景已初步搭建停车服务、停车资源、停车监管、停车经营四大板块，包括公众服务、数据分析、一体化运营管理等九大支撑平台，

图8-7　沈阳市城市运管服平台——"好停车"专题场景

如图8-7所示。已实现查询停车场、停车导航、先离场后付费、车位预约、车辆绑定、账单查询、评价建议等相关功能。已录入900余家经营性停车场、26.9万个泊位信息，其中，554家经营性停车场、18.3万个泊位已实现与"好停车"场景的互联互通。

5. 坚持以人为本，树立服务型政府新形象

沈阳市牢固树立"为百姓服务、请百姓参与、让百姓满意"的理念，将群众诉求渠道与处置问题专业部门打通融合，利用"沈阳智慧城管"微信公众号、"市民通"APP、"盛事通"APP响应市民的"急难愁盼"问题，把城市管理流程变为群众看得见的解决问题全过程；对接"解纾暖12319"平台，完成案件接收流转工作，及时受理、协调转办群众对城市管理的诉求、咨询及建议；关注市民衣食住行等日常需求，开发店铺、游园、公厕等各类智能场景市民端应用，提升市民生活品质，增强人民的幸福感和获得感，打造"善感知、会呼吸、有温度"的新型智慧城市。

下一步，沈阳市将充分利用物联网、大数据、人工智能、5G等新技术，整合城市管理相关信息系统，汇聚数据资源，加强行业应用系统建设升级，建设智能应用场景辅助决策研判，不断完善城市运管服平台功能，加强对城市管理工作的实时监测、动态分析、统筹协调、指挥监督和综合评价，全面提升沈阳市城市管理的科学化精细化智慧化水平。

8.3 太原市

1. 以机制为引领，完善管理体系，创新治理机制

2021年，山西省将城市运管服平台建设工作列入省委考核办年度考核工作项目，是省委深改委的年度标志性、牵引性重大改革和重点改革任务，同时列入山西省委"13710"督办系统重点督办内容，如图8-8所示。

（1）建立城市运行管理服务高位监督协调机制

将太原市数字化城乡管理指挥中心、市城管局职工培训中心整合组建为太原市城市综合管理服务指挥中心，建立党委政府统一领导，各部门协同合作，指挥顺畅、运行高效的城市管理工作体系。制定《太原市城市综合管理服务工作指标评价办法》，并由市政府办公室发布，采取"数量考核、质量考核、效率考核"相结合的方式，考核评价各区（县）、市直部门、社会责任单位等共69家二级单位工作绩效，激励各方履职尽责。

（2）提升业务覆盖面和运行规范化

结合住房和城乡建设部城市运管服平台建设要求，编制《太原市城市综合管理服务立案、处置和结案规范》，细化部件、事件分类，明确管理流程，拓展设置"城管服务事项"类型，将供水、供热、供气、供电、客运、物业、建筑安全、工程质量、拆迁、商品房销售管理等纳入平台管理范畴，开展业务流程闭环管理，压实城市管理相关部门责任。

图8-8 太原市城市运管服平台

（3）推动市域平台建设运行一体化

印发《太原市推进三县一市城市综合管理服务平台联网和提升工作方案》，多次组织召开平台建设联网推进会，明确目标要求，督促工作进度，建立"一对一"包联制度和通报约谈机制，推动市域各县（市）城市运管服平台体系化建设、一体化运行。

（4）完善服务功能，提升服务水平

整合问题来源多渠道，实现公众诉求统一处理，通过平台立案、派遣、处置、核查、结案，对各项服务满意度评价回访，实现群众诉求受理、办理、回访全流程贯通。1年来，公众服务系统受理公众诉求案件9.9万余件，结案率达96%。

2. 以数据为基座，搭建数据体系，夯实治理基础

（1）全面推动城市管理要素数字化，实现数据服务"一个库"

太原市将大数据作为关键性生产资源，采用国产自主可控分布式数据库，建成集数据管理、数据汇聚、数据交换、数据检索查询等为一体的城市管理数据服务支撑体系，持续在数据"聚、通、管、用"上下功夫，利用数据汇聚系统，加强城管行业内外数据整合汇聚，并整合事件部件词库、道路词库、小区词库、标志性建筑词库、专项活动词库等，实现数据服务"一个库"。目前，累计汇聚数据2353万余条，业务范围覆盖13条线，区域范围覆盖六城区、两个开发区和三县一市。

（2）高质量编制数据资源目录，实现数据标准化、规范化、清单化

结合太原市的实际情况，对城管部件、事件、服务事项和专业部门认定编码，编制《太原市城市综合管理服务部件、事件、城市管理服务事项、专业部门分类编码规则》手册。该手册共收集整理5大类、159小类部件，6大类、108小类事件，7大类、22小类城管服务事项，涉及城市综合管理工作的76个监管部门及其所属的302个责任单位和1099个养护单位。坚持数据标准化、规范化原则，按照《技术标准》和《数据标准》要求，按照城市基础数据、运行数据、管理数据、服务数据、综合评价数据五大类编制，规范管理形成数据资源目录。其中，城市基础数据7小类、5889227条，运行数据5小类、5655944条，管理数据9小类、11618207条，服务数据3小类、103328条，综合评价数据2小类、265093条。数据在标准化、规范化的基础上，实现了目录化、清单化。

（3）常态化开展数据采集普查，实现数据的时效性、鲜活性、可用性

十余年来，太原市采用专题数据普查建库和常态化采集更新相结合的办法，持续开展基础地理信息数据更新工作，完成专题数据图层普查建库234项，建立零星部件普查机制，开展城市部件快速更新。累计采集更新2901条（3440km）城市道路、

58113个地理编码（兴趣点）、2369195个普查部件、31251个单元网格、253个责任网格，面积覆盖933km²。

（4）形成数据交换枢纽，实现跨系统、跨部门、跨区域数据共享

建设数据共享服务API开放接口，提供API安全认证管理和API资源目录管理等功能，打通了业务系统间，区域、部门间的数据双向交换共享通道。目前已为供热、供水、供气、排水4个业务系统，15个行业单位提供数据共享服务，与城六区、三县一市实现了数据联网，实现了与国家平台的数据联网，充分凸显了数据交换共享服务枢纽的作用，如图8-9所示。

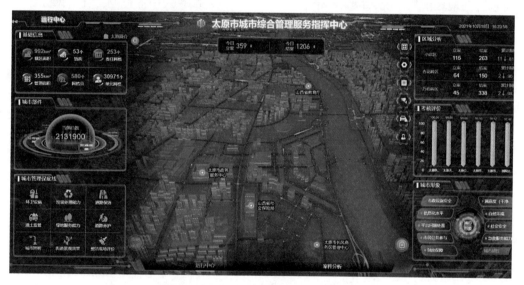

图8-9　太原市城市运管服平台——运行中心

3. 以场景为牵引，丰富应用体系，充实治理内容

（1）指挥协调"一张网"

本着经济节约的原则，基于网格化管理机制，升级数字城管系统，构建市区两级垂直贯通的全市指挥协调"一张网"，打通部、省、市三级城市管理网络，形成全面感知城市问题、精准确权确责、科学评价处置的全流程、全周期城市管理工作新体系。一是全面确立市、区两级协同指挥体系，实现全市城六区、三县一市、两个开发区城市管理信息化平台全联网、全覆盖；二是完成城管部门平台建设全覆盖，将涉及城市运行管理服务的所有专业部门全部接入平台，实现应接尽接，太原城管指挥中心下辖二级平台69个、三级平台405个、四级平台1154个，系统直接从业人员3378人；三是整合全市区划、城管网格、各专业部门责任网格数据，构建覆盖全市指挥协

调"一张网";四是贯通市平台与各专业部门工单协同流转体系,在一个平台动态掌握全市数字城管工单运行情况,可查看全周期、全过程数据;五是动态更新全市各类部件权属信息,实现6大类、68小类事件,5大类、49小类部件,以及36项立案案件的自动派遣。系统运行1年来,已累计收集各类城市管理问题147.34万件,处理办结各类城市管理问题136.98万件,总体结案率达到92.96%。

（2）行业应用"一张图"

因地制宜,完善行业应用系统,对接太原市市容环卫、供水、供热、供气、城市照明等多部门现有信息化系统建设成果,牵头建设市政公用行业数据共享平台和市政排水管网地理信息系统,以"一张图"对市容环卫、市政公用等行业管理数据综合展示应用,纵向覆盖地面"看得见"的部件、事件管理和地下"看不见"的管网空间设施管理（图8-10）。供水监测"一张图":对太原供水集团20座压力站点数据进行监测。供气监测"一张图":接入太原市3家燃气经营企业17座门站监测点数据。供热监测"一张图":接入太原市3家供热企业共计2780座换热站数据。智慧环卫"一张图":接入991辆清扫保洁车、816座公厕、359处餐厨废弃物收运点、135座垃圾中转站、2374处医疗废弃物收运点监测数据。道路桥梁养护"一张图":接入2812条道路4525km、1658座桥梁的数据。积水监测"一张图":接入市政部门监测预警水位计315个。

（3）业务运行"一平台"

依托"一级监督两级指挥"运行模式,构建起太原市城市综合管理"6+N"平台框架（业务指导、指挥协调、行业应用、公众服务、数据汇聚、数据交换6大基本功

图8-10　太原市城市运管服平台——行业应用系统

能模块，扩展N类应用场景），通过集成、互联等方式打通与其他信息系统间的互通渠道，做到一个主平台指挥调度、一个主数据中心汇聚共享，形成业务运行一平台新格局。业务指导系统已上传57条地方性政策法规内容至国家平台，原有数字城管系统已升级为指挥协调系统，行业应用系统已涵盖智慧环卫系统、市政公用行业数据共享平台、太原市排水管网管理系统、道桥设施管理系统和智慧照明运维管控系统等，公众服务系统已实现多渠道统一整合，数据中心已建成一体化数据交换及汇聚系统。并研发城市运行体征分析系统，全方位监控城市日常管理状态，形成"一网统管"应用场景，"6+N"体系初步成型。

4．以服务为导向，完善服务功能，提升服务水平

（1）多渠道统一受理

公众服务系统整合了原太原数字城管系统微信公众号、12345市政府便民办转办、微信小程序、文明亮剑随手拍、媒体舆情等多种问题来源渠道，实现公众诉求统一受理，12319城管热线整合入12345政务便民热线后，迭代更新内部8612319热线呼叫系统和短信系统，便于平台系统内部沟通。

（2）全视角舆情监测

通过全媒体数据采集、人机协同精准研判，建设城管全媒体舆情实时监测体系，依托信息采集爬虫技术、"双智慧"协同模式，提供发现、研判、预警和简报等功能。

（3）处置全流程贯通

公众诉求和舆情监测问题通过平台指挥协调系统立案、派遣、处置、核查、结案，回访评价服务满意度，实现全方位运行监控，处置全流程贯通。2021年，公众服务系统受理案件118692件，日均325件。公共服务系统建设对构建"共建、共治、共享"的城市管理新格局起到积极作用。

5．以安全为底线，完善防护体系，保障信息安全

设定网络信息安全底线，编制出台《太原市城市综合管理信息系统安全设计方案》。基于太原市政务云环境，从"本地数据中心"和"云端业务系统"两方面考虑，通过升级改造形成"云、网、端"。

8.4 苏州市

1．实施背景

建立市容环卫责任分级分类智慧化管理系统，落实市容环卫责任区制度，是夯实

城市管理基础、改善城市市容秩序、提升城市功能品质的重要路径。

（1）推进城市管理智能化转型的需要

苏州的市容环卫责任区制度制定于2006年，将"门前三包"道德约束上升为法律规范，并配套了行政执法手段，是责任法定原则在城市管理领域的具体应用。当前，在推进"一网通办""一网统管"、高效办理"一件事"的浪潮下，市容环卫责任区制度也要与时俱进，积极运用现代技术手段进行智能化改造，更好地契合智慧城市建设需求。

（2）塑造"美丽苏州、满意城管"品牌的需要

2021年以来，苏州市城市管理系统围绕"美丽"和"满意"两个关键词，努力打造"美丽苏州、满意城管"品牌。良好的市容秩序是城市美丽的基础，也是人民满意的先决条件。建立市容环卫责任分级分类智慧化管理系统，通过对系统运行数据进行梳理，掌握违反市容环卫责任区制度的易发点和高发点对应的路段、行业、店铺、时段，从而为城市管理部门精准有效施策提供依据。通过引导市民参与，还能改变长期以来城市管理由政府唱"独角戏"的局面，实现"人民城市人民建，人民城市为人民"的目标。

（3）解决苏州城市管理重点难点问题的需要

在苏州市城市综管服平台上，动态类市容秩序问题工单数量逐年递增，且大多数工单均以教育整改结案，相关问题反复发生。这既与动态类市容秩序问题即时、无主的特点有关，也与数字城管结案标准较低有关。经过对近年来的数字城管工单进行深入研判，发现动态类市容秩序问题70%都是由沿街商户市容环卫责任落实不到位造成的。为此，苏州市城市管理局确定了建立智慧化市容环卫责任监管系统，将数字城管系统上的无主工单有主化、有主工单责任化，探索共治共管和严肃执法双轮驱动的治理模式，从而为实现"干净、整洁、有序、安全"的城市容貌夯实基础。

2．实现路径

为了推进市容环卫责任分级分类智慧化管理，苏州市城市管理局在完善信息采集程序、优化管理流程等关键环节，与相关部门多次沟通协商，协同提升系统运行质效，切实发挥市容环卫责任区制度在城市精细化管理中的基础性作用。

（1）"全要素信息"夯实基础

准确、可靠的数据是开展智慧化管理的基础。苏州市城市管理局多措并举，全面掌握沿街店铺、便民摊点、农贸市场等相对人的地址、产权人与经营人的姓名和联系方式、营业执照、门面照片、市容环卫责任书签约张挂情况、门头店招审批情况等信

息，做到"一户一档"。目前已经掌握了近23.7万条沿街单位数据，基本摸清了底数，掌握了情况。一是大范围、宽口径数据采集汇聚，关联市场监管局的企业法人数据，苏州市大数据局的电子证照数据、标准地址数据和标准二维码，调取沿街单位信息，并由城管队员对信息进行核实。二是城管队员结合市容环卫责任区制度宣传教育，实地采集数据，并将数据采集情况纳入城市管理月度考核中，每月对数据采集数量和质量进行通报。三是实现市、区（县级市）、街道（镇）三级信息互联互通，为执法管理夯实基础，城管队员在日常执法管理过程中，可以通过平台直接查询行政相对人基本资料、处罚情况等信息，有效破解了执法过程效能低下、反复"扰民"等问题。四是数据采集入库后，即与店招许可备案数据进行对接和共享，确保数据能够做到实时更新。

（2）"常态化巡查"落实责任

落实"大数据+网格化+铁脚板"工作方法，将市容环卫责任监管工作融入城市管理网格中，进一步明确管理对象、管理标准和责任人。城管队员每天到主要道路至少巡查一次，落实城管队员"日巡"工作，既巡查街面秩序又巡查数据真实性，并在APP上打卡记录。自系统上线以来，城管队员累计打卡近25万次，发现问题超过2.9万件，实现了及时发现并快速解决问题的目标，有效提升市容秩序。

（3）"智能化巡查"提高效能

针对传统执法管理过程中存在的巡查人力不足、执法取证困难、执法人员选择性执法、信息不对称等问题，建立无人机空中巡查、巡逻车巡回发现、监控探头站岗三位一体的智能化巡查模式。第一时间对违法情况进行自动识别和告警，并派遣责任单位处置，使占道经营、乱堆物料等市容秩序类问题无所遁形。进一步解放了部分巡查管理人员，提高了日常管控成效。2021年分批运行500路探头，累计受理视频监控案件3万余起，已全部结案，结案率100%。

（4）"非现场执法"破解难题

在智能化巡查的基础上，通过科技手段进行非现场取证，在执法办案的各个环节尽可能地减少与管理对象接触。一是设立非现场执法公示牌，广泛、深入宣传非现场执法工作程序、方法。二是通过信息化手段取证、固定证据，大幅减少暂扣等行政强制措施，缓和行政相对人的对抗情绪，降低发生执法冲突的可能性。三是与行政相对人签订地址确认函，通过非接触性执法获得、固定证据后，后续调查处理情况、法律文书可以通过邮寄的方式有效送达。即使行政相对人拒绝接收邮件，法院仍然认定其具有送达的法律效力。四是建立非诉强制执行制度，按照程序对不履行行政决定的当事人依法申请法院进行行政强制执行，解决了城管执法的"最后一公里"难题。

（5）"全链条监管"形成合力

"全链条监管"是指对于市容环卫责任问题进行闭环监督管理，构建"发现—管理—处罚"全过程的管理体系。推行"三次违法必罚"制度，即对于违反市容环卫责任的商户按照"一次劝导、二次下达整改通知、三次开具处罚单"的流程进行管理。对三次违反市容环卫责任的商户，处罚率达到100%。2021年仅市级数字城管平台就记录三次必罚案件1000余起。具体流程包括七个方面：一是通过常态化专业巡查和市民"随手拍"等形式及时发现问题；二是通过关联数字城管系统，将问题匹配到具体商户；三是系统通知商户自行整改，同时由数字城管系统通知城管队员及时上门查验；四是由数字城管系统标记问题发生次数，并提示城管队员作出相应的行政行为；五是数字城管系统对于同一家商户三次违法的，要求作出处罚才能申请结案；六是将案件号等信息推送至执法系统，由执法系统查验、核实，并与信用体系链接；七是联合考核，对于未做到"三次必罚"的区域，在日常考核中予以扣分。

（6）"全社会参与"共治共管

加强宣传发动，引导社会广泛参与，畅通群众参与渠道，形成共建共治共享的良好氛围。一是鼓励和支持市民主动发现沿街商户违反市容环卫责任的问题，并通过"苏州微城管"公众号进行上报，问题核实后，将给市民进行红包奖励。2021年起，"苏州微城管"共受理市民群众上报各类城市管理问题14.6万余件。二是系统将问题推送给商户本人，提醒商户自行整改，30分钟后才会通知城管队员上门复核整改情况。主动整改的商户一般免予处罚，达到"三次违法必罚"标准的，也可以从轻处罚。三是鼓励沿街商户通过商户自治、自查自纠、志愿服务等形式参与城市管理工作，获取城市管理积分。城市管理部门在严格落实市容环卫责任区制度、积极参与共治共管的商户中评选"星级商户"，给其颁发证书，并给予一定价值的物质奖励。四是打响"城商协作"品牌。以"人人都能有序参与城市治理"为目标，在条件合适的道路或街区试点推进市容环卫责任共建共治共享工作，每季度召开一次沿街商户征求意见会，每半年开展一次市容环卫责任志愿活动，随时为沿街商户解决日常问题、提供优质服务。

（7）"分层次管理"精准施策

基于大数据建立道路分级分类管理机制。一是建立沿街单位分级分类管理体系，将历史违法记录和被投诉次数在5次以上的标记为红色，在3—5次之间的为黄色，3次以下的为绿色。建立"红黄绿"动态升降级机制，系统自动判定沿街单位等级并实时调整更新。每位城管队员通过手持终端共享沿街单位等级信息，开展针对性巡查，做到"红色商户每日查，黄色商户每周查，绿色商户每月查"。二是开展市容环境"乱点"趋零化管理。完善对数字城管工单数据的分析利用，以上以年度市级数字城管平台数据为基准，将每季度单元网格工单密度（每万平方米工单量）排名前50位的网格定义为当年对应季度"乱点"网格，对"乱点"开展重点监管和销号式管理，促进"乱点"趋零化。三是对沿街单位违法行为数据和市容环境"乱点"数据进行整合，确定每条道路等级，采取不同管理标准，并在系统上以不同颜色进行标注，做到重点难点一目了然，分级分类管理有据。

3．取得成效

市容环卫责任分级分类智慧化管理系统自上线运行以来，有效提升了城市管理效率，改善了城市容貌，优化了市容秩序，取得了较为明显的成效。

（1）实现了街面秩序显著改善

系统正式上线运行以来，城市环境得到有效改善。2021年全年，苏州市数字城管系统上占道堆物、占道经营、沿街晾挂、机动车乱停放等常见的动态类市容秩序案件53229件，相比于2020全年的62899件，下降15.4%。

（2）实现了市容秩序"一网统管"

系统在自有数据的基础上，整合相关部门及苏州市城市管理局各业务条线的数据，并充分进行数据挖掘，形成商户"一张图"、道路"一张图"、巡查监管"一张图"、考核"一张图"、问题"一张图"五张大数据可视化云图，做到了一屏统揽各项数据和一网统管各项市容业务，有效提升了工作效率。

（3）实现了城管形象优化提升

系统在实施过程中，通过上门宣讲城市管理法规、采集信息和签订市容环卫责任书，拉近了与城市管理部门和沿街商户的距离。通过非接触性执法和非诉执行，减少了商户和执法人员的直接接触与冲突。通过鼓励市民参与，建立志愿者服务队伍，发放市容环卫责任奖励，评选"星级商户"等举措，进一步增强群众参与的积极性，提升群众满意度。

8.5 济宁市

山东省济宁市认真贯彻落实住房和城乡建设部新城建试点工作部署，以城市运行管理体制机制改革创新为引领，着力在数据汇聚共享、系统集成互通、业务协同联动

图8-11 济宁市城市运管服平台

上下功夫，加快建设全市统一的城市运管服平台（图8-11），推动城市运行"一网统管"，取得阶段性成效。

1．坚持依法治理，创新城市运行管理体制机制

济宁市坚持问题导向、目标导向，按照"全周期管理、全链条管控"的总体要求，把城市作为有机生命体，统筹城市规划、建设、运行、管理、服务，重塑城市治理链条，提升治理效能。

（1）创新城市运行管理体系。在城市管理委员会的基础上，组建成立城市运行管理委员会，将市数字化城市运行中心调整为市城市运行管理服务中心，厘清市、区两级和相关部门职责，市级和五区、六县（市）分别建立了"一委一办一中心"的城市运行管理组织架构。市城市运行管理委员会由市长任主任，负责全市城市运行管理工作的决策指挥、统筹协调，下设办公室，实行实体化运作；市城市管理局负责牵头组织实施城市运行管理重大事项；市城市运行管理服务中心承担市城市运行管理委员会办公室日常工作，负责监督检查、考核评价，全市建立起横向到边、纵向到底、上下贯通、一体联动的城市运行管理体系。

（2）完善"一网统管"制度保障。坚持立法先行，发挥法治的引领和推动作用，为"一网统管"保驾护航。2021年8月，济宁市人大常委会审议通过了《济宁市城镇容貌和环境卫生管理条例》（修正案），将习近平总书记关于城市运行"一网统管"的重要指示精神通过地方立法予以固定、规范和提升。市、县（区）两级城市运行管理委员会制度、城市运管服平台建设、城市运行"一网统管"等上升为法定事项。

2．坚持统筹推进，加快城市运管服平台建设

在现有城市网格化信息系统基础上，进一步整合相关部门分散的信息资源，建设全市统一的城市运管服平台，向上联通国家平台、省级平台，向下一体化贯通市、县

（市、区），并延伸至重点街道（乡镇）。

（1）整合共享数据资源。市级平台汇集叠加了工信、住房和城乡建设、交通、水务、环保等31个部门相关业务数据，共享天网工程、雪亮工程等视频监控6万多路，拓展形成包含90多万个部件在内的城市运行管理主题（主体）数据库，织密了城市治理感知网络，实现信息数据实时采集、动态接入、一网联通。

（2）推动建设成果共用。市、县两级根据地域特点和管理需要，陆续探索研发了智慧工地、城市防汛等80多个高效率、低成本、务实管用的特色应用，为城市运行管理高效赋能。任城区作为城市核心区，区级平台整合十多个相关业务系统，接入市级平台相应模块，有效支撑全市信息共享、城市运行常态化事项调度派遣。深化城市运行管理与社会治理有机融合，推动城市管理网格与综治、警务、创城网格一体化。

（3）强化城市运行监测系统建设。联合清华大学公共安全研究院，启动城市安全运行监测系统建设，着力构建重点领域全覆盖的城市运行风险监测预警体系。推动市属国企城市"生命线"监测系统和政府监管系统一体化集约建设，供热、燃气、供水等11个行业的运行监测系统接入市级平台运行监测分析系统，打破数据壁垒，实现城市"生命线"运行监测的共建共治共享。

（4）推动城市"一张图"数字化管理。整合大数据分析优势，将主城区238条主干道、417辆环卫车辆、1万多个沿街店铺招牌等纳入监管，带动监管过程和监管行为全面数字化，形成"一张图"，对高发区域和热点事件进行追溯和预测预警，实现对环境卫生、市容景观、户外广告等运行管理态势的直观、可视化展示，相关执法监管资源工作状态、运行轨迹一目了然。

3. 坚持高效协同，推动提升城市治理效能

围绕"高效处置一件事"，依托城市运管服平台打通跨部门跨层级数据资源，推动实现系统互通、数据共享、业务协同、联勤联动。

（1）重构优化业务流程。建立全市统一的城市运行监管事件分类标准和处置办法，理顺发现、协调、处置、监督问题的管理流程。城市运行管理相关部门梳理内部工作流程，依托城市运管服平台，推动问题处理模式从传统人工处理向"机器派单、自动派单、智能管理"转变。市、区依托全市统一移动用户端，通过精准定位各类执法监管资源，做到了有问题看得见、呼得通、收得到，实现了指令到人，最大限度地便利一线人员、减少处置时间、提高监管效率。

（2）打造一体联动处置模式。推动基于统一平台的线上线下业务联勤联动，市、区在城市运管服平台上跨部门、跨区域、跨层级指挥调度资源和力量，形成扁平高效

的市、区、街镇三级循环联动。当突发事件发生时，各职能部门和区、街镇能够迅速就近响应、协同处置。如按照城市防汛排涝需求，平台整合气象、水文、排水等相关部门监测数据，实时采集、汇聚、分析降雨、河流、泵站等多源数据，将河道水位、管网情况、道路积水深度以及预测预警信息等第一时间推送至城市防汛指挥部、各区、有关部门和在线的60多支防汛队伍进行处置。2021年汛期，济宁市主城区平均降雨量是常年的1.8倍，城市内涝问题却大幅减少，一体联动处置模式在迎战台风"烟花"和强降雨天气中发挥了重要作用。

（3）推行智能监管处置。聚焦精准治理体系建设，打通跨部门、跨层级指挥调度系统，创新城市运行联动监管模式。智慧渣土监管系统整合渣土准运证、营运证等信息以及审批、监管部门数据，将主城区54家渣土企业、近千辆渣土运输车辆纳入监管，推动出土工地、运输路线、消纳场"两点一线"审管在线联动、监管无缝衔接，渣土运输处置全程基本实现"车辆实时定位、问题及时发现"，闯红灯、闯禁区、超载超限、道路抛洒等问题明显减少，交通违章率、事故率实现"双降"。

（4）探索推进跨部门监管。为厘清规划、建设、运行、管理等环节监管事权，市政府明确市城市运行管理委员会负责协调解决跨系统、跨区域、部门之间的城市运行管理突出问题。在推进"一网统管"过程中，建立了"信息数据互通、监管处置互认、按需使用共享"机制。对本部门监管对象相关信息掌握不全的，通过跨部门、跨层级、跨区域共享其他部门监管信息数据，进行及时补充完善。比如，生态环境部门针对突出问题，通过业务信息系统联通城市管理、住房和城乡建设等部门，按需获取在建工程项目、渣土运输车辆等方面的详细数据、监管信息，精准开展大气污染专项行动，并将工地扬尘、渣土运输车辆尾气排放等情况一并纳入"双随机"监管。2021年7—8月，主城区国六排放标准渣土运输车辆更新到位311辆，应用比例达到33%以上，在有效破解渣土监管难题的同时，推动了审管衔接方式创新，构建起跨部门协同监管新格局。

4. 坚持融合发展，深化智能应用

以智能化为突破口，运用物联网、大数据、人工智能等信息技术，推动数据汇聚、系统集成、智慧应用，城市运行监管智慧化水平显著提升。

（1）构建智能感知体系。在信息数据"一网联通"基础上，整合全市基层网格化管理数据和视频监控、传感器等物联感知设备，汇聚14个县（市、区）相关数据，统筹部署感知网络建设，实时动态展示城市运行态势。对主城近300km²建成区范围内的城市部件进行全面普查和更新，为100多万个部件统一标识编码，拓展形成城市运行管理主题数据库。整合执法队伍和车辆等执法监管基础数据，实时掌握资源分布情况，织密了城市运行感知网络，初步实现城市运行管理事项"智能感知识别、智能分析预判、智能监管处置"。

（2）加强信息采集智能化建设。智能巡查系统依托人巡、采集车、无人机、视频监控等立体感知体系，每天对主城区城市运行管理问题进行实时巡查、采集、上报。基于大数据可视化、图像AI算法等新技术，对店外经营、违规停车等十多类问题自动抓拍、智能分析、自动流转和处置，有效破解"发现难"的问题，实现从"被动发现"到"主动发现、自动发现"转变，缓解了执法力量的不足。

（3）打造智能分析研判系统。整合噪声、图像、位置、执法力量分布等感知数据，加强各城市运行领域监管数据的归集共享和有效利用，对城市运行管理问题高发时间、高发地点、高发形态"三高数据"和执法监管等数据，进行实时更新，并公布同比、环比数据，发布态势预警，为合理部署执法力量提供支撑。通过开发应用场景，增强辅助决策能力，综合考虑天气、节假日、重大活动等因素，开展智能分析、动态比对、科学研判，总结高发规律和发展态势，将有限的执法资源部署到高发点位，让勤务跟着高峰走，提升运行监管效能。

（4）拓展智能化应用场景。坚持边建设、边完善、边应用，围绕城市运行管理热点难点和城市生命线系统，安全生产、自然灾害等城市运行风险高发领域，开发供水、燃气、户外广告等特色化应用场景，推动对城市运行事项的源头治理、过程监测、预警预报和应急处置。例如，智慧供水可对全市管网设备运行状况进行实时、全面感知、智能预警管控和信息化巡检、检漏、抢修，如区域内发生大口径爆管，可在30分钟内关阀止水。

5. 坚持系统有序，推动新城建试点落地实施

坚持系统理念，将新城建作为城市提质增效、促进城市高质量发展的一项系统工程进行科学谋划、系统推进。新城建试点任务写入全市"十四五"发展规划，济宁市政府制定《济宁市新型城市基础设施建设试点三年（2021—2023）行动计划》，推动新城建项目纳入年度建设计划。市政府与高端智库签订战略合作协议，建立专家咨询委员会，组建新城建研究院，开展顶层规划设计，提出咨询意见和政策建议，策划并落地一批新城建项目，助力提升城市治理水平。

下一步，济宁市将以城市运行管理体制改革为动力，进一步健全完善城市运行管理机制，逐步扩展城市运管服务平台应用的广度和深度，实现对城市运行状态的全面感知、精准分析、智能预判和高效处置，不断提升城市科学化精细化智能化治理水平。

8.6 宿迁市

江苏省宿迁市认真贯彻住房和城乡建设部关于城市运管服平台建设的工作部署，结合城市治理实际，围绕"一屏观全城、一网管全城、一端惠全城"目标，聚焦城市治理、民生服务、智慧经济三大领域，以推进"综治、城管、应急"三网融合和构建"大综治、大城管、大应急、大交通"四大治理体系为核心，以大数据、云计算、人工智能、物联网、5G等新一代信息技术为支撑，大力实施数据、系统、网格、资源、业务、人员等要素深度整合，不断完善城市运管服平台，整体构建"1+9+N"的三级指挥体系和"1334+N"应用体系，建设指挥调度、协调联动、综合分析、预测预警、高效便民、效能监察等六大功能的城市运管服平台（图8-12），积极打造"一网统管"智慧赋能城市治理现代化"宿迁样板"。

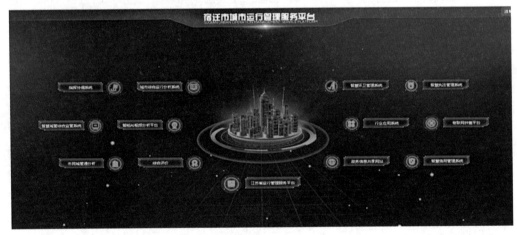

图8-12 宿迁市城市运管服平台

1. 对照国家标准，完善提升城市运管服平台

根据《住房和城乡建设部办公厅关于全面加快建设城市运行管理服务平台的通知》要求，对照《建设指南》《技术标准》和《数据标准》等，宿迁市不断完善提升城市运管服平台，推动城市运行"一网统管"。

（1）应用体系建设

按照城市运管服平台架构设计，建设了指挥协调、公众服务、行业应用、数据汇聚、数据交换、综合评价、决策建议、应用维护等系统。围绕精细化管理需求，搭建了12个行业应用，即智慧环卫、执法、渣土、路灯等；汇聚了N个城市管理领域系统平台数据资源，如智慧工地、智慧燃气、智慧水务等；新增了4个特色系统，即综合运行分析系统、综合监管系统、AI智能识别系统、智能井盖安全监测系统，基本具备了城市管理一屏总览、综合监管、综合评价、分析研判、指挥调度、智慧分拨6大功能。同时，在应用体系建设过程中，按照"一级建设，多级使用"的原则，同步推进市、县、区一体化建设，通过应用维护模块分配各县区使用权限，实现共享使用。

（2）数据体系建设

依托全市统一"京东云"政务数据共享交换平台，通过数据归集和共享标准整合历史数据、汇聚部门数据，建设城市运行基础数据库和主题库，为城市综合管理提供数据支撑。同时，加强数据治理和数据应用，利用数据分析模型联动分析，充分挖掘数据价值，为城市高质量运行提供更为精准、更有价值的决策参考。

（3）管理体系建设

管理体系建设主要包括三方面内容。一是组织机构。按照构建市委市政府领导下的"大城管"工作格局要求，整合宿迁市现有的城市管理信息化平台的组织机构和工作体系，由宿迁市城市管理委员会履行城市运管服平台运行的统筹协调、指挥调度、监督考核职能。二是运行机制。以宿迁智慧城市建设和市域治理现代化工作为基础，充分融合运行机制与管理体系。建立智慧化城市运行管理服务模式，实现城市管理的精细化、科学化和智能化，推进城市治理体系和治理能力现代化。三是考评机制。根据《城市管理综合考核工作实施意见》，对下辖县、区和各职能部门高质量发展考核体系中涉及的城市管理相关重点工作落实情况、城市管理日常工作开展情况、数字化城管监督指挥中心运行情况等8项内容，包含市容秩序、环境卫生、违法建设管理等15个项目类别，采取"日检查、周会办、月调度、季考评、年总结"的方式进行综合考核评价。

（4）基础环境建设

依托宿迁市政务服务云平台，以"电子政务外网"为主交换网络，实现平台间数据共享、业务协同。同时，建立了由物理安全、网络安全、主机安全、应用安全、数据安全及管理安全等构成的安全保障体系。

2. 创新管理手段，完善系统功能和智能化应用场景

根据宿迁市新型智慧城市总体规划和城市实际需要，完善了应用系统，丰富了应用场景。

（1）业务指导系统

预留了与国家平台、省级平台业务指导系统的对接接口，具备了接入国家平台、省级平台业务指导系统的能力。

（2）指挥协调系统

在2009年上线运行的数字城管系统运行基础上，进行全面系统升级，建设了智慧城市综合运行中心指挥协调系统，建立统一的事件分拨处置体系和业务平台，目前已实现市、县、区一体化，各县区均已统一共用市级系统。

（3）公众服务系统

开发了"宿迁市民城管通"微信小程序，市民通过对微信小程序简单注册后，即可以对身边的市容环卫、公共设施、公厕管理3大类、15小项城市管理问题以及中心城区368个小区内管理的6类问题进行上报，城市运管服平台受理成功后，市民即可获得3—8元微信红包奖励，通过指挥协调系统对案件进行统一派遣、处置、核查和结案。

（4）智能化应用场景

城市运管服平台整合对接了智慧工地、智慧燃气、智慧水务、智慧社区、智慧化工等市级相关部门信息系统（图8-13），开发新建了12个智能化应用场景，初步实现城市管理领域行业管理及指挥调度信息化全覆盖。

智慧环卫管理系统：将市、县区两级的环卫企业、人、车、公厕和转运站等资源全部采集入库，建立动态更新机制，实现环卫家底"全覆盖"、实时监管和统一调度。

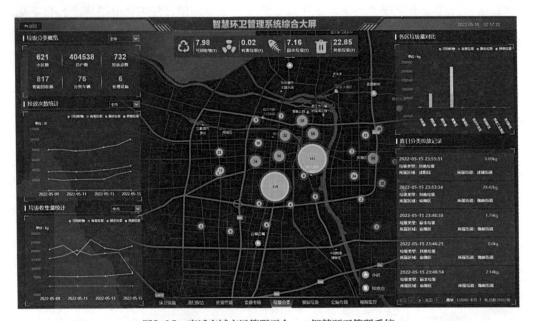

图8-13 宿迁市城市运管服平台——智慧环卫管理系统

智慧渣土管理系统：对全市500余台渣土清运车安装了北斗卫星定位、全过程视频监控、车厢密闭监测、右转盲区监测和远程喊话提醒等智能化设备，实现对渣土车辆从装载到卸载的全流程闭环监管。

阳光执法系统：全面对接行政执法全过程记录制度、行政执法公示制度、重大行政执法决定法制审核制度三项制度要求，开发执法办案和指挥调度两大核心模块。

违法建设管理系统：主要由违建云图、无人机管理、识别比对、预警处置、考核统计、信用监管、系统管理七大核心模块组成。

流动摊点疏导管理系统：立足于建立全市统一管理的疏导点、摊位、摊主信息库，实现对流动摊主的全方位管理，如图8-14所示。

智慧信用管理系统：针对不同的管理相对人，建立全量数据库，定期更新信用加减分，全面实施常态化监管；目前，宿迁主要在沿街商铺、工程渣土、环境卫生、单位庭院、住宅小区、市场商城、流动摊点、户外广告、亮化照明管理9个领域实施该系统，这些领域已全部纳入市信用奖惩体系。

智慧路灯管理系统：通过单灯控制器，结合集中监控站点，优化智慧路灯管控平台，按照重点路段、重要区域及春夏秋冬四季特点，对路灯进行科学分组，实施亮灯管控。

餐饮油烟管理系统：主要是针对餐饮单位的油烟排放、设备运行情况进行监督

图8-14　宿迁市城市运管服平台——流动摊点疏导管理系统

管理。

智慧户外广告管理系统：建立了广告类案件从发现到处置的信息化平台和处理机制，确保户外广告设施和店招标牌设施设置的安全性、有序性。

智慧城市家具管理系统：主要以三维倾斜摄影模型集中化展示城市家具的相关信息，通过"一张图"展示宿迁市所有的城市家具内容。

智慧停车管理系统、智慧公共自行车管理系统：由第三方运营公司自建，用于日常运营管理，这些系统的运行数据，都同步接入了平台的智慧城管综合监管系统。

（5）综合监管系统

创新开发的智慧城管综合监管系统，整合了12个行业应用涉及的14个城市管理领域数据，进行清洗、分析、展示、监管。基本实现了综合监管全覆盖、全过程、全链条、全生命周期。

（6）运行监测系统

2021年12月，宿迁市积极申报城市基础设施运行安全监测试点城市，基于城市运管服平台，建设城市基础设施安全运行监测系统，着重从燃气、供水、排水三个领域，建设城市基础设施安全运行监测体系。

（7）决策建议系统

创新搭建了宿迁市智慧城市综合运行分析系统，该系统主要是在充分利用市数据共享平台20.7亿条政务数据的基础上，引入"指挥协调""交通大脑""雪亮工程""智慧水务""12345政务热线"等28个"大城管"职能部门的智慧化应用数据。围绕"干净、整洁、有序、安全、群众满意"5个核心指标，将有关评价数据进行清洗、汇聚，建立综合性城市管理数据库。以数据可视化的形式动态展现城市运行体征和变化态势。

（8）数据交换系统

以全市统一的政务数据共享交换平台为基础，按照国家平台、省级平台数据共享与交换标准和规范完成与国家平台的联网对接工作，实现单点登录。

（9）数据汇聚系统

依托"京东云"政务服务数据交换平台，建设了数据汇聚系统，汇聚城市管理基础数据、城市管理部件事件数据、城市管理行业应用数据、相关行业数据、公众诉求数据等，对各类数据进行清洗、校验、抽取、融合，形成宿迁市城市管理数据库。

（10）应用维护系统

城市运管服平台的各个行业应用系统均配置了应用维护模块，用于录入组织机构、人员信息、业务流程、功能参数等基础数据，以及业务管理过程人员、权限配置等。

3. 深化城市运管服平台运行，有效助力城市安全运行

（1）一屏观全城，推动指挥调度更精准

综合运用智能AI、物联网、无人机等先进技术，打通了城市主要领域数据，实现融合共享，并基于"一张图"实现对所有资源的集中展示、统一调度，打造智能化的应用场景，建立全要素的协同监管模式，构建"全时段、全区域、自动化、多途径"的事件预警网络和协同治理体系，满足日常管理、专项应动、应急指挥三大要求。

（2）一网管全城，推动城市管理更高效

通过城市运管服平台，统一监管执法人员、协管人员、执法车辆及办案流程等相关信息，实现联动指挥调度。现场执法过程可通过执法车载监控设备和执法单兵影像设备实时回传指挥大厅，实现执法案件可查询、可追溯、可反馈。同时，利用视频AI分析和人工审核相互补充结合的方式实现非接触执法，增强城市管理执法的精准度、时效性和针对性。

（3）一端惠全城，推动群众参与更积极

随着"市民城管通"微信小程序开发上线，畅通了市民参与城市治理的渠道，营造全民参与、群策群力的治理氛围。截至2021年底，共有2万余人在平台注册，上报城市案件25736件，受理案件20563件，处置案件19874件，结案率为97%。

8.7 临沂市

临沂市高度重视智慧城市管理建设，将加快推进数字化城市管理向智慧化升级作为提升城市治理能力的重要举措，坚持"市级主导、统筹谋划，量力而行、务实管用，分级负责、分步推进，上下联动、横向互动"的工作原则，着力构建全域覆盖、全网共享、全程可控的智慧化城市运行管理服务新体系。

1. 高点定位，在智慧城市管理上走在前、作表率

（1）组织领导高规格。市政府成立主要领导任组长的平台建设领导小组，建立市城管委办公室牵头的组织协调机制，积极争取成为全国首批平台建设试点城市。将智

慧城市管理写入政府工作报告，实施"互联网+城市管理"行动，构建全域覆盖、全网共享、全程可控的智慧城市管理新体系。坚持"专业人干专业事"，抽调人员成立专班，选取国内领先的专业公司和技术团队，集中力量开展攻关，保障了平台建设的顺利推进。

（2）平台建设高标准。对标上海、杭州、重庆等国内先进城市，确定了"省内领先、全国一流"的工作定位。充分考虑系统的超前性、延展性、协同性和开放性等问题，通过市级大数据一体化综合平台和政务外网，满足平台共建、共享和协同需求。坚持"标准先行，规范引领"，边建设边规范，边探索边总结，并积极参与行业标准、国家标准编制工作，为标准制定贡献临沂智慧。整合相关资金，建设全国一流的1000m²城市管理指挥中心大厅和100m²大屏，综合设置市、区、街三级监督指挥、智能化视频监控、协同办公等坐席，实现市、区、街三级联动。

（3）运行管理高质量。市政府分管领导定期召开专题会议，调度平台建设进展情况，研究制约平台建设的突出问题。建立健全平台运行组织协调、部门联动、综合考核等工作机制，定期通报平台建设运行情况。在中心城区实行信息采集市场化、一体化，由两家国内一流的信息采集公司承担信息采集任务，费用由市财政承担，市级平台根据信息类型统一立案、派遣、处置，确保平台运行顺畅高效。依托视频监控和人工智能技术，积极探索餐饮油烟在线监控、渣土车在线监控、视频智能化管理等执法管理新方法，做到问题智能发现、自动报警、快速处置、限时办结。

2. 共建共享，在平台规划建设上勇探索、闯新路

2020年以来，临沂市按照住房和城乡建设部、山东省住房和城乡建设厅城市运管服平台"一指南、两标准"的要求，在城市综合管理服务平台建成运行的基础上，加快推进城市运管服平台建设。

（1）"一网"。即按照数字化城市管理国家标准，建立起市、区、街、居四级城市网格化管理网络，实现管理责任网格化、管理对象精细化、管理流程闭环化、考核评价长效化和管理手段智能化。创新推行"三长一会"（街长、店长、巷长/楼长、城市管理志愿者协会）城市治理模式，发动属地街道、社区工作人员和广大市民踊跃参与城市治理，作为城市网格化管理的有效补充。

（2）"一库"。即跨部门共享住房和城乡建设、公安、自然资源、生态、交通等部门数据信息资源，形成城市管理大数据，建立综合性城市管理数据库，为实现"用数据说话、用数据决策、用数据管理、用数据创新"奠定基础。目前，已共享对接公安交警视频监控8000余路、政法委"雪亮工程"视频监控14万余路，获取

19.8万家单位的法人信息、审批数据350余万条，共享35个空气质量监测点、3000余个工地视频监控信息。

（3）"一图"。即绘制"15+N"城市管理全要素地图，实现各类数据的空间维度整合，做到城市管理的"底数清、情况明"。通过各类物联网传感设备，实时感知各类城市管理问题。中心城区运行面积473.6km²，共划分单元网格26480个，责任网格109个，普查5大类、130小类部件设施123万余个，做到了城市家具"底数清、情况明"。探测完成市区约400km²范围的地下管线，普查燃气、排水、热力、电力等各类管线26种，管线点58万余个，总长度超过13600km。

（4）"一端"。即打造城市管理移动终端"智云"APP，连接涉及城市管理的一切事、一切人，实现平台轻量化、办公移动化、管理扁平化、服务全时化。目前，"智云"APP使用人数达4953人。

（5）"一平台"。即通过建立涵盖基础支撑、行业监管、公众服务、综合运行"4+6+3+3+N"的"城市管理大脑"应用体系，搭建城市运管服平台，实现对各类应用模块、专题数据的智能分析、研判、预警。每天产生的数百万条基础数据，全部存储在市大数据局提供的云计算中心虚拟存储器中。

为确保平台运行顺畅高效，重点建立健全以下五项工作机制。

（1）高位协调机制。依托市城管委工作机制，建立城市运管服平台运行协调机制，加强对全市城市管理工作的组织协调、监督检查和考核奖惩。建设市城市管理指挥中心，横向连接10个市级部门、18个企业公司，纵向连接五区九县指挥中心以及中心城区20个街道和407个社区。创新实行市、区、街道三级坐席集中设置、联席办公模式，设置坐席94个，形成市、区、街、居四级互联互通、数据共享、业务协同"一张网"。

（2）主动发现机制。以政府购买服务方式组建专业信息采集监督员队伍，通过全市190余名专职信息采集员，对中心城区473.6km²的城市管理信息进行全要素采集。利用物联感知、无人机巡查、视频抓拍等16种方式，构建起全方位、立体式的发现采集新机制。市民可通过12345政务服务热线、"临沂城管市民通"APP、"临沂城市管理"微信公众号及"爱山东容沂办"APP等渠道快捷反映城市管理问题，并在线了解办理进展情况。

（3）快速处置机制。通过统一的市级指挥平台，按照问题属性分类派遣案件，市、区、街、居四级协同联动，确保问题第一时间解决，实现城市运行管理服务"横向到边、纵向到底、上下联动、齐抓共管"。同时，建立"双流程"管控机制，通过效能督办，逐级督查考核，确保责任落实到位，案件处置反馈快速高效。

（4）综合考核机制。通过大数据分析，将各级各有关部门落实城市管理职责情况以数字化城市管理考核的方式，纳入全市城市管理综合考核和文明单位创建测评，为城市管理提供科学高效的考评依据。目前，市级平台已优化完毕，正逐步推进九县平台升级，待统一部署完成后，对接省级平台。

（5）平急转换机制。在日常管理中，将数字化城市管理国家标准涉及的204类管理对象拓展为235类，全部纳入常态化日常管理。当遇到夏季防汛、冬季除雪、活动保障、大气污染防治等重大、紧急任务时，市城市运管服平台可以随时变身为应急指挥中心，为城市管理领域应急指挥调度提供信息支撑。

3. 务实管用，在应用场景上勤探索、破难题

目前，临沂市依托城市运管服平台，已搭建15个智慧城市管理特色应用场景。下面举例说明。

（1）视频智能化监控平台：针对非现场执法需求，对共享对接的公安交警、"雪亮工程"等视频监控进行梳理分析，聚焦重点路段、商业区、农贸市场、学校、医院周边等重点区域，选取1402路超高清视频，依托人工智能技术，对流动摊点、占道经营、悬挂条幅等29类高发频发问题进行智能采集和一键派遣，有效提高了执法效能。目前，抓拍准确率达90%以上。

（2）餐饮油烟治理在线监控平台：针对餐饮服务单位面广、量大、分散的特点，搭建中心城区餐饮油烟治理在线监控平台，要求所有餐饮服务单位按照市统一标准安装油烟净化设施和油烟排放在线监测设备，对油烟超标排放问题自动报警、智能派遣，并推送经营业主督促整改。目前，中心城区1.4万家餐饮服务单位油烟净化设施安装率达100%，2209家重点单位实现在线监控。

（3）渣土车智能监管平台：针对渣土运输扬尘问题，搭建渣土车智能监管平台，要求所有渣土车按照市里统一标准安装前端信息化监控设备，对车辆覆盖不到位、冲洗不到位、沿路抛洒、不按规定路线行驶、不按规定地点倾倒等违法行为进行智能识别、在线预警，方便城管执法人员及时进行查处。目前，中心城区92家企业2368台渣土车、209个在建工地全部纳入智能化监管，今年以来平台立案1890个，处置率达100%。

（4）城市防汛指挥平台：针对城市防汛应急指挥难题，搭建临沂城区智慧排水防涝平台，全面实时共享气象、水利、水文等信息，依托物联网技术实时监测城区立交下穿、低洼路段水位，对城区63座闸坝、74座泵站实行远程一键启闭，大幅提高了城

市防汛指挥调度和应急处置能力。各区县建立防汛视频系统，接入市级平台，接受指挥调度。

（5）"临沂城管市民通"APP：为拓宽市民参与城市管理渠道，叫响"你说我办、临沂城管"口号，开发"临沂城管市民通"APP，市民可通过APP上报环境卫生、市容秩序、园林绿化等8大类、42小类城市管理问题，这些问题将自动上传至数管平台进行处置。目前，该APP注册用户达1.1万人，日均上报量达600余件，成为市民参与城市治理工作的重要渠道。

下一步，临沂市将按照住房和城乡建设部的部署要求，持续完善平台功能，拓展平台应用，加快实现城市管理领域"一网统管"，不断提升城市治理能力现代化水平，为全国城市运管服平台建设贡献更多的"临沂智慧"。

8.8　无锡市

为贯彻落实习近平总书记关于城市管理科学化精细化智能化的指示精神，加快落实住房和城乡建设部与省住房和城乡建设厅关于推进城市运管服平台建设的相关要求，无锡市在"智慧城管"一期的基础上，认真对照《技术标准》和建设规范，高标准推进无锡市城市运管服平台建设工作，现将相关工作总结如下。

1．基本情况

无锡市城管局在2021年完成了"智慧城管"一期建设。"智慧城管"一期结合无锡市城市精细化管理优美环境合格区建设工作需要，以"数据融合、业务协同、智能化提标升级"为主线，构建了无锡智慧城管数据中心、物联网智能应用和业务协同应用体系，重点建设了包括数字城管智慧案件、智慧环卫、智慧停车、共享单车监管、执法办案、大数据分析决策系统等在内的指挥协调和行业应用系统，在城市精细化管理实战中成效显著，也为城市运行管理服务平台的建设打下了良好的基础。"智慧城管"一期被列为无锡市物联网重大行业应用示范项目，取得2项软件著作权，被江苏省工信厅评为2020年智慧江苏重点工程，入围2020年住房和城乡建设部优秀案例及行业信息化示范产品，被中国通信工业协会评为2021年全国网格中心优秀案例。

2022年初，无锡市下发《打造"全国最干净城市"三年行动计划（2022—2024年）》，要求"加快实现城市空间、城市部件、城市运行动态的数字化，及时掌握每个活动场景的动态、及时掌握基础设施关键部件的运行状况，把工作落细到毛细血管、落细到每一个管理颗粒,实现城市运行数据的全域全量汇聚和实时汇集更新"。市城管局对照运管服平台《建设标准》和《技术要求》,将打造"全国最干净城市"数据底座和系统应用建设工作纳入运管服平台建设,增强各业务系统数据分析功能,强化业务监管,有力支撑打造"全国最干净城市"的科学化精细化智能化管理。

2．主要做法

（1）强化组织领导,加快推进平台建设工作

无锡市市委市政府高度重视,确定由市城管委牵头、市城运中心配合,协同开展无锡市城市运管服平台相关建设工作。2022年3月底,市城管委组织召开无锡市城市运管服平台建设研讨会,公安、市政园林、住房和城乡建设、城管、交通、自规、水利等多个相关部门围绕部门职责对已建行业管理应用和运行监测相关系统进行交流,厘清市运管服平台建设思路。2022年4月,组织编制并下发了《无锡市城市运行管理服务平台建设工作方案》,明确各相关条线单位的工作任务。同时,市城管局作为项目责任单位,主动与市大数据局、市财政局就平台审批立项工作加强沟通协调,并组建项目工作专班,对平台建设相关的单位部门进行全面摸底调研,深入开展需求调研和分析,编制了运管服平台初步设计方案,不断推动运管服平台项目落地实施。

（2）夯实数据底座,有效助力城市精细化管理

无锡市城市管理数字底座采用国产化生态体系,将基于时序的业务数据和基于位置的空间数据有机结合,形成时空一体的数据资源体系,有力支撑各业务系统数据分析和外联共享。一是强化城市管理基础数据建设。市城管办印发了《无锡市城市精细化管理基础数据建设方案》,完成5大类、135小类部件数据的汇聚;普查806个环卫公厕、6525条主次背道路（社区一级）、1719个有物业小区、206个无物业小区、130个农贸市场、729个拆迁工地,形成7类管理要素（兴趣点）图层。二是共同推进条线部门管养数据建设。协调多部门建设管养图层,完成公安、城管、市政园林、自然资源规划、水利等12个市级成员单位的36个市级管养图层,以及三乱保洁、环卫保洁、市政养护、绿化养护等30个区级管养图层,处置责任更加清晰。三是加强"最干净城市"基础数据建设。编制下发了《2022—2023年无锡市城市精细化管理基础数据建设方案》,将"全国最干净城市"数据测评指标分解融入运行管理服务数据建设,梳理补充和动态更新城市道路、住宅区、综合体等管理要素,实现城市管理"一图展示"。城市管理大数据中心目前已整合汇聚8个业务子系统、10.7亿余条数据、6个业

务专题，开放共享数据超过4.7亿条。

（3）打造物联网络，提升城市智慧化管理能力

无锡市"智慧城管"平台融合数字化管理网络和物联网感知网络，集成人工智能先进算法、算力，通过建设"太湖云眼"智能识别系统，形成一张"多网融合、智能发现"的城市智能化运行管理网络。一是智能识别模式创新。创新应用"云端"识别模式，引入自主可控、技术先进的人工智能算法模型，将共享的"雪亮工程"视频监控与自建的太阳能视频监控切片图像作为智能识别分析线索来源，对暴露垃圾、店外经营、游商等13类问题（准确率达90%以上）自动告警，智能识别算力达到并行识别1000路监控图像，先后消灭热点难点360余处，整体应用规模和成效在城市管理领域达到国内领先水平。二是系统联动应用创新。通过业务流程融合再造，智能化识别分析结果可分别推送至智慧案件（数字城管）和执法办案系统，实现自动化、闭环化流转处置，大大提高问题发现和处置效率。正式运行以来，共实时识别71.46万个报警事件，检出识别准确率95%以上，根据推送规则过滤重复识别信息后推送21.67万条，通过数字城管工单交办处置的共15.54万条。三是物联监控应用创新。全市部署665路可移动式太阳能物联网监控、70个太阳能抓拍设施、100个固定式监控点，按需迁移、精准布控。同时，共享20余万路公安"雪亮工程"视频监控，结合244个巡查监督员、6辆机动巡查车辆的日常采集，按照"问题全面采集、时段全面覆盖"原则，常态化巡查全市649个共718km^{2}管理单元，构建一张"智能监控+无人机+机动巡查"的数字化"管理网络"。

（4）提升系统应用，不断提升城市管理效能

无锡市"智慧城管"平台利用大数据+物联网双引擎驱动，整合提升数字城管、停车、环卫等业务系统，形成一个贯通市、区、街道、社区四级终端的综合应用平台，全面提高城市管理工作效能。一是工单分级科学化。依据城市问题影响市容程度、问题发生区域、问题类型等条件，给工单打上"红、黄、蓝、绿"四色标签，按照"重要紧急问题优先处置，一般问题打包处置，非紧急轻微问题空闲处置"的原则进行处置整改。二是现场执法便捷化。加强移动办案方式的应用，使用"智慧城管"APP终端现场立案、现场开具处罚决定书、现场扫码缴纳罚款、现场打印非税票据，大大提升了执法管理效率。目前，已通过移动端办理执法案件21.46万件，现场扫码收缴金额604.77万元。三是专项整治科学化。试点探索专项整治行动"挂图作战"新模式，通过数字化手段形成专项整治工作"一张图"，市城管委办公室统一交办工作任务，街道和社区及时更新整治状态，由市、区两级进行审核评价

和汇总分析。四是停车监管科学化。动态整合全市7279个停车场、174.5万个车位的静态数据，接入1082个停车场、37.4万个车位的动态数据，为市民提供停车导航服务106.7万次。

（5）完善工作机制，有效支撑管理考评工作

无锡市"智慧城管"平台有效支撑了精细化管理考评（纳入高质量考核指标），压实了属地管理责任，有力推动全市市容面貌和居住环境的提升。一是加强管理成效数据分析。依据优美环境合格区考评事项和各部门统计需求设计研发"区域分析和道路分析模块"，通过"智慧城管"数据底座赋能，问题和成效一目了然，为指挥中心每月发布大数据分析报告提供技术支撑。二是打通基层问题上报渠道。在实现市、区、街道、社区四级平台一体流转的基础上，打造基层上报功能，开创上、下交互式的"双向"监管通道，推动实现"基层吹哨，部门报到"。同时开通区级平台向市级成员单位的"横向交办"功能，市级平台仅在发生条块责任不明或推诿时介入基层上报问题的受理和交办，实现治理体系变革。三是建立高位协调机制。2020年7月起建立常态化的数字城管驻场联席办公机制，共计召开联席会议44次，解决疑难争议案件769件，优化采集标准22类，细化处置规范21个。特别是创新性地建立了四大通信运营商管线设施分区维护机制，设施维护问题按区域划分承接，运营商内部流转，通信设施类数字城管工单实现自动交办，无推诿扯皮。

3．下一步工作

无锡市将继续按照住房和城乡建设部与江苏省住房和城乡建设厅相关要求，结合无锡市打造"全国最干净城市"的工作任务，全力推进城市运管服平台（智慧城管二期）建设，围绕城市运行安全高效健康、城市管理干净整洁有序、为民服务精准精细精致，以物联网、大数据、人工智能、5G移动通信等前沿技术为支撑，基于无锡市物联网应用示范工程"智慧城管"平台的建设成果，完善数据底座、加强数据赋能，提升物联网智能感知综合应用能力，拓展城管综合执法监督、管执联动、指挥调度等应用场景开展建设，实现对城市运行管理服务状况的实时监测、动态分析、统筹协调、指挥监督和综合评价，强化科技赋能、数据赋能，进一步提升无锡市城市管理领域科学化精细化智能化管理水平，推动城市运行管理事项"一网统管"，打造"全国最干净城市"。

8.9　驻马店市

1. 基本情况

为贯彻习近平总书记关于提高城市管理科学化精细化智能化水平的重要指示，落实全国住房和城乡建设工作会议部署，驻马店市在数字城管平台建设基础上拓展升级，建设"横向到边、纵向到底"的全国城市综管服平台，创建更加整洁、安全、干净、有序、公正的城市环境，构建适应高质量发展要求的城市综管服工作体系，增强城市综合管理统筹协调能力。

2. 主要做法

驻马店市作为河南首批建设城市综管服平台的城市，按照住房和城乡建设部标准和现场实际需要开展城市综管服平台项目的建设工作，驻马店市按照"1+4+N"的思路进行建设，"1"是指数字城管核心系统；"4"是指4大行业应用（城市管理执法、市容环卫、市政公用、园林绿化）；"N"是指在住房和城乡建设部综合服务平台建设标准基础上，又拓展了户外广告管理、门前三包、视频智能分析、市县油烟监测、舆情分析、数据汇聚与数据交换等业务子系统，形成了"横向到边、纵向到底、协同联动、全市一体"的城市综管服平台体系（图8-15），2022 年 4 月正式上线运行。

（1）一个大脑统管

城管大脑依托城市三维模型，通过信息集中、资源整合、智能分析和仿真预测，

图8-15　驻马店市城市综管服平台

图8-16　驻马店市城市综管服平台——城管大脑

为城市管理者提供决策支持。系统包括城市运行中心、城市管理"一张图"以及各行业专题。数据普查覆盖的空间范围为111km²，包括142个责任网格，3259个单元网格以及432266个部件数据，根据普查数据等比例建设了110km²的城市三维白模型和1.22km²的精模模型，能够直观看到驻马店市城市构筑物及基础设施状态。

城管大脑（图8-16）的运行中心包括城市区域整体情况、城市特征指数、视频分析案卷分类、考核评价等模块；城市管理"一张图"主要包括城管案卷信息、城市管理网格信息、人员管控信息、视频管控信息以及车辆管控信息等。

通过城管大脑系统还可以对各行业系统进行专题分析，通过对行业数据的综合展示，协助城市管理者更加高效地处理行业应用问题。

（2）一个核心处置

综管服平台核心系统数字城管系统是在原有数字城管系统基础上，通过对信息采集、立案、派遣、处置等环节的再造优化，打造城市管理统一移动入口，通过智能采集及扁平化智能派遣应用，拓宽城市管理问题发现渠道，健全四级网格管理工作机制，形成分工明确、指挥有力、统一协调、运转高效的城市管理工作格局。通过数字城管监督指挥子系统把握数字城管的整体运行情况并进行协调指挥，对基础地理信息、城市管理部件信息、监督员信息、案件数据进行实时分析（图8-17）。

（3）四大行业应用

1）综合执法管理系统。依托现行城管综合执法工作规范和权责清单，建设移动执法、案件在线审批、文书管理、电子勤务、音频管理、在线查证、执法监督、统计

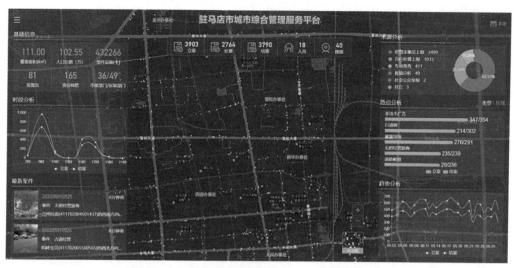

图8-17 驻马店市城市综管服平台——监督指挥系统

分析、考核报表等模块，实现管理责任网格化、执法过程数字化、办案审批网络化、执法监督常态化、考核评价精细化，逐步改变"手开单""线下审批"等传统执法模式，重点解决当前执法粗放、力量分散、监管困难等问题，以适应当下城管综合执法的新需要，逐步形成公开、公平、公正的执法管理体系。加大与规划、建设、国土资源、环保、公安、水利、食品药品监管等城市管理综合执法相关部门的管理信息共享，建立和完善业务部门管理与综合执法信息衔接制度，提高综合执法效率，如图8-18所示。

图8-18 综合执法管理系统

2）环卫管理系统。以环卫业务为核心，推进智慧环卫建设，加大对作业车辆、垃圾中转站、公共厕所、垃圾处理场等环卫设施智能监控应用，对道路清扫保洁、生活垃圾运输处置等作业活动实施全过程智能监控，为城市环卫工作提供智能化、精细化的管理手段，如图8-19所示。

3）智慧市政公用系统。以"机器换人"的思路，充分依托视频监控、智能传感等技术，大幅强化市政监管智能感知能力，实现市政设施运行状态的实时感知、自动采集，配套建立科学的巡查养护体系，逐步形成智能感知、精准管理的市政监管机制。改造和建设城市智能管理部件，通过安装传感器，借助物联网技术实现对重要市政设施的实时监测，通过监测预警及早发现问题隐患，及时有效处置，降低城市管理的人工成本，如图8-20所示。

4）园林绿化管理系统。借助现代信息技术，整合驻马店市城市管理资源，全面、及时、准确地掌握园林绿化基础数据，创建城市园林绿化管理新模式，实现对城市公园、各类绿地、古树名木、绿化设施、园林绿化养护工作的信息化、标准化、动态化管理，对养护企业、车辆、人员实行动态监控，并提供城市园林覆盖整体分析、园林绿化预警分析、公园覆盖半径分析、园林绿化分级评价等辅助决策分析功能，提高城市园林绿化的智能化管理水平，如图8-21所示。

（4）N个业务子系统

1）户外广告系统。系统包括广告信息管理、广告审批管理、广告案件管理以及综合展示等功能。商户可通过市"智慧城市服务中心微信公众号—门头牌匾—招

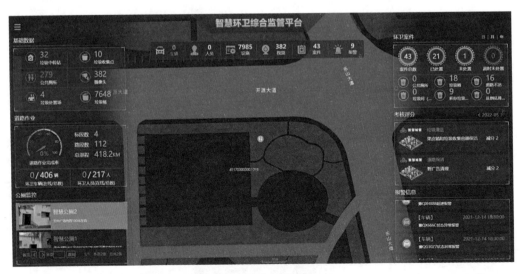

图8-19 环卫管理系统

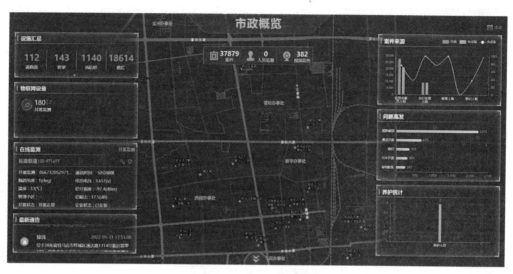

图8-20 智慧市政公用系统

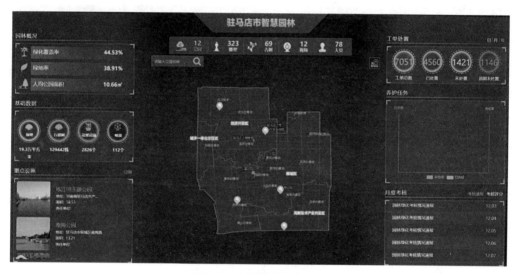

图8-21 园林绿化管理系统

牌申报"进行信息录入申报，为门头牌匾备案提供简单、方便、快捷的流程，如图8-22所示。

2）门前三包系统。系统包括三包管理、三包问题、定点巡查以及统计分析等功能。可以通过系统查看门前三包相关责任区、巡查记录等信息。管理人员可以通过扫描店铺门前悬挂的二维码来查看店铺数据信息以及上报三包问题，如图8-23所示。

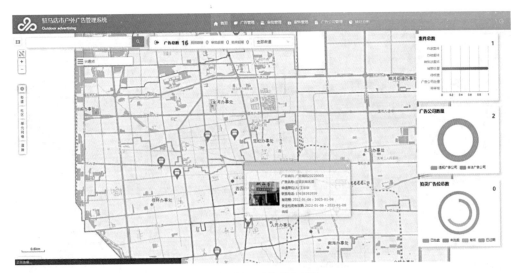

图8-22 户外广告系统

图8-23 门前三包系统

3）视频智能分析系统。系统借助深度学习算法技术，通过视频图像来主动发现占道经营、游摊小贩、店外经营等11大类城市管理问题，经审核立案后流转进入数字化城市管理系统进行案件派遣、处置，有效解决城市管理中"人少事多""点多面广"的不利局面。系统包括实时信息、审核处理、统计分析等功能，如图8-24所示。

此外，视频智能分析系统通过在河道安装监测终端进行全天候在线智能监测，实时掌握河道水情变化，科学预警洪涝灾害，为防洪减灾工作提供数据支撑。

图8-24　视频智能分析系统

图8-25　舆情分析系统

4）舆情分析系统。通过采用网络信息抓取技术及时发现、抓取网络上有关城市管理方面的各种新闻、投诉、举报等事件，让管理者掌握城市舆情走向，并及时引导群众，消除不良影响，如图8-25所示。

5）数据汇聚系统。数据平台根据"以共享为基础、以需求为导向、以制度为保障"的基本原则实现数据获取、数据治理、数据发布、数据共享交换等功能。对接获取市政环卫、水电气暖等行业基础数据，并和大数据局共享人口库、法人库等数据接口，实现资源共享，数据互通。

3. 运行成效

（1）项目实施带来城市管理逐步从"被动处置"向"主动应对"转变。问计于民、问策于民、问智于民，根据住房和城乡建设部标准，结合驻马店市实际，在实际工作中，以养护的实际情况为出发点，分别设置不同的标准，切实从处置、解决问题的角度出发，实现社会共同治理。

（2）从服务功能上来讲，逐步从"单一薄弱"向"多元实效"转变。除了24小时的热线服务，城市综管服平台市民通也将发挥着24小时与用户互动的作用。为百姓发布平台集聚的资源提供实在的公共服务。

（3）城市综管服平台能够提高多维度发现问题的能力，让老百姓共同享受发展成果是城市管理迫切需要解决的核心问题。要在人工信息采集基础上，进一步加大整合公安交警视频资源力度，提升智能发现、分析问题能力，实现人机结合的最大化。在完善城市综管服平台建设的基础上，充分借鉴国内外先进城市的发展经验，稳步推进城市综管服平台项目启动，并引入物联网与云计算技术，增添平台的智能化构件和智慧化成分，拓展完善城市综管服平台应用功能，力争在城市管理智慧化建设方面走在全国前列。

（4）城市综管服平台的建立，大大提高了城市管理单位的办公效率和现代化管理水平。同时，物联网、无线通信、卫星定位、视频智能识别等信息技术融入道路基础设施维护、城市部件巡查、城市设施资产管理等各个城市管理环节之中，必将使城市管理的传统管理手段产生质的变化，进一步促进城市管理部门转变职能，为社会提供服务，树立城市管理部门良好的社会形象，更有利于建立和谐化社会。

（5）城市发展必须快速和妥善解决应急事件及突发性事件问题。经济发展使我国社会城镇化进程加快，也带来了城市冰雪灾害应急薄弱、感知报警匮乏等问题。为了防范和解决这类问题，引入城市综管服平台，可以在第一时间快速感知这些突发性事件，通过其智能化的调控能力和行为意识加快（由领导或城市智能决策平台）判断和决策的准确性、有效性与及时性，实现不同行业和区域的协同和应对能力。同时，也可以通过其学习能力，不断提高处理应急事件和突发性事件的水平，使应急预案程序化、智能化。

（6）提升综合管理能力。在实施信息化的过程中，城市管理相关机构和层次都将发生改变，管理决策的流程更加清晰，过程大大简化，提高了行政管理和业务处理的效率。实现有效集成内部各类应用，消除"信息孤岛"，用先进、自动或智能化的方式替代过去落后的工作和业务处理方式，将大大提高工作的可预见性、综合决策能力和协调运营水平。通过对平台的进一步加强和完善，实现由定性管理向定向管理、静态管理向动态管理、事后管理向事前控制的转变，从而增强管理的科学性。

4

展望篇

第 **9** 章

政府侧：城市高质量发展

近年来，随着中国城镇化建设取得显著成效，城市人口和建设规模不断扩大，如何加快提升城市管理科学化、精细化水平，保障城市健康有序运行，成为地方政府加强和改善城市管理的重大课题。重点围绕城市运行"安全高效健康"、城市管理"干净整洁有序"、为民服务"精准精细精致"，建设城市运行管理服务平台，构建党委政府领导下的"一网统管"工作格局，坚持从群众需求和城市治理突出问题出发，把分散式信息系统整合起来，实现高效处置一件事，做到实战中管用、基层干部爱用、群众感到受用。对于增强城市管理统筹协调、指挥调度能力有着极大的助力，提升城市风险防控能力和精细化管理水平，推动城市管理手段、管理模式、管理理念创新，促进城市高质量发展，推进城市治理体系和治理能力现代化。

9.1 发展趋势

城市运行管理服务关系群众生命财产安全，关系民生改善，关系发展环境的优化，关系广大人民群众的强烈愿望和迫切要求。通过构建适应城市高质量发展要求的城市运行管理服务工作体系，增强城市运行风险防控能力和城市管理统筹协调能力，提高城市安全韧性和精细化管理服务水平，同时通过打造"一网统管"工作新格局，实现高效处置一件事，并通过大数据的应用进行分析研判，为政府提供相应的决策建议支持报告，辅助进行智慧决策。

1. 城市安全韧性

近年来，习近平总书记高度重视超大城市管理和治理问题，围绕防范化解重大风险挑战、统筹发展和安全、筑牢国家安全屏障等发表一系列重要论述。如何提高城市安全韧性，已经成为各地政府重点关注的内容之一，为谋求高质量发展、高品质生活提供坚实的安全保障。一是制定韧性城市发展规划，形成韧性城市建设的现代治理格局，将安全、高效、健康全面纳入城市管理的各领域之中，制定韧性城市发展专项规划（应急基础设施、物资储备、海岸线利用、土地利用控制等）。二是加大开展安全风险认知宣传教育，提高城市本质安全水平。重视并加大防灾减灾知识普及和宣传教育，着力开展安全防范工作，针对不同人群开展不同种类的教育活动，让主动预防安全风险成为每个社会个体的自觉行动和责任担当，从而提高城市本质安全水平。三是实施全方位城市更新与韧性投资，筑牢城市生命安全防线。从"城市生命线系统链"的思维出发，树立"大城市更新"理念，加大城市工程韧性的投资力度，实施城市硬件的全方位升级改造，提高城市硬件的灾难抵御力，对切实提高城市的整体韧性具有至关重要的作用。四是推动城市数字化转型，提高风险动态感知与监测预警。充分借助大数据、物联网、人工智能等现代科学技术，对城市生命体进行实时监测研判预警，第一时间感知风险动态、提出有效应对策略，是互联网时代提高城市防灾减灾能力、韧性发展能力的必然选择。

2. 行业精细化管理水平

近年来，随着城市化进程的加快，人民生活水平日益提升，群众对城市管理的要求越来越高。因此，各地政府应继续通过各种方式提升城市精细化管理水平。在城市运管服平台建设过程中，需要从治理体系现代化和治理能力现代化两个方面出发，提升行业管理精细化水平，切实发挥政府监督指导评价的工作。首先，要制定行业管理标准和权责清单。针对不同行业制定相应的管理办法，比如垃圾分类管理办法、建筑垃圾管理办法等，以此规范垃圾分类和建筑垃圾监管。此外，可由市政府牵头制定本市各行业管理的权责清单，梳理问题和权属单位，厘清权责归属，配套相应的考核办法，以此避免各部门相互推诿的问题。其次，要充分利用前沿技术，推进城市运管服平台的建设。深入开展精细化管理，持续开展常态化巡查整治。充分利用平台，从市民视角审视城市管理，努力营造"人民城市人民建、建好城市为人民"的浓厚氛围，动员群众发现并提出问题，监督整改，建立群防群治机制。最后，聚焦重点，破解管理难题。积极探索建立破解难题长效机制，针对城市管理中群众面临的"急难愁盼"问题，借鉴成功经验，结合具体情况，探索长效机制，提升问题解决能力。

3. 高效处置一件事

建设城市运管服平台，围绕"高效处置一件事"，统筹协调的城市治理体制、机制，理顺政府及城市治理相关部间的城市管理职责，切实发挥政府的城市治理和公共服务职能，推进城市治理向服务群众生活转变，加强市民与政府的良性互动，建立起政府监督协调、企业规范运作、市民广泛参与，各司其职、各尽其能、相互配合的社会治理格局，形成城市运行"一网统管"的治理格局。按照"统筹发展、资源整合、合力推进、共建共享"的原则，切实推进网格化服务管理新模式。通过建设城市运管服平台，构建一体化运行体系，实现一个综合运行中心，一体化互联互动，一体化服务管理，一体化考核评价的网格化立体运转管理服务模式，进一步提高一网统管管理体系建设水平和精细化社会服务管理水平，建立全面完善的问题发现机制、快速到位的问题处置机制、监督有力的综合评价机制和规范高效的指挥运转机制，为"高效处置一件事"奠定坚实基础。

4. 智慧决策

通过整合汇集政府、企业和社会数据，在城市治理领域进行融合计算和模拟仿真，借助"数据+算法"，以专题场景为切入，提供预测预警，实现城市运行的生命体征感知、应急指挥调度、宏观决策指挥、事件跟踪评价，通过专题场景"高效处置一件事"，推动"城市病"源头治理。利用物联设备，基本形成"一套神经元"；运用大数据分析和人工智能计算技术，打造"一个决策大脑"，经过数据采集、数据汇聚、存算资源统筹、城市运行规则、城市服务的重构，形成"多个大脑皮质"的构架。最终建立"一数一源、一源多向、一数多用"的基本支撑平台和环境，通过跨部门、跨业务系统的数据融合、数据共享、数据分析，强化数据辅助决策；利用模拟仿真、智能控制、深度学习等技术，构建虚拟城市数字资源体系，强化智慧城市模拟决策支撑，实现智慧化应用无死角覆盖。

9.2 问题与挑战

城市运行管理是城市治理的重要内容，现阶段普遍面临感知体系不足、纵向贯穿不透、横向协同不足、智能化程度不高、向基层赋能不够等问题，亟须在管理手段、管理模式、管理理念等方面进行大胆创新，提高现代化治理水平。

（1）感知体系不足，难以精准把握城市运行体征脉搏。城市运行管理的感知体系建设缺乏统筹设计，部门分散建设，行业感知体系建设不均衡，使得涉及水电气暖等城市运行管理的领域缺乏数据支撑，缺少城市运行体征脉搏指标提取，难以提供决策支持，城市运行指标体系亟待健全。

（2）纵向贯穿不透，仍然存在行业管理分层分段。市、区、街道（乡镇）等各层级间数据循环衔接不畅，市、区平台之间基础数据和业务信息依靠推送上传，没有建立数据的共建共享机制。城市运行业务流程未实现闭环，线上线下协同不足，行业管理不通畅。政府与企业之间数据共享不充分，跨行业资源整合和整体联动协同未完全实现，统领行业能力不足。

（3）横向协同不足，联动处置问题效率不高。部门间、政企间工作协同体制机制不健全，方式手段落后，一些领域仍以会议、文件方式协调，事件处置效率不高。城市管理网、社会管理网、综治管理网等"多网融合"理念已提出多年，但相关机制、平台一直难以落地。城市运行业务流程再造和优化动力不足，难以形成跨部门、跨层级的整体合力。

（4）智能化应用少，科技助力管理的作用发挥不够。智能化城市运行应用场景建设的系统性不强，场景应用的广度和深度不够。全面感知、主动发现问题的能力不足。数据深入梳理、系统分析不够，尚未完全建立城市运行知识库，未能将积累数据转换为知识图谱，基于大数据分析的预测预警能力不足，城市管理智能化水平有待提升。

（5）向基层赋能不够，落实城市治理任务难度大。基层城市治理、社会治理责任大、任务重，街道、社区缺数据、缺信息、缺手段，实现精准管理服务困难。智能化、大数据应用不足，大量重复表单、落后的填报方式占用较多时间、影响工作效率，亟须加强智慧城市建设为基层智能减负、智慧增效。

因此，推进城市运行"一网统管"，从城市治理突出问题出发，有效整合治理资源，实现线上线下协同高效处置，打造适应未来城市发展的"一网统管"模式，将成为推动城市治理体系与治理能力现代化的重要举措。

第 **10** 章

企业侧：企业可持续发展

近年来，伴随着物联网、人工智能、大数据等各类信息技术的持续变革迭代和创新应用，城市智慧化已成为解决城市问题的重要手段，并逐渐形成了以新一代技术为核心的智慧城市建设理念，如城市运管服平台建设等。建设城市运管服平台，是城市治理能力提升、民生服务保障、产业创新升级的重要驱动力量，也越来越得到国家的重视。未来智慧城市应以推动城市可持续发展，焕发城市活力为目标，重点把控统筹推进、数据赋能、因地制宜等建设方向，聚智赋力建设高质量智慧城市。

2020年，住房和城乡建设部提出并部署了新城建项目，以城市运管服平台为代表的智慧城市建设迎来了重大的发展机遇。2020年以来，城市运管服平台的建设速度也在逐渐加快，人工智能、大数据、5G等相关技术与交通、城管、环保、金融等各领域的连接，有效实现了城市数字化、网格化和智能化发展，提升了城市运营和管理的科学化、精细化水平。企业对于城市运管服平台的建设需求主要集中于两点，即能够通过建设城市运管服平台，优化营商环境，促进企业可持续发展。当前，在城市运管服平台建设过程中，主要涉及从业企业（运营）公司、信息化解决方案服务商、新产品新技术研发企业三类，为持续推动智慧城市建设，如当前阶段的城市运管服平台，各企业应加强相关技术在城市运管服平台中的实际应用与融合，促进城市运管服平台的智能化、智慧化提升。

10.1　发展趋势

10.1.1　从业企业（运营）公司

随着新型城镇化、城市精细化管理等需求的推进，作为城市运管服平台重要元素的城市大脑，其专业、高效的运营能力，决定了城市运管服平台是否能够可持续发展。传统的从业企业（例如环卫运营公司）更多的是劳动密集型企业，如何使其进行产业升级，降低企业运营成本，提高城市运行效率成为当前面临的最大挑战与发展趋势。因此，传统的城市运营企业（如环卫企业、园林养护企业等）的公共服务面临产业升级的要求。

运营企业向智慧化运营的方向转变，可以根据自身特点选择两条路径。按照国家城市运管服平台需要，体量庞大、资本相对雄厚的企业依托自身丰富的应用场景，自行组建技术团队，自建管理运营系统，提升自身管理效率，同时满足政府监管要求，并不断深化拓展成为软件系统服务商；而对于体量相对小的企业而言，选择适合自身业务需求的软件服务商购买相应软件系统和运维服务，能够更快速、便捷、低成本地实现自身智慧化运营。智能化设备提供商和软件系统产品提供商在转型过程中，不仅应提升自身包含算法模型、人工智能方面的技术能力，更要深入到实际的业务场景中，挖掘真实的痛点、难点，在此基础上，通过技术革命来研发智能化设备和智慧系统，从而满足各细分领域的需求。技术密集型企业借助人工智能技术、大数据服务、5G技术等技术的广泛应用，也势必带来跨行业的市场冲击。未来五年的环境产业市场仍将持续进行跨界性的行业整合与融合。拥有技术核心竞争力和管理效益、具备良好资源聚集和整合能力的企业，将继续增强壮大。

综上可知，对从业（运营）企业而言，数据赋能、智慧转型将是未来发展的重要路径，从信息化、数字化向智能化、智慧化转型已成为行业发展的趋势。运营企业、智能化设备供应商、软件产品提供商、算力算法平台提供商各自发挥作用，推动行业智能设备与智慧系统升级，良性互动、形成合力，提升效率。通过持续完善体系化设计，可实现运营组织的高效协同，业务与技术的融合拉通、客户价值的闭环提升，以体系化运营确保数字化转型工作高效有序持续推进。

10.1.2 信息化解决方案服务商

作为支撑智慧城市运营服务的规划设计，方案设计以及现场实施的解决方案厂商，是运管服平台建设的重要一环，其在进行产品的顶层设计时，要以实际落地、实用管用好用为导向，切实有效地指导城市建设，提升整体数字化和智慧化水平，以提供更优质的管理和服务。

城市运管服平台以"一网统管"为管理目标，若当前数字政府面临缺乏统一的应用支撑平台建设，将会导致难以实现各领域数据资源的统一管理、共享复用和集约化建设，因此企业以标准化、组件化、平台化方式提供共性应用组件，支撑各类应用快速开发迭代和复制推广，是必然趋势。同时，应将传统智慧城市建设所必需的物联网平台、大数据平台、共性技术赋能与应用支撑平台，以及新增的城市信息模型平台相融合，实现平台之间数据的打通，并通过大数据、人工智能、区块链等技术应用将充分释放数据价值，实现平台高效运营和智能化发展，从而解放基层治理的人力、物力资源，实现基层人员减负增效。

此外，应用场景是城市运管服平台从概念到实效的重要环节。当今，城市运管服平台需要真正地解决城市发展所产生的问题，因此城市运管服平台的应用场景需要立足于当前可实现、可落地的技术水平，适当保持前瞻性，才能有效带动产业发展、促进技术商业化。传统的场景分类主要是基于技术、基础设施的构建，以各类行业垂直应用来划分场景。主要关注城市的信息化建设，焦点在于提高城市生产效率和基础设施投入。现在转变为以人为核心，这时的应用场景已经开始变得丰富，因为数据驱动的城市运管服平台应用已经具备基础条件，焦点在于让城市更人性化、更适合人的居住和生活。以人为本的城市运管服平台应用场景围绕人的需求，重点是从市民的生活质量、对城市决策者的支撑、生产者和消费者的需求等方面，对场景进行划分和设计。这种场景的划分方法是开放式的，但是建立在人的需求之上，有利于技术创新。

对于企业而言，如何通过技术革新建设实用、管用、好用的城市运管服平台，切实发挥平台在城市管理中的效能，提高政府城市管理效率、提高城市化治理水平现代化，从而提高客户满意度，增强用户黏性，是当前最应考虑的问题，也是企业未来发展的方向。

10.1.3 新产品新技术研发企业

随着城市运管服平台建设的不断深入，越来越多的企业加入平台建设。以互联网企业、电信运营商、设备制造商、系统集成商、软件开发商为代表的传统产业阵营，正以各种方式向城市运管服平台的建设方向加速转型，其应着重在技术层面、基础产品等方面发力。

当前，数字化城市管理发展至今已近20年，城市管理领域的数据、要求已经发生翻天覆地的变化，与传统数字化城市管理相比，城市运管服平台建设的要素更复杂，不仅覆盖新型测绘、地理信息、语义建模、模拟仿真、智能控制、深度学习、协同计算、虚拟现实等多个技术门类，而且对物联网、人工智能、边缘计算等技术提出新的要求，多技术集成创新需求更加旺盛。其中，新型测绘技术可快速采集地理信息进行城市建模，标识感知技术实现实时"读写"真实物理城市，协同计算技术高效处理城市海量运行数据，全要素数字表达技术精准"描绘"城市的前世今生，模拟仿真技术助力在数字空间刻画和推演城市运行态势，深度学习技术使得城市具备自我学习智慧生长能力，而这些底层技术的深入研究以及与城市管理领域的深度融合，是未来新产品新技术研发企业应思考的问题。

除此之外，新产品新技术研发企业还应在信息安全、信创国产化、可扩展性和开放等方面进行深入研究与探讨。应严格按照国家信息安全建设相关标准和规范要求，落实等级保护、分级保护、安全测评、电子认证等制度，确保信息安全；并从物理安全、网络安全、主机安全、数据安全、应用安全等维度，研发具备安全监测、威胁预测和态势感知等功能的安全态势分析系统，为网络安全态势感知和故障排除提供支持。加强敏感数据保护，实现数据安全预警和溯源，加大个人隐私保护力度。充分运用主动监测、智能感知、威胁预测等安全技术，强化日常监测、通报预警、应急处置，拓展网络安全态势感知监测范围，加强大规模网络安全事件、网络泄密事件预警和发现能力；应充分研究信创基础设施，加快发展重要领域关键核心技术，增强网络安全领域的创新能力；并充分预留接口等，为将来系统扩展、开放等预留空间。

10.2　问题与挑战

当前，城市运管服平台的建设正进入高峰期，在为企业提供了巨大的市场前景的前提下，也对企业的发展提出了更新的要求，同时也存在着一定的问题与挑战。

一是企业需要通过推动低碳建设和数字化管理实现可持续发展。扎实做好碳达峰、碳中和各项工作被列为2021年的政府重点工作之一，也是企业降本增效的重点工作，围绕碳排放监测与核算、绿色低碳技术、节能减排、减污降碳协同治理、协同处置等领域的产学研探索和数字化管理将成为产业趋势。

二是随着城市运管服平台应用的建立，许多领域都被纳入管理，但应用建设与运营脱节，部分应用"不会用、不好用"，尚不能很好地服务于城市治理。主要面临以下问题：（1）应用功能没有和具体业务场景、业务流程和业务组织相结合，应用难以解决实际管理中的问题，无法为业务决策提供基础依据；（2）应用上线后需要持续地优化和迭代，众多的应用开发厂商，缺乏标准和规范进行统一的管理，不能敏捷地响应用户业务需求；（3）用户黏性低，应用缺乏易用性，用户体验不好，导致用户学习成本高，应用满意度低；（4）应用缺乏相关效能评估机制，无法对应用的使用效果、用户满意度、投资收益等进行有效评估。

三是因现阶段的城市运管服平台安全解决方案缺乏安全运营体系化的同步规划，大量安全设备叠加，缺乏持续监测、缺乏专业人员协同，导致安全事件闭环慢，同时被动运维增加安全事件的发生，政策法规推动下的合规管控要求增强，企业主要面临如下几个问题：（1）城市运管服平台的建设伴随着新的安全风险，传统防护方案临时拼凑的防护体系无法防御针对性攻击；（2）云、网、终端、用户访问的海量日志淹没告警导致效率低下，安全动态化无攻防对抗训练；（3）安全运营工作无章可循，灰色地带无人管理，真实落地执行较少；（4）安全监管、重保时期无有效的安全运营支撑。

第**11**章

公众侧：共建共治共享

习近平总书记2019年考察上海时，提出"人民城市人民建，人民城市为人民"重要理念，深刻回答了城市建设发展依靠谁、为了谁的根本问题，明确城市属于人民、城市发展为了人民、城市治理依靠人民的道路，因此城市建设、城市治理都离不开广大人民群众的参与，人民是组成城市的重要部分，也是城市建设的主体，城市的建设、管理和服务也是围绕人民群众来进行的。

随着以5G、大数据、人工智能为代表的新信息技术带来的社会变革，新技术在城市治理中的应用已经成为一种趋势，而城市运管服平台的建设正是以5G、大数据、云计算、人工智能等新技术为支撑，聚焦于"运、管、服、评"四大部分，以提升城市运行"安全高效健康"、城市管理"干净整洁有序"和为民服务"精准精细精致"为目标。因此，不难理解"服"作为城市运管服平台为民服务的重要建设部分，其内容的建设就是围绕服务人民群众进行的，通过打造"共建共治共享"的新格局，促使人民群众参与到城市治理过程中。近年来，城市建设和管理的重心下移至社区就是一个鲜明的例证。社区是党委和政府联系群众、服务群众的神经末梢，要及时感知社区居民的操心事、烦心事、揪心事，一件一件加以解决。这就要求城市在治理的过程中更多地考虑人民群众最关心的重要事宜，提升城市公共服务的水平。

11.1　发展趋势

在为人民群众提供更精准、精细、精致的服务时，要充分运用前沿技术带来的便利，全面整合政务资源、服务资源和信息资源，实现一站式、平台化、智能化的民生综合服务，推动城市治理手段、治理模式、治理理念创新，不断完善城市运管服平台，打破传统管理模式，提升人民群众的参与率，促进群众参与社会治理，加强基层民主，充分发挥群众力量，创新群众工作方法，构建共建共治共享的新格局。

237

1. 从人民群众出发

人民群众是城市管理的主体，因此管好城市必须依靠人民群众。做到"人民城市人民管"，不断提高人民群众参与城市管理的责任感、使命感，通过街道、社区、小区和机关企事业单位等基层组织把人民群众组织起来、发动起来，自觉建设、管理好共同家园。

（1）积极推动普通群众发挥社会监督责任。以城市运管服平台建设为契机，为普通群众提供社会监督入口，并就产生人民群众监督代表的办法、措施，以及人民群众监督代表的监督责任、监督义务、享受的政治经济待遇实现制度化、常态化，特别要赋予人民群众监督代表有罢免履职不力的领导的权利，真正把以人民为中心，让人民当家作主落实到监督实处。

（2）积极推动普通群众参与城市管理。通过城市运管服平台的建设，打通市民个人或群体与城市人民政府及其领导人员的沟通渠道，为普通群众提出各种要求和建议（亦称"市民的利益表达"）提供路径，普通群众可通过平台向有关部门反馈问题，对城市管理水平进行评价，比如，在文明城市创建过程中，普通群众可以通过平台参与相关的问卷调查活动。此外，对于城市运管服平台的综合评价系统，在进行问卷调查时，也离不开人民群众的参与。同时，也可通过平台就某些热点问题进行反映，达到阻止或促成某项政策的效果，参与城市管理与决策的各项活动。

（3）积极推动普通市民进行信息分享。普通人民群众作为城市的主体，遍布城市各个空间，是城市动态的"信息采集员"。通过城市运管服平台的建设，推动普通群众通过平台参与到城市普查、搜集各类城市管理便民服务数据中，可为人民群众高效提供生活所需的各类信息，实现一站式生活信息服务。比如，某些城市推出"落叶缓扫"，可以使群众通过平台分享或查询相关信息，让市民群众可以赏落叶、拍美照、晒美景，为给市民留住美景，让群众尽享落叶之美。通过平台的建设构建起市民与政府间良性互动的绿色通道，打造人人都是城市管理信息采集员、宣传员、协管员和监督员，有力推动了城市管理向全民城管跨越。

2. 从志愿者角度出发

"城管+志愿者"治理模式通过广泛发动志愿者参与城市治理活动，在平等互信的氛围中培养良好的交流环境，强化人民群众在城市治理中的主人翁意识，提升城市整体文明程度，让他们成为城市的创建者、管理者和真正的受益者，已有的创建成果才会得到巩固，后续工作的开展才会更加到位。

（1）积极推动志愿者参与垃圾分类活动。随着社会的快速发展，大家对生态资源的开发与使用在规模和强度上不断拓展，大家对生活品质与生态环境有越来越高的要求，以塑胶为代表的复杂化学合成品爆炸式增长，垃圾产生也越来越多。与此同时，住房和城乡建设部等12部门联合印发《关于进一步推进生活垃圾分类工作的若干意见》，该意见强调46个重点城市到2020年底力争实现生活垃圾分类投放、分类收集基本全覆盖，分类运输体系基本建成，分类处理能力明显增强；力争再用5年左右时间，地级及以上城市因地制宜基本建立生活垃圾分类系统，因此积极推进垃圾分类工作也成为地方政府关注的重点。在城市运管服平台的建设过程中，融入生活垃圾分类专项系统，可以有效地解决垃圾分类的问题。同时，志愿者进社区进行垃圾分类的宣传和指导，对于解决垃圾分类问题、增强垃圾分类能力也有着极大的帮助。平台建设的目标，一是为地方提供监管方式，二是通过平台的公示模块，可以为志愿者进行垃圾分类宣传提供指导，三是为普通群众提供可查询、可学习的入口，有效推进垃圾分类工作。

（2）积极推动志愿者参与交通治理工作。文明交通是城市的名片，更是群众出行的安全保障，通过推进志愿活动，让志愿者积极参与交通秩序管理，可以及时制止非机动车和行人乱穿马路、违反交通信号灯等不文明行为，劝导非机动车按规定车道行驶，遇到老人带小孩过斑马线，立即上前帮助，为营造安全、有序的道路交通环境提供助力。通过志愿者活动不仅有效提升了自身交通安全意识，影响和带动了家庭、亲戚、朋友、邻居遵守交通秩序，使他们成为真正改善交通秩序的倡导者、践行者，促进共建共治共享格局的形成。

（3）积极推动志愿者进城管普法活动。通过构建立体式服务网络、实行一体化服务模式、开展精准化服务内容，可有效提高人们知法、懂法、守法、用法的意识。通过组织志愿者进入社区进行"普法大舞台""法治伴我行""法律咨询"等系列普法活动，把群众最关心、最需要的法律知识送到群众身边，实现公益普法的合法化、体系化运作，助力营造学法、守法、遵法、用法的良好社会氛围。

3．从基层党员出发

近年来，习近平总书记强调，要夯实社会治理基层基础，推动社会治理重心下移，构建党组织领导的共建共治共享的城乡基层治理格局，要推动基层党员参与到城市管理过程中，提升城市管理的基层力量，贴近人民群众，更好地服务群众，提升群众的幸福感和满意度。

（1）积极推动基层党员入网格。规范网格化管理探索，将党员纳入到网格中，推行以"党员＋网格员"的服务模式。在社区和网格广泛推行党组织"一核"领导，驻区单位、业委会、物业企业、志愿团队等"多元"主体参与的"一核多元"治理模式。健全以党建为统领、以法治为核心的基层治理体系，有效保障基层社会治理，调动群众积极性，做到人人尽责。采取多形式打造过硬网格队伍，以"双向培养"建强党员、网格员队伍，提升网格员综合素质，有效提升为民服务水平。

（2）积极推进基层党员参与城管进社区活动。通过城市运管服平台的建设，推进基层党员参与城管进社区活动，积极组织党员参与到社区的治理和服务中来，提升党员为民服务的水平，要针对群众所需所急所想，组建专门的党员志愿服务队伍，急群众之所急，想群众之所想，让社区群众能够足不出户就能解决生活上的一些难题。同时以基层党员为基础，发动和依靠群众，主动贴近群众，拉近干群关系，形成党建共商、服务共做、难题共解、文明共创的社会氛围。谋划全民共建模式，提升全民共治水平，完善全民共享机制，形成"人人可参与，人人获便利"的模式，将人民群众与城市管理深度结合，促成"共建共治共享"的格局，实现人民城市人民建、人民城市为人民的目标，共同促进城市健康发展。

11.2　问题与挑战

当前，为深入落实"人民城市人民建，人民城市为人民"的目标，推动城市运管服平台建设为市民群众提供了便利，也对参与到城市管理的多元主体提出了新的要求，同时依旧存在着一定的问题与挑战。

（1）存在信息安全问题、信息的有效性和真实性问题，尤其是物联网和互联网的应用会存在安全隐患。在建设城市运管服平台过程中，在物联网、互联网环境下，特别是面对贴近公众服务的智慧社区内大量人、物情况下，比如在使用平台时需要通过个人信息进行注册，相关信息都会进入系统可能会存在一定的风险。此外，也需要考虑城市管理过程中各种基础信息的安全问题。目前各地相关的系统（平台）采用基于证书的方式实现权限控制和行为追溯，但是更为广泛的物联网和移动终端未采用安全加密技术，存在一定的安全风险，需要在未来建设过程中逐步完善。市民群众在进行信息共享或者上报一些案件的时候，可能会存在误报、错报的问题，导致信息出现问题，对案件处理处置造成影响。此外，还可能存在信息共享平台被非法分子利用问题，出现一些诱导性、诈骗性的情况。因此，在进行平台的建设时，需要运用智能算法、大数据进行分析研判，提升信息的有效性和真实性，同时采用区块链技术，可在出现问题时做到有迹可循，精准定位问题来源，进行高效处置。

（2）机制、体制和法律规范深度不够。目前我国志愿服务还处在初始阶段，因此还存在活动开展不够经常、体制机制不够完善、权益保障不够有效、服务水平不够高等问题。要想解决这些问题，关键在于建立健全文化志愿服务制度和制定相关的法律规范。比如，可以为志愿者提供交通、误餐、设备、宣传等资金补助，在志愿服务活动实施过程中，通过购买保险、优先享受文体服务、给予适当补贴、评先评优等方式，在人身安全、服务成本、荣誉感获得等方面对文化志愿者的权益予以保障，有效解决志愿者后顾之忧。

（3）社会共治实效性有待提高。当前，社会治理主要以政府推动为主，侧重于"自上而下"的管理，"自下而上"发现和解决问题以及居民参与、政社互动、自治共治等内容偏少；将政府、企业、社会以及公众等各种力量融合到"一张网"上的方法、手段、机制还不够；多元主体参与社会治理的积极性未能得到充分激发。尽管各地有了一些尝试，比如上海市闵行区建立"路管会""红色物业"等自治共治平台，杭州市推出"城市治理有奖举报平台"，青岛市推出"点·靓青岛"微信小程序随手拍功能，但这些方式明显存在对政府福利补贴、政府包干兜底的路径依赖，难以从根本上提升多元主体共同参与社会治理的积极性，因此很难对提高社会共治的实效性产生明显的效果。

附录A

A.1 政府文件

表A-1汇编了住房和城乡建设部及地方印发的城市运管服平台的相关规范性文件（如通知、指导意见、实施方案、建设指南、标准等）。

城市运管服平台相关规范性文件汇编 表A-1

序号	标题	文号/标准号	类型	发文机构
1	中华人民共和国国民经济和社会发展第十四个五年规划和2035年远景目标纲要		规划	十三届全国人大
2	中共中央 国务院关于深入推进城市执法体制改革改进城市管理工作的指导意见		指导意见	中共中央、国务院
3	关于推动城乡建设绿色发展的意见		意见	中共中央办公厅、国务院办公厅
4	住房和城乡建设部办公厅关于全面加快建设城市运行管理服务平台的通知	建办督〔2021〕54号	通知	住房和城乡建设部办公厅
5	城市运行管理服务平台建设指南（试行）	建办督〔2021〕54号文件附件	建设指南	住房和城乡建设部办公厅
6	城市运行管理服务平台技术标准	CJJ/T 312—2021	标准	住房和城乡建设部
7	城市运行管理服务平台数据标准	CJ/T 545—2021	标准	住房和城乡建设部
8	住房和城乡建设部印发《关于全面加快建设城市运行管理服务平台的通知》推动城市运行管理"一网统管"		解读	住房和城乡建设部
9	什么是城市运行管理服务平台？有哪些特点？		解读	住房和城乡建设部

续表

序号	标题	文号/标准号	类型	发文机构
10	关于进一步加强城市基础设施安全运行监测的通知	建督〔2021〕71号	通知	住房和城乡建设部
11	住房和城乡建设部办公厅关于加快建设城市运行管理平台的通知	建办督〔2020〕46号	通知	住房和城乡建设部办公厅
12	住房和城乡建设部办公厅关于开展城市综合管理服务平台建设和联网工作的通知	建办督函〔2020〕102号	通知	住房和城乡建设部办公厅
13	住房和城乡建设部城市管理监督局关于印发贯彻落实城市运行管理服务平台系列文件标准实施方案的通知	建司局函督〔2022〕132号	通知	住房和城乡建设部城市管理监督局
14	住房和城乡建设部城市管理监督局关于成立城市运行管理服务平台专家工作组的通知	建司局函督〔2022〕272号	通知	住房和城乡建设部城市管理监督局
15	"十四五"国家信息化规划		规划	中央网络安全和信息化委员会
16	"十四五"推进国家政务信息化规划	发改高技〔2021〕1898号	规划	国家发展改革委
17	山西省《城市综合管理服务平台验收标准》	DBJ04/T 418—2021	标准	山西省住房和城乡建设厅
18	山西省住房和城乡建设厅关于印发《山西省市、县城市综合管理服务平台建设项目实施方案（示范文本）》的通知	晋建办字〔2020〕186号	通知	山西省住房和城乡建设厅
19	关于印发《海南省住房和城乡建设事业"十四五"规划》的通知	琼建法〔2021〕307号	通知	海南省住房和城乡建设厅
20	智慧海南总体方案（2020—2025年）			推进海南全面深化改革开放领导小组办公室
21	浙江省住房和城乡建设厅关于印发《浙江省城市管理指数评价具体评分细则（试行）》的通知		通知	浙江省住房和城乡建设厅
22	河南省人民政府关于印发河南省"十四五"城市更新和城乡人居环境建设规划的通知	豫政〔2021〕43号	通知	河南省人民政府
23	关于印发《江西省住房城乡建设领域推进数字经济"一号发展工程"实施意见》的通知	赣建科设〔2022〕6号	通知	江西省住房和城乡建设厅

A.2 专家解读

A.2.1 《城市运行管理服务平台技术标准》解读

为认真贯彻习近平总书记关于提高城市科学化精细化智能化治理水平的系列重要指示精神，落实《中华人民共和国国民经济和社会发展第十四个五年规划和2035年远景目标纲要》，推动建立国家、省、市三级城市运管服平台"一张网"，住房和城乡建设部办公厅2021年12月印发了《关于全面加快建设城市运行管理服务平台的通知》，发布了《城市运行管理服务平台技术标准》CJJ/T 312—2021。《技术标准》是城市运管服平台系列标准规范的重要组成部分，明确了城市运管服平台是什么、建什么、怎么建等问题，是国家、省、市三级平台建设的基本依据。以下是权威专家《技术标准》相关问题的解读。

1．为什么要制定《城市运行管理服务平台技术标准》？

2020年3月住房和城乡建设部颁布《城市综合管理服务平台技术标准》CJJ/T 312—2020，推动了国家、省、市三级城市综管服平台建设工作。为适应统筹发展与安全，推动城市高质量发展的新形势、新要求，按照《中华人民共和国国民经济和社会发展第十四个五年规划和2035年远景目标纲要》有关要求，住房和城乡建设部决定在开展城市综管服平台建设工作的基础上，完善城市安全运行管理相关内容，搭建城市运管服平台，并将《城市综合管理服务平台技术标准》进行修订完善，发布《技术标准》。

2．《城市运行管理服务平台技术标准》主要包括哪些内容？

《技术标准》共分为9章。"总则""术语"章节介绍了标准适用范围、平台定位，相关术语的基本概念。"基本规定""平台功能要求"章节明确了国家、省、市三级平台的基本架构、主要系统以及功能模块。"数据库要求""数据交换接口"章节规定了国家、省、市三级平台数据库建设的具体内容，明确了数据交换接口的一般规定，介绍了数据接口调用的流程和安全验证的方法。"基础环境"章节规定了搭建国家、省、市三级平台的运行环境和安全环境。"平台实施和验收""平台运行维护"章节规范了国家、省、市三级平台开展实施和平台验收工作的主要内容，明确了日常管理、运行保障、应急预案等运行维护工作要求。

3．国家、省、市三级平台架构上是什么关系？

国家、省、市三级平台互联互通、数据同步、业务协同，共同构成"一张网"，是"一网统管"的基础平台，是各级、各部门以及市民群众都可以使用的开放平台。《技术标准》规定的国家平台功能是对三级平台的基本要求，属于规定动作，省级平台、市级平台建设时，在完成规定动作基础上，可以结合各地实际，自行拓展其他系统和功能，丰富应用场景。通过搭建国家、省、市三级城市运管服平台，构建国家、省、市三级"横向到边、纵向到底"城市运行管理服务工作体系。国家平台纵向与省级平台和市级平台互联互通，横向共享国务院有关部门城市运行管理服务相关数据，整合或共享住房和城乡建设部其他相关信息系统，汇聚全国城市运行管理服务数据资源，对全国城市运行管理服务工作开展业务指导、监督检查、监测分析和综合评价。省级平台纵向与国家平台和市级平台互联互通，横向共享省级有关部门城市运行管理服务相关数据，整合或共享省级住房和城乡建设部门其他相关信息系统，汇聚全省城市运行管理服务数据资源，对全省城市运行管理服务工作开展业务指导、监督检查、监测预警、分析研判和综合评价。市级平台纵向对接省级平台和国家平台，联通区（市、县）平台，覆盖市、区、街道（镇）三级，并向社区、网格延伸，与智慧社区综合信息平台、智慧物业管理服务平台等对接；横向整合对接共享市级相关部门信息系统，汇聚全市城市运行管理服务数据资源，对全市城市运行管理服务工作进行统筹协调、指挥调度、监测预警、监督考核、分析研判和综合评价。

4. 省级平台与市级平台如何"共用共享"国家平台的业务指导系统？

一是从主要功能上看，国家平台业务指导系统包括政策法规、行业动态、经验交流等功能模块，通过这些功能模块实现对全国相关法律法规、政策制度、体制机制建设情况、行业动态、队伍建设、典型经验等数据的分层分级汇聚共享。二是从业务场景上看，首先由城市向省级平台上传本市的政策法规、行业动态、经验交流等信息，省级审核后上传国家平台。省级也可以向国家平台上传省本级的政策法规、行业动态、经验交流等信息。国家平台对城市上传经省级审核的信息以及省级平台上传的信息进行复核后在全国范围共享。没有建成省级平台的省份，城市可以将有关信息直接上传国家平台。三是从共用方式上看，业务指导系统由国家平台统一开发，省、市可通过国家平台分配的单点登录账号和使用权限，共用该系统。对于省级平台、市级平台自行建设业务指导系统的，需将业务指导系统相关信息和数据及时共享至国家平台，方便在全国范围共享。

5. 国家、省、市三级平台如何进行"业务协同"？

以国家、省、市三级平台的监督检查业务场景为例。首先，国家平台和省级平台的功能定位基本一致，都是通过监督检查系统，构建"统筹布置、按责转办、重点督办、限时反馈"的闭环工作流程和运行机制，包括重点工作任务督办、联网监督、巡查发现等功能模块，其中，重点工作任务督办模块重点是具备向下级平台布置工作任务、明确工作要求和完成时限、接收下级平台反馈的工作进展和落实情况、对即将逾期的工作任务进行提醒、对已逾期工作任务进行督办等功能。其次，市级平台主要是通过指挥协调系统，与国家平台和省级平台的监督检查系统实现业务协同，一方面通过指挥协调系统接收、办理和反馈国家平台和省级平台监督检查系统布置的重点工作任务；另一方面，通过指挥协调系统支撑住房和城乡建设领域巡查事项问题的发现、转办和处置，将巡查事项问题数据同步上传至国家平台和省级平台。

6. 省级平台的监测分析系统与市级平台的运行监测系统存在哪些不同？

首先，在系统建设目标上，省级平台建设监测分析系统，市级平台建设运行监测系统，都是为了落实国家关于城市基础设施安全运行的有关要求，保障城市运行安全高效健康，提高城市安全管理水平，提升城市综合承载能力。其次，在系统功能定位上，省级平台的监测分析系统包括风险管理、监测预警、风险防控和运行统计分析等功能模块，重在汇聚所辖城市的风险隐患、监测报警、风险防控等数据，并开展数据的分析研判和趋势预测；市级平台的运行监测系统包括监测信息管理、风险管理、监测报警、预测预警、巡检巡查、风险防控、决策支持、隐患上报与突发事件推送等功能模块，其功能定位重在对燃气、供水、排水、供热、环卫、内涝、管廊、路面塌陷、建筑施工、危房、桥梁、隧道、人员密集场所等专项安全运行状态进行常态化的巡检巡查、监测报警、预测预警，核心是要实现安全隐患的第一时间发现、第一时间处置，变事后监管为事前预防。

7. 综合评价系统的评价内容、评价机制和评价功能是如何定位的？

关于评价内容，聚焦"评什么"，目前正在编制的《城市运行管理服务平台运行标准》（以下简称《运行标准》）和《城市运行管理服务平台管理标准》（以下简称《管理标准》），是城市运管服平台标准体系的重要内容。其中，《运行标准》主要围绕"市政设施、房屋建筑、交通设施、人员密集区域、群众获得感"等维度构建城市运行监测指标体系，《管理标准》主要围绕"干净、整洁、有序、群众满意度"等维度构建城市管理监督指标体系，综合评价内容将主要围绕这两个指标体系来确定。关于评价机制，聚焦"怎么评"，省级综合评价由省级住房和城乡建设（城市管理）主管部门组织第三方开展实地考察，市级综合评价由城市政府组织开展自评价工作，并配合部、省住房和城乡建设（城市管理）主管部门做好第三方实地考察工作。关于评价功能，聚焦"如何获取评价数据"，省级和市级的综合评价系统基本一致，包括评价指标管理、评价任务管理、实地考察、评价结果生成等功能模块，并且市级综合评价系统应建立评价网格专题图层和评价点位清单，从而有效支撑通过实时监测、平台上报、实地考察、问卷调查等方式获取评价指标数据，保障对城市运行监测和城市管理监督工作开展综合评价。

8. 市级平台如何充分利用现有城市管理信息化基础进行升级建设？

一是要坚持统筹集约高效的原则，充分利用已有基础。自2005年全国推广网格化管理模式以来，各地陆续建设了数字化城市管理信息系统、城市综合管理服务系统、城市基础设施安全运行监测系统、城市生命线工程监测系统以及智慧城管、智慧住建等系统，为城市运管服平台建设提供了很好的基础。各地在城市运管服平台建设过程中，要充分利用本地已有的城市管理信息化基础，对接城市信息模型（CIM）基础平台，整合共享城市运行管理服务相关信息系统与数据资源，避免低水平重复建设。二是在升级路径方面，各地要对标《技术标准》中的平台功能要求和数据库要求，因地制宜完善城市运管服平台所需的应用系统和数据资源，此外，还要紧密结合城市实际需求进行拓展，建立健全具有本地特色的城市运行管理服务智能化应用场景，真正打造实战中管用、基层干部爱用、群众感到受用的城市运管服平台。

9. 县（市、区）级城市运管服平台如何建设？

一方面，市级层面要按照全市"一盘棋"思路，统筹推进城市运管服平台建设，市级平台宜按市、县（县级市、区）一体化建设城市运管服平台，与县（县级市、区）共管共用。这种建设模式不仅有利于降低市、县（县级市、区）的建设压力，而且可有效避免因县（县级市、区）级平台独立建设可能造成的系统建设标准不统一、数据不同步、业务不协同等问题。另一方面，对于人口规模较大、经济较发达，有意愿自主建设平台的县（县级市、区），要充分借鉴市级平台建设的经验做法，在充分共享市级平台建设成果的基础上，以与市级平台一体化联动为前提，以创新特色应用场景为建设重点，可因地制宜自主搭建本县（市、区）平台。

10. 如何做好平台的实施验收与运行维护工作？

在平台实施方面，从项目全生命周期规范化管理角度，规定了"从建立项目建设组织体系，明确平台建设单位；到制定项目总体方案，编制项目建设实施方案，确定平台开发单位，开发系统功能并组织系统集成和联调；再到平台试运行，开展项目验收，投入正式运行"等项目基本流程。在平台验收方面，为保障平台运行效果，《技术标准》将"建立城市运行管理服务长效机制，制定监督、指挥、处置和考核等制度"作为平台验收的基本条件之一；为检验平台功能、建设与运行模式、数据可靠性和运行效果,《技术标准》规定了"平台稳定运行3个月后进行验收",并强调验收程序应包括总体情况介绍、平台演示、文档查阅、实地考察、平台数据随机抽查和专家质询等内容。在平台运维方面,《技术标准》规定了要建立平台运行维护管理制度,保障平台维护工作日常化、规范化;要建立严格的数据备份机制,确保数据的安全性;要建立运行保障机制,建立风险预警联动机制,使风险事件处置更加流畅;要设置专业岗位人员进行平台运行维护管理;要制定平台运行应急预案,确保平台出现异常后能及时恢复正常运行。

A.2.2 《城市运行管理服务平台数据标准》解读

为认真贯彻习近平总书记关于提高城市科学化精细化智能化治理水平的系列重要指示精神,落实《中华人民共和国国民经济和社会发展第十四个五年规划和2035年远景目标纲要》,推动建立国家、省、市三级城市运管服平台"一张网",住房和城乡建设部办公厅2021年12月印发了《关于全面加快建设城市运行管理服务平台的通知》,发布了《城市运行管理服务平台数据标准》CJ/T 545—2021。《数据标准》是城市运管服平台系列标准规范的重要组成部分,是各地建立综合性城市运行管理服务数据库、规范开展数据汇聚与共享交换的基本依据。以下是权威专家对于《数据标准》相关问题的解读。

1. 为什么要制定发布《城市运行管理服务平台数据标准》?

城市运管服平台是以"一网统管"为目标,以城市运行、管理、服务为主要内容,以物联网、大数据、人工智能、5G移动通信等前沿技术为支撑,汇聚城市运行管理服务相关数据资源的信息化平台,覆盖范围广,涉及部门多。不同地区、不同部门数据种类繁多、结构不一、格式多样,以及普遍存在"数据孤岛""数据烟囱"等问题,迫切需要从国家层面加以规范和引导,解决数据跨部门、跨地区、跨层级共享难问题。为此,住房和城乡建设部把《数据标准》编制工作作为推动城市运管服平台建设的基础性工作,组织有关技术单位和专家系统研究上海、青岛等城市运行管理"一网统管"经验做法,借鉴我国政务信息化工程有关数据标准,结合三级城市运管服平台不同的数据需求,经广泛征求社会意见,编制形成了《数据标准》。《数据标准》对指导各地构建"横向到边、纵向到底"的城市运行管理服务工作体系,增强城市运行管理服务统筹协调能力,提升城市风险防控能力和精细化管理水平,推动城市管理手段、管理模式、管理理念创新具有重要意义。《数据标准》也是规范三级城市运行管理服务数据库建设和管理的基本依据,能够有效促进数据跨部门、跨地区、跨层级共享、交换、汇聚、融合和深度应用，对加快促进三级城市运管服平台互联互通、数据同步、业务协同具有重要支撑作用。

2.《城市运行管理服务平台数据标准》主要包含哪些内容？

根据国家、省、市三级城市运管服平台的建设需求，《数据标准》对三级城市运管服平台数据库总体架构进行一体化规划设计，对业务指导数据、监督检查数据、监测分析数据、综合评价数据的内容、定义、编码、格式、类型与精度要求，以及数据采集、存储、使用、更新、分析、归档和销毁等全周期管理要求提出明确规定，保障各层级数据规范的一致性。国家平台数据包括业务指导、监督检查、监测分析、综合评价、省市级平台上报和外部汇聚等数据门类。省级平台数据包括业务指导、监督检查、监测分析、综合评价、市级平台上报和外部汇聚等数据门类，并可根据实际需要拓展数据内容。市级平台数据包括城市基础数据，运行、管理、服务和综合评价等数据门类，并可根据实际需要拓展数据内容。

3．平台数据建库有什么要求？

各地在进行城市运管服平台规划和建设时，应参照《数据标准》完成城市基础数据和运行、管理、服务、评价等数据建库，并实现数据汇聚和共享交换，推动构建城市运管服平台"一张网"，逐步形成支撑城市运行管理"一网统管"的完整、规范数据体系。《数据标准》规定了城市运管服平台各门类数据的内容及数据项，数据项包括字段名称、字段代码、字段类型、字段长度、约束条件和说明，并与《技术标准》《建设指南》配套使用，在开展运行监测、管理监督、综合评价等应用系统建设时，同步建立符合数据共享及流转需求的综合性数据库。如进行燃气运行监测应用场景建设时，围绕"风险发现—风险评估—风险防控—监测报警—预测预警—决策处置—公众服务"的燃气运行监测全生命周期进行建库应用，覆盖风险隐患信息数据、风险防控辅助数据、监测点位数据、实时监测数据、报警分析数据、关联处置数据等。

4．如何建设"横向到边、纵向到底"的数据流转共享体系？

国家、省、市三级城市运管服平台以城市运行管理"一网统管"为目标，推动构建"横向到边、纵向到底"的数据共享及流转体系。关于"横向到边"的数据共享体系，一是推动住房和城乡建设领域各类业务数据的整合应用，如将第一次全国自然灾害综合风险普查的房屋建筑、市政道路、市政桥梁等普查数据，以及城市地下市政基础设施普查信息接入城市运管服平台，支撑平台开展城市运行监测、城市管理监督、综合评价应用。二是以住房和城乡建设行业数据为基础，对接应急管理、自然资源、交通运输等部门以及行业权属单位的数据。三是在城市运管服平台稳定运行后,将城市运行管理的应用数据共享到其他相关部门,形成积极有效的数据双向共享机制。关于"纵向到底"的数据流转体系。国家、省、市三级平台应实现数据共享和交换,具体的数据传输流程为市级平台向省级平台上传数据,省级平台向国家平台上传数据,国家平台可逐级向下布置工作任务及开展监督检查,也可向下共享相关数据。市级平台向下要汇聚共享区(县、市)、街道(镇)、社区的城市运行管理服务相关数据。考虑到各地平台建设进度,初期建设阶段,市级平台、省级平台直接与国家平台进行数据共享与交换。具体的数据流转内容依据业务需求,围绕城市运行监测、城市管理监督开展建设应用。

5. 如何实现城市运行监测应用的数据流转?

运行监测应用主要聚焦市政设施、房屋建筑、交通设施和人员密集区域等方面,重点对防洪排涝、燃气安全、路面塌陷、管网漏损、桥梁坍塌等开展运行监测,对城市运行风险进行识别、评估、管理、监测、预警、处置,实现城市运行全生命周期监测管理。以燃气风险隐患上报应用场景为例,住房和城乡建设(城市管理)部门结合《国务院安全生产委员会关于印发〈全国城镇燃气安全专项整治工作方案〉的通知》工作要求,开展问题隐患排查工作,并将排查结果汇聚到本级城市运管服平台;充分运用城市运管服平台跨部门、跨地区、跨层级的业务协同能力,协同相关部门开展隐患整治。将隐患整治情况及运行监测情况上传至省级平台、国家平台,实现城市运行状态、城市管理问题的实时感知、及时发现、快速上报。

6. 如何实现城市管理监督应用的数据流转?

管理监督应用按照"统筹布置、按责转办、重点督办、限时反馈"的闭环工作机制,将重点工作布置给地方住房和城乡建设(城市管理)部门,明确工作任务、时限和要求,实现全国城市管理工作统筹调度"一盘棋",确保"事事有落实、件件有反馈"。例如,住房和城乡建设(城市管理)部门开展城市园林绿化保护、市容环境卫生、无障碍设施维护和管理、城市桥梁安全、供热管网安全、违法建筑、历史文化保护等巡查工作,发现问题后,及时将事项线索上传至本级城市运管服平台,同时推送至省级平台和国家平台;住房和城乡建设部、省级住房和城乡建设(城市管理)部门根据巡查情况,筛选发现重大问题线索,及时采取措施予以处置,避免出现重大损失,推动形成及时发现、快速处置的闭环管理体系,促进住房和城乡建设事业高质量发展。

A.2.3 《城市运行管理服务平台建设指南（试行）》解读

为指导地方规范有序推进城市运管服平台建设，住房和城乡建设部组织编制了《城市运行管理服务平台建设指南（试行）》，与《关于全面加快建设城市运行管理服务平台的通知》一同印发实施。以下权威专家的解读重点针对《建设指南》的主要内容以及各地在平台建设工作中可能遇到的问题进行说明。

1. 发布《城市运行管理服务平台建设指南（试行）》的总体考虑是什么？

鉴于城市运管服平台融合了新的理念和新的要求，通过《建设指南》指导地方正确理解和把握平台建设原则、工作要求，规范有序、节约集约建设平台十分必要。《建设指南》与《技术标准》《数据标准》配套使用，是现阶段全面建设城市运管服平台，开展建设方案审查、平台实施和验收、平台运行维护和综合评价工作的基本依据与重要参考。《建设指南》确定了国家、省、市三级平台的建设目标、建设原则、总体框架，明确了应用体系、数据体系、管理体系和基础环境建设的内容，提出了组织管理、实施步骤、方案评审、评估验收和运行维护等方面的工作要求。

2. 《城市运行管理服务平台建设指南（试行）》包含哪些主要内容？

《建设指南》分为总则、建设要求、国家和省级平台建设、市级平台建设、项目管理5章。第一章"总则"介绍了《建设指南》的编制背景、目的、定位以及适用范围，强调了本《建设指南》适用于指导和规范国家平台、省级平台和市级平台的建设、验收、运行和维护工作。第二章"建设要求"明确了城市运管服平台的建设目标、建设原则与总体框架，强调通过搭建国家、省、市三级城市运管服平台架构体系，实现对城市运行管理服务状况的实时监测、动态分析、统筹协调、指挥监督和综合评价。第三章和第四章"国家和省级平台建设"与"市级平台建设"分别将国家和省级平台、市级平台的建设任务，按照应用体系建设、数据体系建设、管理体系建设和基础环境要求划分为四个主要建设内容，并对每一个建设内容所对应的行业标准要求进行解读，重点对在城市综管服平台建设内容基础上，增加的城市运行安全监测相关建设任务进行阐述说明。第五章"项目管理"主要从项目最初的方案编制、组织实施等全周期管理角度，对项目的组织管理、实施步骤、方案评审、评估验收与运行维护等作出明确说明，规范了平台建设、运行和维护等要求，确保项目建设运行实效。

3. 省级平台、市级平台现阶段需要建设哪些系统？

省级平台主要对全省城市运行管理服务工作开展业务指导、监督检查、监测预警、分析研判和综合评价，现阶段应建设业务指导、监督检查、监测分析、综合评价、决策建议、数据交换、数据汇聚、应用维护8个系统，省级平台可结合实际增加其他应用系统。市级平台主要对全市城市运行管理服务工作开展统筹协调、指挥调度、监督考核、监测预警、分析研判和综合评价，现阶段应建设业务指导、指挥协调、行业应用、公众服务、运行监测、综合评价、决策建议、数据交换、数据汇聚、应用维护10个系统，市级平台应结合实际增加其他应用系统。

4．如何建设运行监测系统？

当前，我国城市基础设施运行监测工作仍存在统筹力度不够、监测手段模式落后、预警处置机制不健全等突出问题，城市基础设施领域运行安全事故时有发生，给人民群众生命财产安全造成重大损失。建设运行监测系统，对于保障城市安全高效健康运行，提升城市综合承载能力具有十分重要的作用。运行监测系统主要聚焦市政设施、房屋建筑、交通设施和人员密集区域等领域的安全运行，重点对防洪排涝、燃气安全、路面塌陷、管网漏损、桥梁坍塌等风险隐患开展运行监测，对城市运行风险进行识别、评估、监测、预警和处置，实现城市运行全生命周期监测管理。各地在建设运行监测系统过程中，要按照《技术标准》和《数据标准》开展系统建设。具体工作中，应充分利用已投入使用的城市基础设施安全运行监测系统、城市生命线工程监测系统建设成果，集约化建设。

5．如何建立综合评价系统？

城市运管服平台是开展城市运行监测和城市管理监督工作的基础平台，是各级党委政府抓好城市运行管理工作的重要抓手，是为市民提供精准精细精致服务的重要窗口，为创建全国文明城市、国家卫生城市、国家园林城市、国家安全发展示范城市、城市体检等工作提供基础数据支撑。城市运管服平台通过建设综合评价系统，建立城市运行监测、城市管理监督评价指标体系，推动评价数据采集自动化、评价方法科学化。通过综合评价，为城市更新提供决策建议。省级、市级平台综合评价系统，应聚焦城市运行安全高效健康、城市管理干净整洁有序等管理目标，按照城市运行监测和城市管理监督评价相关工作要求和标准规范，完善综合评价办法、评价标准和评价工作机制，科学规范开展城市运行管理服务的综合评价工作。

6．省级平台和市级平台的组织体系如何建立？

省级层面，省级住房和城乡建设（城市管理）主管部门应发挥省级城市管理议事协调机构作用，统筹协调城市运管服平台建设运行中的重大事项，有序推进省级平台建设，加强运行和维护管理。明确省级城市运行管理服务监督工作牵头单位，配强专业技术团队负责省级平台日常运行维护工作，确保平台持续稳定运行。市级层面，为

推动构建党委政府领导下的城市运行管理"一网统管"工作格局，切实发挥城市运管服平台指挥调度、统筹协调、高位监督等作用，市级、区级可依托原数字城管监督中心、城市综合管理服务中心、城市运行管理中心等机构建立城市运行管理服务指挥中心；加强城市运行管理服务队伍建设，切实做好平台建设、运行、管理、维护和综合评价等工作。

7. 如何保障城市运管服务平台建设质量？

一是建立高效协同推进机制。省、市住房和城乡建设（城市管理）主管部门应分别建立城市运管服平台建设协调推进机制，统筹协调平台建设运行中的重大事项，加强平台建设顶层设计，落实平台建设资金，建立相关工作机制，加强工作指导和监督检查，保障平台建设顺利推进。二是把好技术方案评审关。省级平台、市级平台建设技术方案应按照《技术标准》《数据标准》制定。省级平台、省会城市和计划单列市平台建设技术方案由住房和城乡建设部组织专家审查，也可根据需要委托省级住房和城乡建设（城市管理）主管部门组织专家审查；其他市级平台建设技术方案由省级住房和城乡建设（城市管理）主管部门组织专家审查。城市运管服平台建设技术方案经专家审查通过后方可组织实施。三是把好平台评估验收关。省级平台、省会城市和计划单列市平台建设完成后由住房和城乡建设部组织专家评估验收，也可根据需要委托省级住房和城乡建设（城市管理）主管部门组织专家评估验收；其他市级平台由省级住房和城乡建设（城市管理）主管部门组织专家评估验收。

A.2.4 新城建与城市运管服

2021年5月26日，全国智能建筑及居住区数字化标准化技术委员会（SAC/TC 426）（以下简称全国智标委）第三届第二次工作会议暨第六届绿色智慧社区产业峰会在青岛顺利举行，此次大会围绕"标新立异凝心聚力"主题，齐聚专家学者、行业"大咖"，共商共议城市更新、新城建、智慧社区、数字孪生等领域热点话题。住房和城乡建设部网络安全和信息化工作专家组组长、华易智美城镇规划研究院院长、全国智标委主任委员梁峰对新城建与城市运管服进行了相关解读。

1. 关于新城建

回归概念层面。是以城市提质增效为引领，以应用创新为驱动，充分运用新基建发展成果，面向城市高质量转型发展需要，构建提升城市品质和人居环境质量、提升城市管理水平和社会治理能力的信息数字化城市基础设施体系。包括但不局限于城市信息模型、智能市政基础设施、车路协同、城市安全平台、城市综合管理、智慧社区、智能建造等内容。可以梳理为三点：第一，打造数字底座；第二，支撑城市运行管理服务；第三，大力发展中国建造。具体包括以七个方面。

一是全面推进城市信息模型（CIM）平台建设。整合城市空间信息模型数据及城市运行感知数据，建设全覆盖、相互联通的城市智能感知系统，打造智慧城市基础操作平台，推进CIM平台在城市体检、智慧市政、智慧社区、智慧交通等领域的应用。它的核心任务就是要推动自主可控的CIM软件发展，要全面推进CIM技术平台建设，要不断深化CIM的应用。

二是实施智能化市政基础设施建设和改造。对城市供水、排水、供电、燃气、热力等市政基础设施进行升级改造和智能化管理，提升市政基础设施的运行效率和安全性能。关于智能化市政基础设施的主要任务有两个：第一，市政基础设施感知升级；第二，市政基础设施管理的智能协同。

三是协同发展智慧城市与智能汽车。以支撑智能网联汽车应用和改善城市出行为切入点，建设城市道路、建筑、公共设施融合的感知体系，打造车城网平台，实现"聪明的车、智能的路、智慧的城"协同发展。关于智慧城市与智能汽车，最近新城建发文之后，住房和城乡建设部、工业和信息化部等又联合下发了指导意见，中心思想就是要发展聪明的车，建设智慧的路，构建智能的车联网和车城网。

四是建设智能化城市安全管理平台。以CIM平台为依据，整合城市体检、市政基础设施建设与运营、房屋建筑施工和使用安全等信息资源，充分运用现代科技和信息化手段，加强城市安全智能化管理。这项任务本可以和智能化的城市基础设施归为一类，但是城市安全是重中之重，所以单独列了一项任务。依托智能化的感知网络建设，构建城市安全运行监测的一张网。

五是加快推进智慧社区建设。建设智慧社区数据平台，运用5G、物联网等新技术对社区设施、设备进行数字化、智能化改造，实现社区智能化管理。要加快物业的线上线下服务等，主要包括三个层面：第一，基础设施的智能化；第二，物业管理的智能化；第三，行业部门推进的城市管理服务的下沉，要解决"最后一公里"的问题。

六是推动智能建造与建筑工业化协同发展。大力发展数字设计、智能生产、智能施工和智慧运维，加快建筑信息模型（BIM）技术的研发和应用，建设建筑产业互联网平台，形成全产业链融合一体的智能建造产业体系。核心任务第一个就是推进建筑业的转型升级，提升中国建造的层次和水平；第二个是加快发展建筑产业互联网，强化全生命周期的管理。

七是推进城市综管服平台建设。构建集感知、分析、服务、指挥、监察为一体的

智能化城市运管服平台，加强对城市管理的统筹协调、指挥监督和综合评价，推进城市治理"一网统管"。包括：建设城市综管服平台、开展城市综合管理服务评价工作、建设城市管理行业应用系统、鼓励开展城市运行"一网统管"智能化场景示范应用等重点任务。

2. 新城建行稳致远

新城建推进过程当中，用行稳致远来形容现在的状态最恰当不过。

一是战略定位凸显。首先，新城建是实施新基建的重要载体。新基建为推进基于数字化、网络化、智能化的新型城市基础设施建设提供了强有力的技术支撑。新城建则为大数据、人工智能、工业互联网、5G等前沿技术提供了最广阔的应用场景和创新空间。新基建为城市发展注入新活力、新动能；新城建为城市提质增效转型升级带来新机遇、新发展。其次，新城建是推动城市高质量发展的重要途径。通过对城市基础设施进行数字化、网络化、智能化的更新与改造，可以有效推进新技术、新产业、新业态、新模式与城市规划、建设、运行、管理和服务深度融合，加快转变城市建设管理方式，整体提升城市建设水平和运行效率，加速推动城市高质量转型发展。再次，新城建是发挥城市建设撬动内需作用的重要支点，也是实现内循环的一个重要场景。新城建产业经济特点是以问题为导向，以应用为切入，通过迅速落地实施一批新城建项目，带动新一代前沿技术应用创新与产业集聚，系统提升城市建设管理现代化，实现经济效益与社会效益可持续。加快推进新城建，有利于充分释放我国城市发展的巨大潜力，带动有效投资，培育新的经济增长点，形成发展新动能。最后，新城建是实现城市居民安居乐业的重要举措。加快发展新城建，有效推进基础设施智能改造、城市运行安全高效、城市管理清洁有序、绿色节能深化实施、智能建造转型升级、智慧住建"一网统管"。有利于加快转变城市开发建设方式，整体提升城市建设水平和运行效率，建设宜居城市、绿色城市、安全城市、智慧城市、人文城市，不断增强人民群众的获得感、幸福感、安全感。

二是地方响应积极。当前，嘉兴、佛山、济宁、贵阳、济南、南京、杭州、太原、广州、青岛、重庆、成都、福州、苏州、郑州、深圳16个试点城市党委和政府高度重视新城建试点工作，都编制完成了试点工作方案，成立了由城市人民政府负责同志任组长、市住房和城乡建设部门牵头统筹，各相关部门协调联动的试点工作机制，细化完善政策举措，加快推动项目实施。16个试点城市，将新城建同产业链发展相结合、将新城建与城市建设重点工作相结合、探索建立多渠道资金筹措机制、探索政企合作新模式。各个城市将政府职能、市场环境、企业动能形成合力、协同推进，取得了重大的进展。

3.运管服应运而生

新城建与城市运管服既是目前的发展方向，也是整个新城建构建体系的一个载体。建设基于"一网统管""一网通办"的城市运行管理平台已经明确列入国家"十四五"发展规划。在《"十四五"建筑业发展规划》和《中华人民共和国国民经济和社会发展第十四个五年规划和2035年远景目标纲要》中，明确把建设城市信息模型平台和建设城市运管服平台作为两大平台全力推进。

城市的运行、管理、服务，主要分为三个层面，在服务里面要服务自然人和法人两个层面，梳理新城建的七个层面后可以看出：

第一，推进基础设施制度化改造，推进城市安全管理平台建设，推进车路协同的发展，是服务于整个城市的运行，城市运行是要讲安全的。

第二，要推进城市的综合管理，要推进城市管理进社区，解决"最后一公里"的问题，解决老百姓宜居的问题。

第三，做好城市服务，在整个新城建过程当中，更重要的是寓管理于服务，要"多走网路少走马路"，提升整个企业的营商环境，更好地集中精力推进经济发展。

第四，在产业方面、城市经济方面，整个新基建代表着数字经济，整个智能建造代表中国建造，所有的政策出发点要围绕城市居民的安居乐业。

通过将整个城市的运行、管理和服务构建为三个层级，形成了"城市运管服平台建设框架"。第一个层级就是构建数字底座。现阶段构建基于城市数字模型的底座，针对目前发展还不够完善的城市，也可以构建基于多网合一的数字底座。第二个层级分成了运行、管理和服务。业务层方面是城市运行、城市管理、城市应急等。在整个城市运行方面，强调安全、高效和健康，在整个城市的管理方面，强调干净、整洁和有序。在惠民和惠企方面，强调的是精准、精细和精致。从某种意义上讲，新城建强调地下基础设施的智能化，就是智慧燃气、智慧供水、智慧排水、智慧供热，包括地下管廊等，其实都是城市的生命线。所以在下一步推进新城建的发展过程当中，城市运行的智能化和城市运行的协同治理应当是重中之重。第三个层级是指挥决策，当前通过对多个城市的考察，发现这些城市在业务融合方面有突出表现，但是在指挥决策方面，目前做到的城市相对较少，这也是新城建下一步的重点工作之一。

未来的智慧城市愿景：第一，要有一个统一的数据底座；第二，要有城市运行管理服务的统一指挥平台；第三，要有城市体检的闭环机制。理想化的智慧城市要建成规划立体化、建设智能化、运行安全化、管理精细化、服务精准化和城检常态化。

科学技术始终是促进城市持续发展的强大动力。习近平总书记指出，运用大数据、云计算、区块链、人工智能等前沿技术推动城市管理手段、管理模式、管理理念创新，从数字化到智能化再到智慧化，让城市更聪明一些、更智慧一些，是推动城市治理体系和治理能力现代化的必由之路。城市是我国经济社会发展的主引擎，也是扩大内需的主战场，城市为新一代信息技术提供了最广阔的应用场景和创新空间。对接新基建，发展新城建，是我国经济发展由高速增长阶段进入高质量发展阶段的必然选择，也是实现"一网统管""一网通办"，提升城市品质，增强居民获得感、幸福感、安全感的使命担当。发展新城建，实现一体化运管服，任重道远。

参考文献

[1] 孔营. 网格化管理模式研究[D]. 北京：中共中央党校，2017.

[2] 武斌. 推进新时代首都城市运行管理服务智能化建设的实践与思考[J]. 城市管理与科技，2022，23（4）：15-18.

[3] 魏芳，胡亮. 临洮：以精细化管理提升城市宜居品质[N]. 定西日报，2023-02-28（2）.

[4] 邓亮，周靖. 智能应用串起城市管理"万条线"[N]. 衢州日报，2023-02-16（5）.

[5] 陈雪梅，张茂佳，王维. 麦盖提县麦盖提镇不断推进"四力四促"提升城市精细化管理水平[N]. 喀什日报（汉），2023-01-30（1）.

[6] 打造"智慧城管"平台　赋能城市精细化管理[J]. 中国建设信息化，2023，176（1）：26-27.

[7] 史歌. 数字经济背景下区域现代化的路径与政策创新[J/OL]. 西安财经大学学报：1-8[2023-03-06]. https://doi.org/10.19331/j.cnki.jxufe.20230214.001.

[8] 王园园，王亚丽. 数字经济能否促进产业结构转型？——兼论有效市场和有为政府[J]. 经济问题，2023，523（3）：35-44.

[9] 梁俊山. 以政企信任关系的构建推动营商环境优化——基于山西省企业投资项目承诺制的实践案例[J]. 中国行政管理，2022，450（12）：150-152.

[10] 张志亮，齐珂. 政企信息化投资项目咨询评估方法研究[J]. 中国新通信，2020，22（8）：93-94.

[11] 李源，薛玉莲. 数字化转型与企业可持续发展[J]. 企业经济，2022，41（12）：61-68.

[12] 王莹. 人工智能对企业可持续发展的影响研究[D]. 昆明：云南财经大学，2022.

[13] 邹银凤. 面向智慧城市的物联网基础设施关键技术研究[J]. 经济师，2021，393（11）：50-51.

[14] 季珏，汪科，王梓豪，等. 赋能智慧城市建设的城市信息模型（CIM）的内涵及关键技术探究[J]. 城市发展研究，2021，28（3）：65-69.

[15] 李大力，张现龙，郝建华，等. 智慧城市中物联网关键技术的应用[J]. 中国信息化，2020，318（10）：75-76.

[16] 李海燕，王金龙. 智慧城市关键支撑技术及实践分析[J]. 智能建筑与智慧城市，2021，295（6）：23-24.